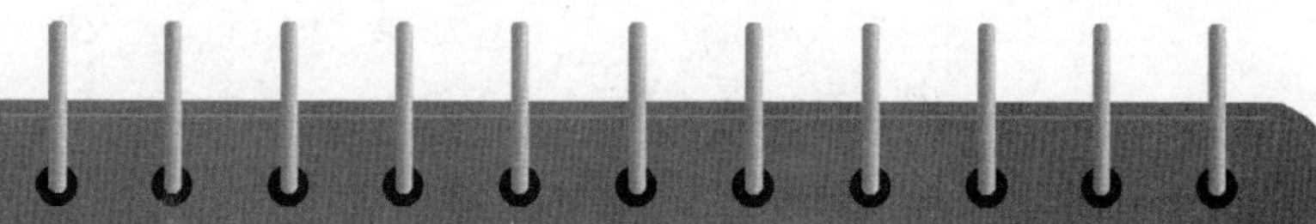

一学就会的出纳入门

王化敏◎主编

YIXUEJIUHUI DE CHUNA RUMEN
QUAN TUJIE

中国纺织出版社有限公司 | 国家一级出版社
全国百佳图书出版单位

内 容 提 要

本书充分运用了图解的方式帮助读者概括、总结知识点，图文并茂，简明易懂，便于出纳人员学习使用。全书共分七章，主要内容包括出纳基础知识，出纳必备的会计知识，出纳需掌握的基本技能，出纳对账簿、凭证的管理，出纳对现金业务的管理，出纳对银行结算业务的管理，出纳对其他业务的管理。

本书适合出纳人员或即将走上出纳岗位的人员、财务管理人员阅读使用，也可作为企业培训出纳人员的参考教材。

图书在版编目（CIP）数据

一学就会的出纳入门全图解 / 王化敏主编. --北京：中国纺织出版社有限公司，2021. 1

ISBN 978-7-5180-7129-6

Ⅰ. ①一… Ⅱ. ①王… Ⅲ. ①出纳—图解 Ⅳ. ①F233-64

中国版本图书馆CIP数据核字（2020）第004093号

策划编辑：陈 芳　　责任校对：高 涵　　责任印制：储志伟

中国纺织出版社有限公司出版发行

地址：北京市朝阳区百子湾东里 A407 号楼　邮政编码：100124

销售电话：010—67004422　传真：010—87155801

http://www.c-textilep.com

中国纺织出版社天猫旗舰店

官方微博 http://weibo.com/2119887771

三河市宏盛印务有限公司印刷　各地新华书店经销

2021 年 1 月第 1 版第 1 次印刷

开本：787×1092　1/16　印张：18.5

字数：334 千字　定价：68.00 元

前言 preface

在现代商品社会中，企业的经济业务总是不可避免地需要通过货币资金的收付、结算进行，比如购买材料、销售商品、发放工资、报销费用等。因此，出纳已经成为企业运作不可或缺的一个组成部分。出纳工作的质量和效率，直接关系到企业会计核算的质量和效率。每个企业中的出纳人员不仅担负着现金、票据和有价证券的保管，同时还要办理各种款项的收付和银行结算业务。随着企业数量和种类的不断增多，对出纳人员的需求也越来越大。正是这种日益增长的需求，使得一大批出纳人员踏入这个行业。出纳工作不仅责任重大，而且有不少学问和政策技术问题，对于刚刚入行的出纳新手而言，并不是轻轻松松就可以做好的。出纳工作虽然技巧性和专业性没有会计工作那么强，但是要想成为一名优秀的出纳人员并不是一件容易的事情，它不仅要求出纳人员要有扎实的专业知识和较强的业务能力，还要有足够的耐心和严谨细致的工作作风。

为了满足广大读者学习和工作的需要，我们编写了《一学就会的出纳入门全图解》一书。本书充分运用了图解的方式帮助读者概括、总结知识点，图文并茂，简明易懂，便于出纳人员学习使用。

全书共分七章，主要内容包括出纳基础知识，出纳必备的会计知识，出纳需掌握的基本技能，出纳对账簿、凭证的管理，出纳对现金业务的管理，出纳对银行结算业务的管理，出纳对其他业务的管理。

本书适合出纳人员或即将走上出纳岗位的人员、财务管理人员阅读使用，也可作为企业培训出纳人员的参考教材。

由于编者学识和经验有限，虽经编者尽心尽力，书中难免有不足之处，恳请广大读者热心指点。

编　者

2020 年 6 月

目 录 contents

第七章 出纳对其他业务的管理

第一章　出纳基础知识

本章导读

出纳属于财务工作中的一个名词，其含义随着场合不同而不同。出纳最基本的两个含义是出纳工作和出纳人员，要入门做出纳，首先必须了解出纳的工作内容是什么，其次还要很清楚地知道出纳与会计之间的关系，以及出纳工作的业务流程等。本章将详细介绍出纳工作和出纳人员有关含义。

第一节　出纳

一、出纳

出纳是随着货币和货币兑换业的出现而产生的，所谓“出”即支出、付出，而“纳”即收入。

出纳是按照有关规定和制度，办理本单位的现金收付、银行结算及有关账务，保管库存现金、有价证券、财务印章及有关票据等工作的总称。

从广义上讲，票据、货币资金和有价证券的收付、保管、核算都属于出纳业务

- 各项票据、货币资金、有价证券收付业务处理
- 票据、货币资金、有价证券的整理和保管
- 货币资金和有价证券的会计核算

狭义的出纳则仅指各单位会计部门专设出纳岗位所处理的各项货币款项收付工作。

二、出纳工作的特点

出纳是企业中一个专门的岗位，属于一项专门的技术。它不但具有会计工作的本质属性，还有其专门的特点，主要包括社会性、专业性、繁杂性、政策性和时间性五大特点。

出纳工作的特点

- 社会性：因为出纳工作所担负的货币资金的收付、存取活动是置身于整个社会经济活动的大环境中的，与整个社会的经济运转相互关联，所以出纳工作具有广泛的社会性
- 专业性：出纳工作是企业会计工作中的一个重要环节，具有专门的技术和规则
- 繁杂性：在企业的日常经营活动中，货币资金的流动最为频繁，而出纳又主要是负责货币资金的收支业务，因此其工作也就十分繁杂

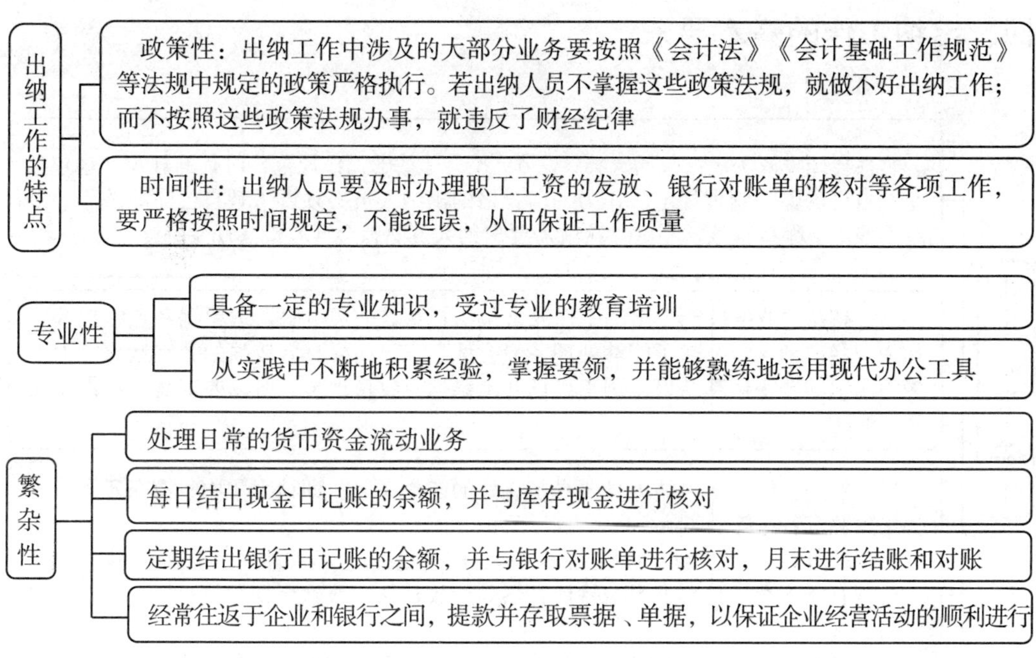
出纳工作的特点
政策性：出纳工作中涉及的大部分业务要按照《会计法》《会计基础工作规范》等法规中规定的政策严格执行。若出纳人员不掌握这些政策法规，就做不好出纳工作；而不按照这些政策法规办事，就违反了财经纪律
时间性：出纳人员要及时办理职工工资的发放、银行对账单的核对等各项工作，要严格按照时间规定，不能延误，从而保证工作质量
专业性
具备一定的专业知识，受过专业的教育培训
从实践中不断地积累经验，掌握要领，并能够熟练地运用现代办公工具
繁杂性
处理日常的货币资金流动业务
每日结出现金日记账的余额，并与库存现金进行核对
定期结出银行日记账的余额，并与银行对账单进行核对，月末进行结账和对账
经常往返于企业和银行之间，提款并存取票据、单据，以保证企业经营活动的顺利进行

三、出纳工作的职能

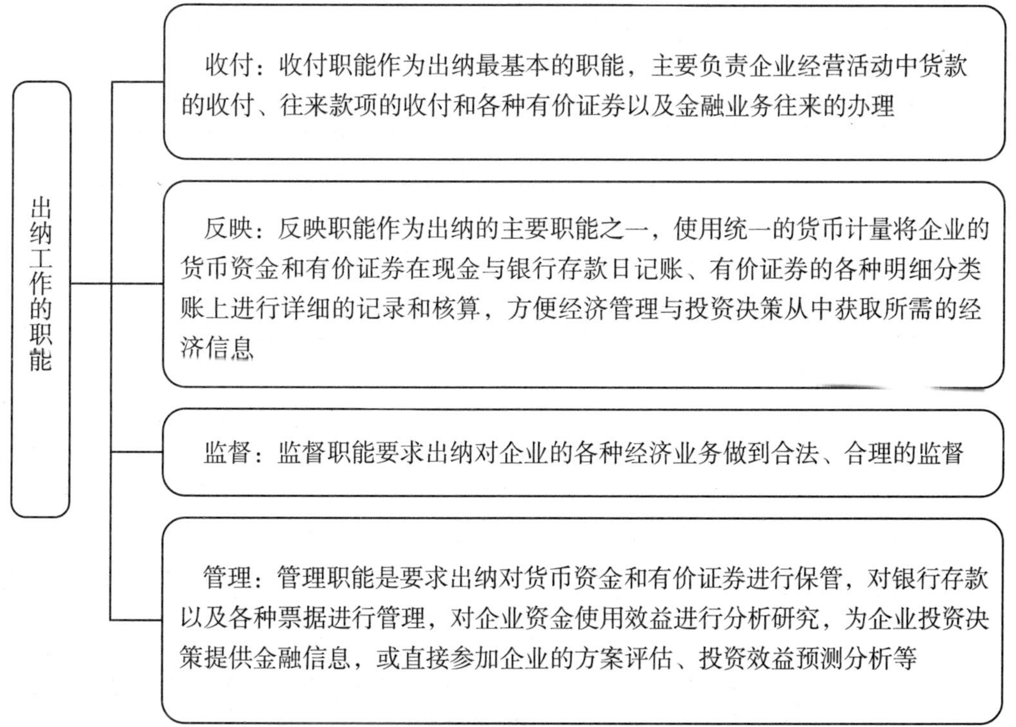
出纳工作的职能
收付：收付职能作为出纳最基本的职能，主要负责企业经营活动中货款的收付、往来款项的收付和各种有价证券以及金融业务往来的办理
反映：反映职能作为出纳的主要职能之一，使用统一的货币计量将企业的货币资金和有价证券在现金与银行存款日记账、有价证券的各种明细分类账上进行详细的记录和核算，方便经济管理与投资决策从中获取所需的经济信息
监督：监督职能要求出纳对企业的各种经济业务做到合法、合理的监督
管理：管理职能是要求出纳对货币资金和有价证券进行保管，对银行存款以及各种票据进行管理，对企业资金使用效益进行分析研究，为企业投资决策提供金融信息，或直接参加企业的方案评估、投资效益预测分析等

四、出纳工作的基本要求

出纳工作的基本要求

熟悉会计政策法规：包括《会计法》《会计基础工作规范》对其的规定，也包括企业自己的财务管理规定。作为一名合格的出纳人员必须要了解自己哪些该干，哪些不该干，哪些是该抵制的，这就需要出纳人员熟悉会计政策法规及制度

熟练高超的业务技能：出纳工作通常包括打算盘、用电脑、填票据和点钞票等，作为一名出纳人员，除了能够处理一般会计事务，还要具有较强的数字运算能力。因为出纳的数字运算结果是用来当场开出票据或收付现金，所以要求其一定做到准确、快速

严谨的工作作风：出纳人员要具备良好的工作作风，即精力集中、有条不紊、严谨细致和沉着冷静。

所谓精力集中，是要求出纳在工作中全身心地投入，不被外界所干扰。

所谓有条不紊，是要求出纳将计算器具摆放整齐，钱款票据存放有序，办公环境整洁不乱。

所谓严谨细致，是要求出纳将收支计算得准确无误，手续完整，不发生工作差错。

所谓沉着冷静，是要求出纳在复杂的环境中可以随机应变，从而化险为夷

顾全大局的安全意识：出纳人员要具备一定的安保意识，由于该岗位涉及现金等的保管，如果出现意外需要承担一定的责任。对企业现金、有价证券、票据、各种印鉴要从内到外做好安保措施

- 要求对内进行人员分工保管，各负其责，并相互牵制
- 要求从办公用房的建造，门、屉、柜的锁具配置，到保险柜密码的管理，都要符合安保的要求

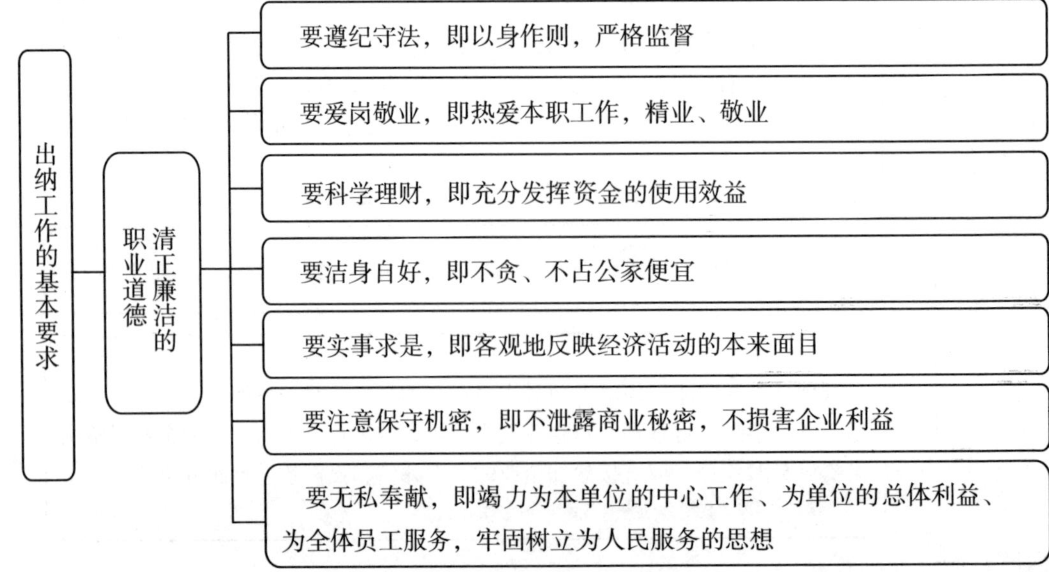

五、出纳工作的基本原则

根据《会计法》的有关规定，要求出纳人员不得兼管稽核，会计档案保管及收入、费用、债权债务账目的登记工作。即涉及款项与财物收付、结算及登记的任何一项工作，均必须由两人或两人以上分工办理，以起到相互制约的作用。

《会计法》规定钱账分管原则是为了避免舞弊的行为，如果稽核、内部档案保管工作全部由出纳员经管，其出纳人员可能会通过抽换单据、涂改记录等手段进行舞弊，而企业很难预防这种现象发生。

第二节　出纳人员的职责和权限

一、出纳人员的任职条件

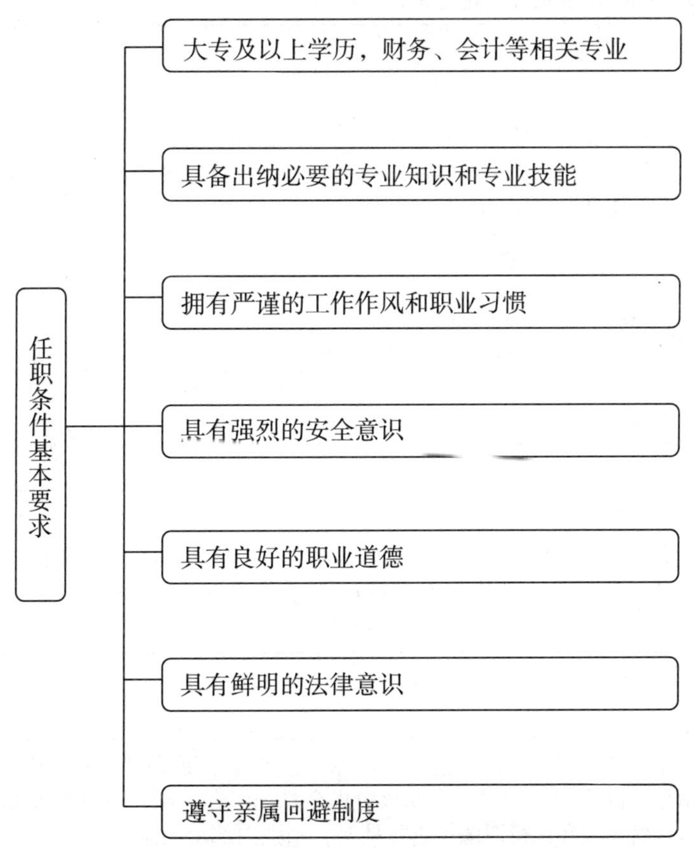

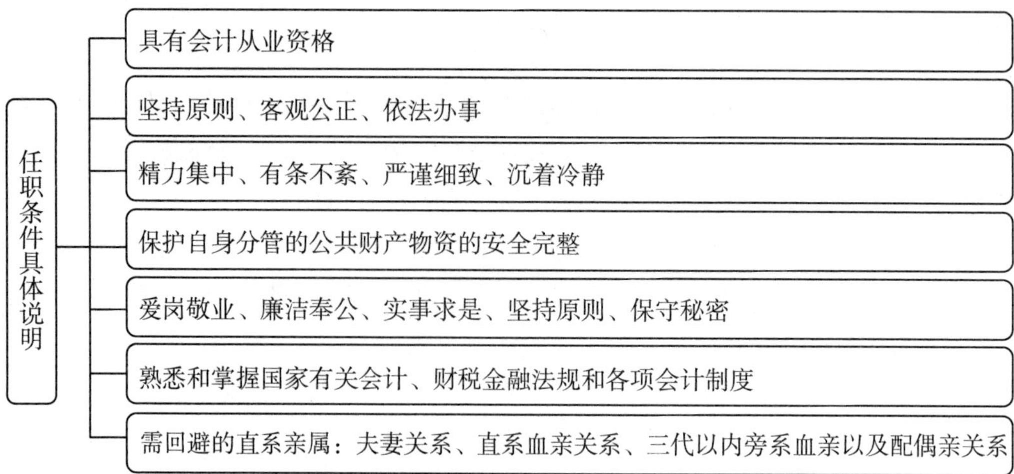

二、出纳人员的具体职责

出纳人员的具体职责

- 出纳人员需掌握每天库存金额，不得超过银行核定的限额，超出部分应立即送存银行；不准违反库存现金管理规定，例如从银行套取现金支出；不坐支现金，不用白条抵押现金；禁止签发超过银行存款余额的空头支票
- 根据稽核人员审核签章的收、付款凭证，进行复核，办理款项收付；办理银行结算，规范使用支票，严格控制签发空白支票；复核收入凭证，办理销售结算；办理往来结算，建立清算制度
- 妥善保管库存现金和各种有价证券，确保安全；保管有关印章，登记注销支票；上级部门以及财政、税务、审计等部门来单位了解情况、检查工作时要如实提供资料
- 对违法的收支不予办理，且应当制止和纠正；制止和纠正无效的，应当向单位领导人提出书面意见，请求处理。对违法的收支不进行制止和纠正的，又不向单位领导人提出书面意见的，需要承担相应的责任
- 认真登记日记账，确保日清月结；每日业务终了要及时轧平账务，结出余额，并核实库存，做到账实相符；定期核对现金日记账和总账，保证账账相符；定期将银行存款账面余额和银行对账单进行核对，加强内部牵制制度

三、出纳人员的权限

出纳人员的权限

- 维护财经纪律，执行财会制度，抵制不合法收支及弄虚作假的行为：出纳人员要严格遵循《会计法》中的相关规定，实行会计监督、维护财经纪律，进而充分发挥出纳工作的“关卡”“前哨”作用
- 参与货币资金计划金额管理的权力：出纳工作不是仅仅收支现金或点钞而已，作为出纳人员对货币资金具有管理的权限，其要严格按照现金管理制度及银行结算制度执行。如规定企业库存现金的限额，则多余的钱即需在规定的时间送存银行，这样一来，银行就可以进行有计划放贷
- 管好、用好货币资金的权力：作为一名出纳人员就应该为企业提出合理安排、利用资金的意见和建议，并及时提供货币资金的使用和周转情况

四、出纳人员应遵守的职业道德

一般会计人员应该遵守的职业道德

- 爱岗敬业：热爱本职工作，努力钻研业务，使自己的知识和技能适应所从事工作的要求
- 熟悉法规：熟悉财经法律、法规、规章和国家统一会计制度，并结合会计工作进行广泛宣传
- 依法办事：按照会计法律、法规和国家统一会计制度规定的程序和要求进行会计工作，确保提供的会计信息合法、真实、准确、及时、完整
- 客观公正：在实际工作中应当实事求是，客观公正
- 搞好服务：尽其所能，为改善单位的内部管理、提高经济效益服务
- 保守秘密：保守本单位的商业秘密，除法律规定和单位领导同意外，不得私自向外界提供或泄露单位的会计信息

第三节　出纳工作的内容和流程

一、出纳工作的内容

出纳的日常工作主要包括货币资金核算、工资核算以及往来结算三个部分。

货币资金核算

- 办理现金收付，审核、审批有据：出纳人员应严格按照国家关于现金管理制度的规定，根据稽核人员审核签章的收付款凭证进行复核，办理款项收付。对于重大的开支项目，必须在经过会计主管人员、总会计师或单位领导审核签章后，才能办理。收付款后，要在收付款凭证上签章，并加盖“收讫”、“付讫”戳记

- 办理银行结算，规范使用支票，严格控制签发空白支票：如因为特殊情况确需签发不填写金额的转账支票时，必须在支票上写明收款单位名称、款项用途、签发日期、规定限额以及报销期限，并由领用支票人在专设登记簿上签章。逾期未用的空白支票需交给签发人。对于填写错误的支票，必须加盖“作废”戳记，与存根一同保存。支票遗失时，要立刻向银行办理挂失手续。不准将银行账户出租、出借给任何单位或个人办理结算

- 认真登记日记账，保证日清月结：根据已经办理好的收付款凭证，按顺序逐笔登记现金与银行存款日记账，并结出余额。现金的账面余额要及时和银行对账单核对。月末应编制银行存款余额调节表，使账面余额和对账单上的余额调节相符。对于未达账款，要及时查询，要随时掌握银行存款余额

- 保管库存现金和有价证券：对于现金及各种有价证券，要保证其安全和完整无缺。库存现金不得超过银行核定的限额，超过部分要及时存入银行。禁止以“白条”抵充现金，更不得任意挪用现金。若发现库存现金有短缺或盈余，应查明原因，根据情况分别处理，不得私下取走或补足；如有短缺，要负赔偿责任。出纳人员要保守保险柜密码，保管好钥匙，禁止随意转交他人

工资核算

执行工资计划，监督工资使用：根据批准的工资计划，会同劳动人事部门，严格依据规定掌握工资和奖金的支付，分析工资计划的执行状况。对于违反工资政策，滥发津贴、奖金的，要予以制止或向领导和有关部门报告

审核工资单据，发放工资奖金：根据实有职工人数、工资等级及工资标准，审核工资奖金计算表，办理代扣款项（包括个人所得税、住房公基金、社保基金等），计算实发工资。按照部门归类，编制工资、奖金汇总表，填制记账凭证，经审核后，会同相关人员委托银行汇入职工工资卡

负责工资核算，提供工资数据：按照工资总额的组成及支付工资的来源，进行明细核算；根据管理部门的要求，编制有关工资总额报表

往来结算

保管有关印章，登记注销支票：出纳人员所管的印章必须妥善保管，严格遵照规定用途使用，但是，签发支票的各种印章不能全部交由出纳一人保管。对于空白收据及空白支票必须严格管理，专设登记簿登记，认真办理领用注销手续

复核收入凭证，办理销售结算：认真审查销售业务的相关凭证，严格按照销售合同和银行结算制度及时办理销售款项的结算，催收销售货款。因发生销售纠纷而造成货款被拒付时，要通知有关部门及时处理

办理往来结算，建立清算制度：现金结算业务的内容主要包括企业与内部核算单位和职工之间的款项结算，企业与外部单位办理转账手续和个人之间的款项结算，低于结算起点的小额款项结算，以及根据规定可以用作其他方面的结算

核算其他往来款项，防止坏账损失：对购销业务以外的各项往来款项，要按照单位与个人分户设置明细账，根据审核后的记账凭证逐笔登记，并随时核对余额。年终要抄列清单，并向领导或有关部门报告

二、出纳的工作日程

1．出纳工作阶段日程

出纳工作是按时间阶段进行处理和总结的。所以，出纳员在了解资金收支的一般程序和账务处理之后，应对工作有个时间的概念，以确保出纳业务得到及时处理，出纳信息得到及时反映。

出纳工作阶段日程

- 上班第一时间检查现金、有价证券及其他贵重物品
- 向有关领导及会计主管请示资金安排计划
- 列明当天应处理的事项，分清轻重缓急，根据工作时间合理安排
- 按顺序办理各项收付款业务
- 当天下班前，应将所有的收付款单据编制记账凭证登记入账
- 因特殊事项或情况，造成工作未完成的，应列明未尽事项，留待第二日优先办理
- 根据单位需要，每天或每周报送一次出纳报告
- 当天下班前，出纳人员进行账实核对，必须确保现金实有数与日记账、总账相符；收到银行对账单的当天，出纳人员进行核实，使得银行存款日记账、总账与银行对账单在进行余额调节后应当相符
- 每月终了3天内，出纳人员需对其保管的支票、发票、有价证券，重要结算凭证进行清点，按顺序进行登记核对
- 其他出纳工作的办理
- 当天下班前，出纳人员应整理好办公用品，锁好抽屉及保险柜，保持办公场所整洁，无资料遗漏或乱放现象

2．出纳一日工作流程

（1）上班后

上班后

- 要立刻检查、清点保险柜里存放的物品。包括现金、印章、票据等，并检查办公设备是不是完整、完好
- 要向上级请示当天新增资金的安排计划
- 补充编制当天的工作计划，分轻重缓急，根据时间进行安排

（2）工作期间

工作期间

- 办理各项对内对外的收款和付款业务
- 审核原始凭证（如发票）和收付款的审批手续，填写记账凭证，登记日记账，按照单位的规定，办理报批手续
- 处理其他出纳业务工作

（3）下班前 30 分钟内

下班前30分钟内

- 用电话或者网上银行系统查询银行账户里还有多少钱，并与“银行存款账”进行核对
- 清点库存现金（保险柜和其他现金暂存处），并与“现金日记账”进行核对
- 发生账款不符的问题，要本着日清月结的原则，立即查清原因，并做相应调整
- 向上级提交当天现金和银行存款余额的报表

（4）下班离开前

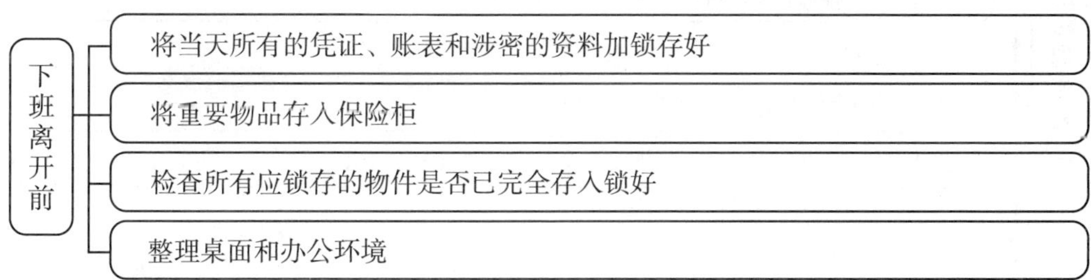

3．出纳需日清的工作内容

“日清月结”是出纳员办理现金出纳工作的基本原则和要求，也是避免出现长款、短款的重要措施。

所谓日清月结即出纳员办理现金出纳业务，必须做到按日清理，按月结账。

按日清理，是指出纳员应对当日的经济业务进行清理，全部登记日记账，结出库存现金账面余额，并和库存现金实地盘点数核对相符。

出纳日清工作内容

- 整理各种现金收付款凭证，检查单证是否相符，也就是说各种收付款凭证所填写的内容和所附原始凭证反映的内容是否一致；并且要检查每张单证是否已经盖齐“收讫”或者“付讫”的戳记
- 登记和清理日记账。将当天发生的所有现金收付业务全部登记入账，在此基础上，检查账证是否相符，即现金日记账所登记的内容、金额和收、付款凭证的内容、金额是否一致。清理完毕后，结出现金日记账的当日库存现金账面余额
- 现金盘点。出纳员应按照券别分别清点其数量，然后加总，即可得到当日现金的实存数。将盘存得出的实存数和账面余额进行核对，检查两者是否相符。如发现有长款或短款，需进一步查明原因，及时进行处理。所谓长款，指现金实存数大于账存数；所谓短款，是指实存数小于账面余额。若经查明长款属于记账错误、丢失单据等，应立即更正错账或补办手续，如属少付他人则应查明退还原主，若确实无法退还，应经过一定审批手续可以作为单位的收益；对于短款如果查明属于记账错误应及时更正错账；如果属于出纳员工作疏忽或业务水平问题，通常应按规定由过失人赔偿
- 检查库存现金是否超过规定的现金限额。如果实际库存现金超过规定库存限额，则出纳员应将超过部分及时送存银行；如果实际库存现金少于库存限额，则应及时补提现金

4. 出纳工作的每周流程

出纳工作的每周流程

- 星期一：各部门及结算单位报送付款申请或付款通知书
- 星期二：领导审批付款申请或付款通知书后，财会部门通知付款
- 星期三：财会部门审核付款单据后安排付款
- 星期四：根据审批单据，办理资金收付，登记出纳日记账
- 星期五：根据出纳日记账，编制出纳报告

5. 其他时间安排

其他时间安排

- 每月初，结转现金日记账和银行存款日记账期初余额，清点支票、有价证券或其他贵重物品的结存数
- 定期或不定期地进行现金日记账与现金总账、银行存款日记账与银行存款总账核对，确保账账相符
- 定期或不定期接受会计人员、上级人员对现金和银行存款的实地盘点检查
- 月度或年度终了，出纳人员需结清现金日记账和银行存款日记账，结存余额并进行核对，保证与库存现金、银行存款余额相符，和现金总账、银行存款总账相符；对其保管的支票、发票、有价证券、重要结算凭证进行清点，按照顺序进行登记核对
- 编制月度、季度、年度出纳报告
- 保管出纳会计资料

三、出纳的业务流程

1．付款业务总流程

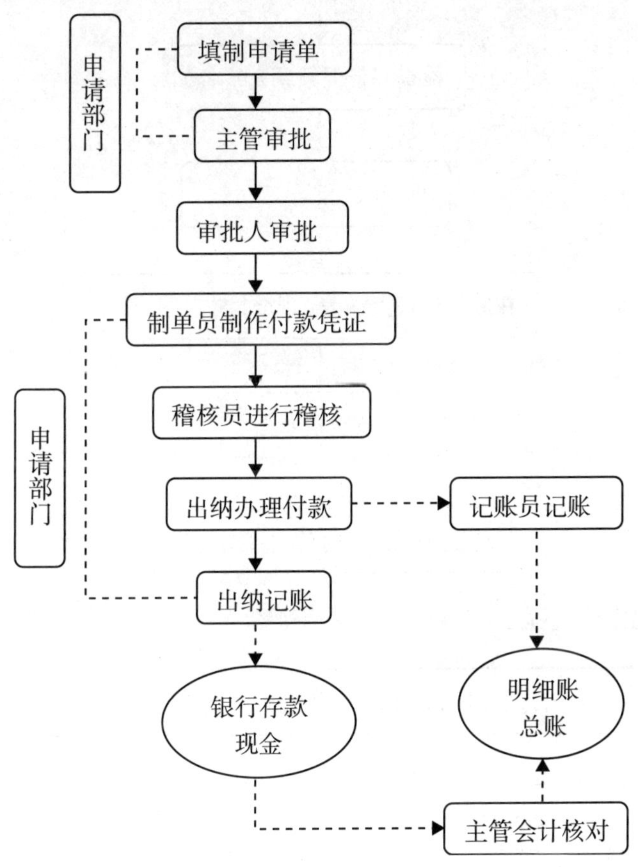

2．收款业务总流程

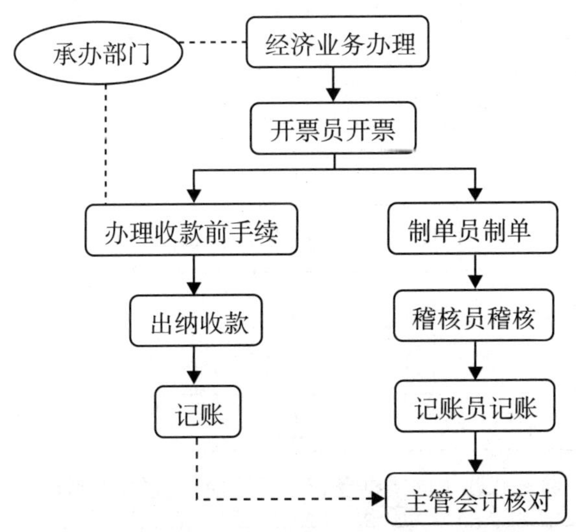

3．费用报销付现作业流程

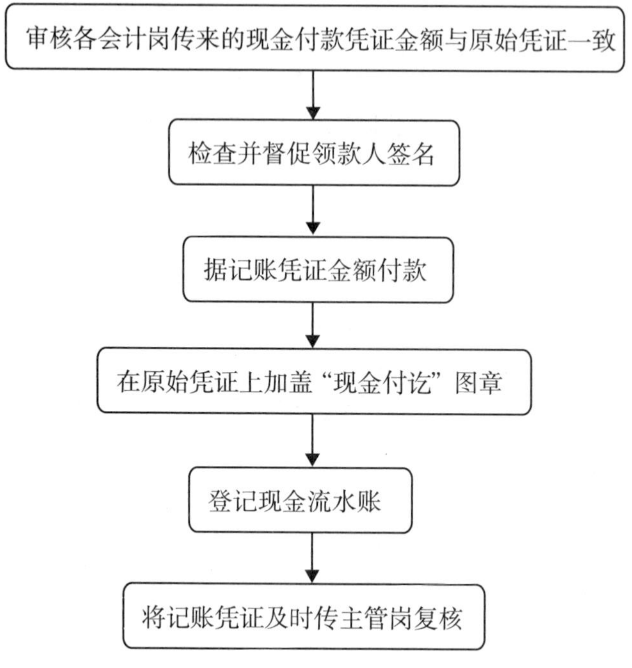

4．出纳收现作业流程

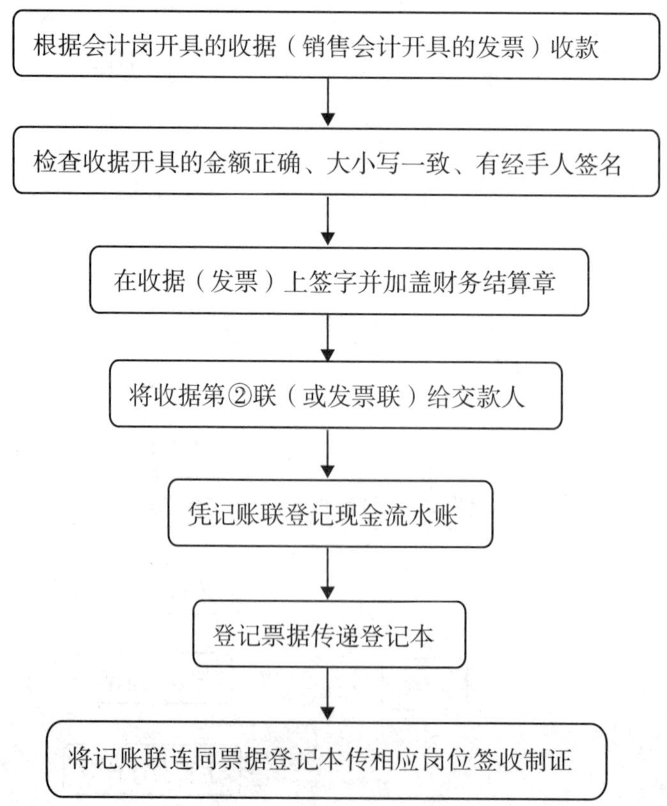

5．人工费、福利费发放作业流程

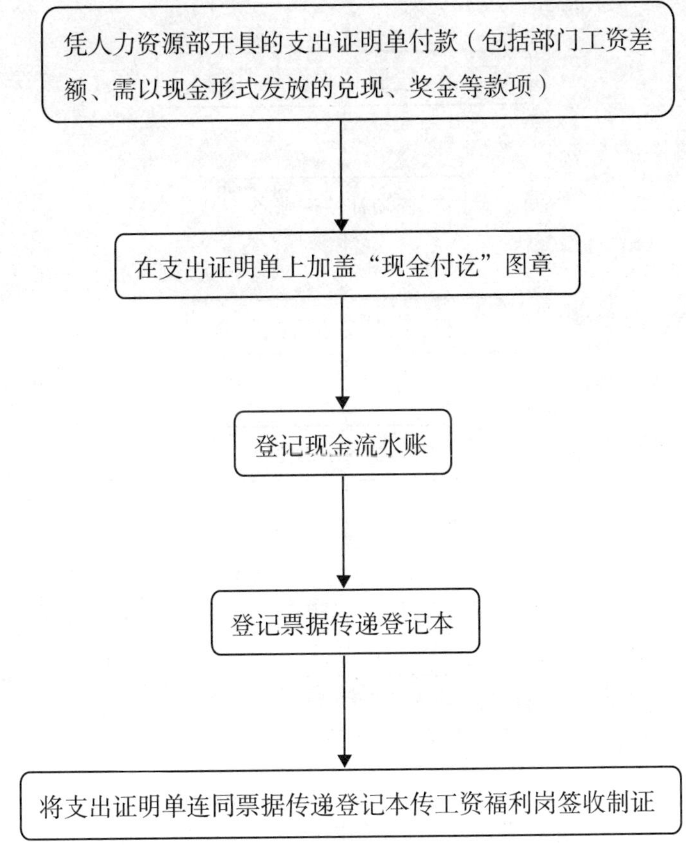

6．现金存取及保管作业流程

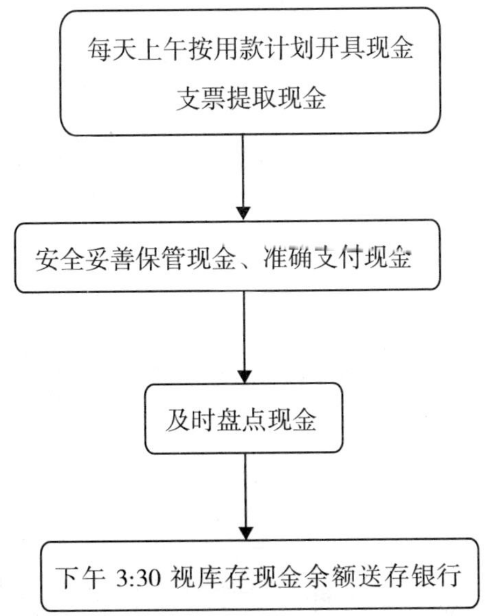

7. 银行存款收款作业流程

（1）收货款的作业流程

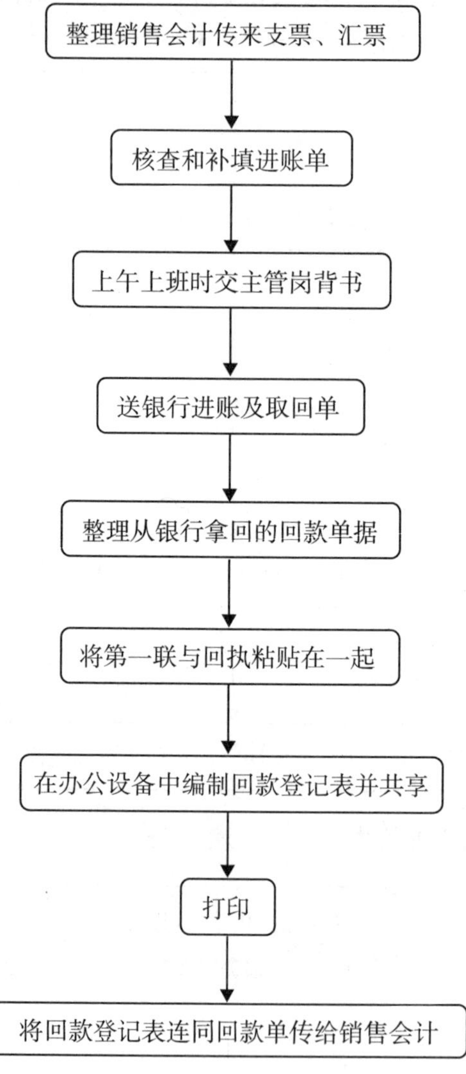

（2）其他项目收款的作业流程

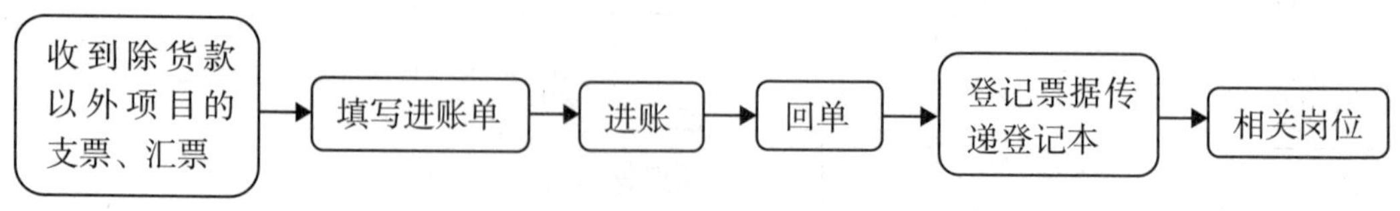

（3）贷款的作业流程

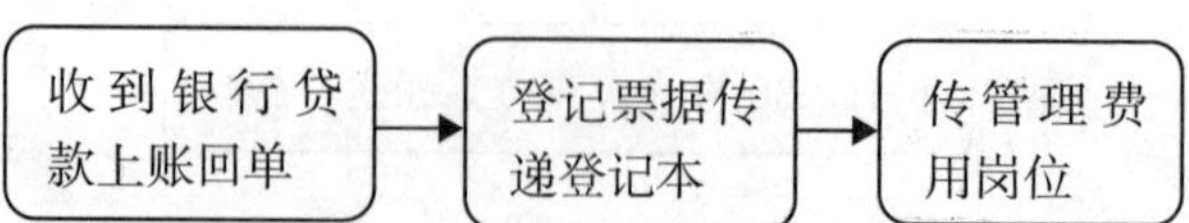

8．日常性业务款项付款作业流程

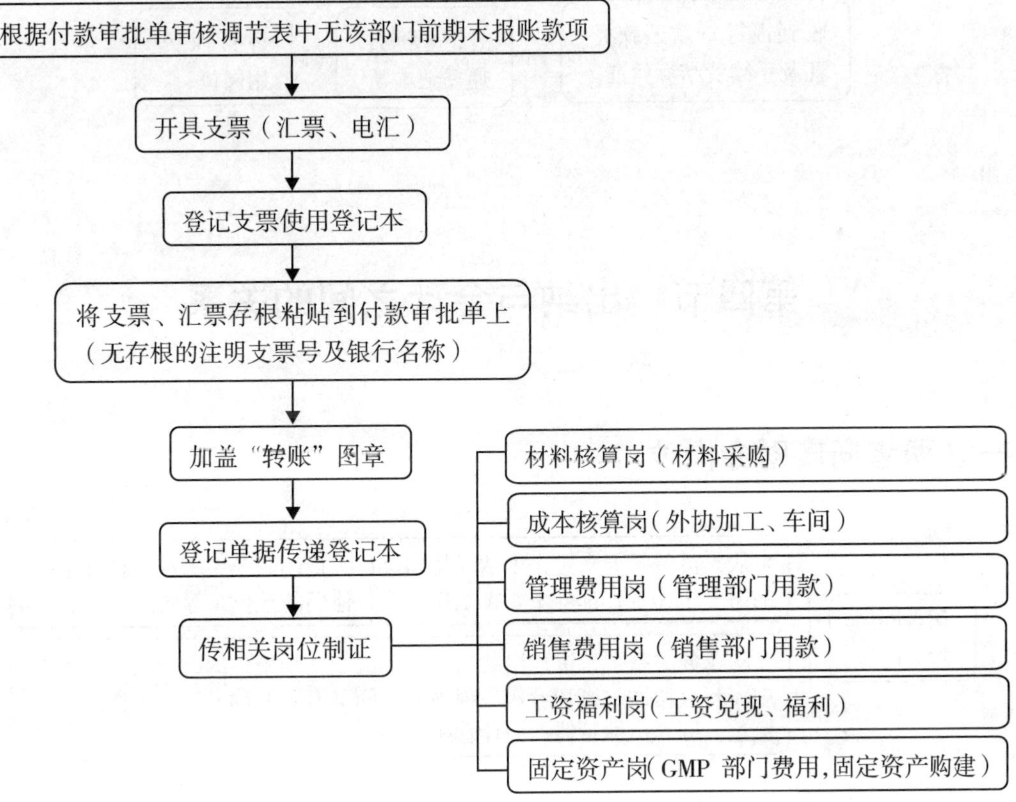

9．工资支付作业流程

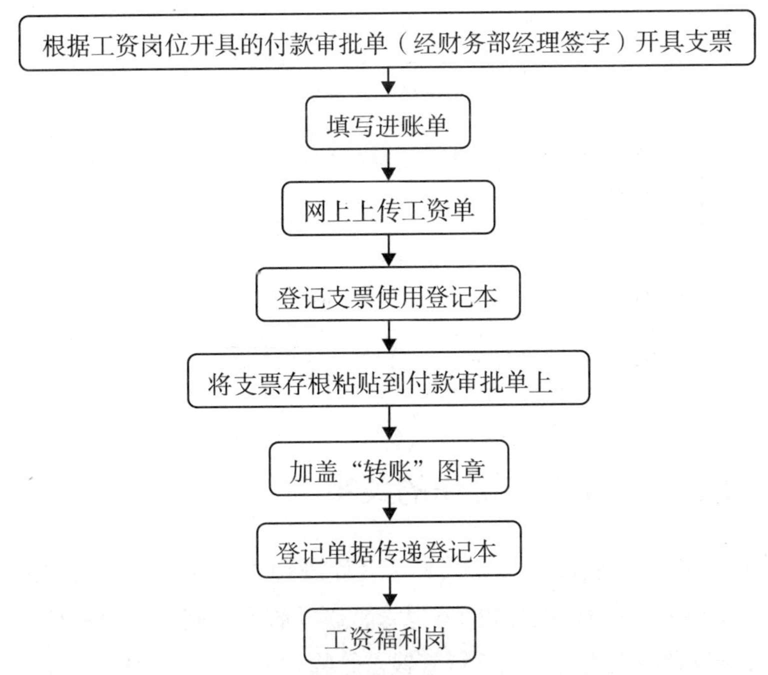

10．还贷及银行结算作业流程

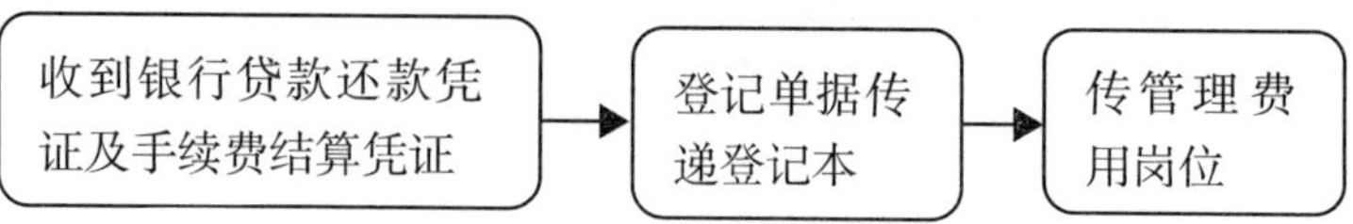

第四节　出纳与会计之间的关系

一、两者同属财会岗位

两者同属财会岗位

- 从人员关系上来讲，出纳人员与会计人员均属于一个独立核算单位的财务工作者，都处于要害工作岗位，他们的地位是等同的
- 从业务关系上来讲，出纳与会计都属于一个单位的财会岗位，工作中需相互协助、密切合作。但他们之间又有着明确分工，工作上各有侧重，即“出纳管钱，会计管账”

二、两者的责任各有侧重

出纳与会计负责的工作

- 出纳负责的工作：出纳人员专管货币资金的收付以及与之有关的现金日记账和银行存款日记账的登记。同时，出纳人员还必须每天或者定期与会计人员对账，核对双方库存现金、银行存款账是否一致，以做到相互配合、相互监督，从而避免多报、冒领等差错
- 会计负责的工作：会计人员专管总账与除货币资金之外的其他明细账。会计岗位有很多细分，如记账会计、税务会计、材料会计、成本会计等。会计人员应负责整个会计核算工作，从平行登记总账、明细账到编制会计报表，以及完成纳税申报及成本核算

三、两者的业务为分工与协作的关系

《中华人民共和国会计法》（以下简称《会计法》）中明确规定企业必须实行钱账分管，出纳人员不得兼管稽核和会计档案保管，以及收入、费用、债权债务等账目的登记工作；总账会计和明细账会计则不得管钱、管物。

会计与出纳的分工

- 总账会计：总括核算企业经济业务，为企业经济管理和经营决策提供完整、全面的核算资料
- 明细账会计：管理企业的明细账，为企业经济管理和经营决策提供明细分类核算资料
- 出纳：收付、保管与核算企业票据、货币资金以及有价证券，为企业经济管理和经营决策提供各种金融信息

1．三者之间互相依赖且牵制

三者之间互相依赖且牵制

- 互相依赖：三者之间具有很强的依赖性。这些会计凭证作为记账依据，必须在出纳、明细账会计及总账会计之间按照一定的顺序传递。他们相互利用对方的核算资料，共同完成会计任务
- 互相牵制与控制：三者之间又互相牵制与控制，缺一不可。出纳的现金和银行存款日记账与总账会计的现金和银行存款总分类账，总分类账与其所属的明细分类账，明细账中的有价证券账和出纳账中相应的有价证券账，有金额上的等量关系

2．出纳核算是一种特殊的明细核算

出纳和明细账会计的区别是相对的，出纳核算是一种特殊的明细核算。出纳需要分别按照现金及银行存款设置日记账，对银行存款还要按照存入的不同户头分别设置日记账，逐笔序时地进行明细核算。对于“现金日记账”，应每天结出余额，并与库存数进行核对；对于“银行存款日记账”，也要在月内多次结出余额，并和开户银行进行核对。月末都必须按规定进行结账。月内还应多次出具报告单，报告核算结果，并与现金和银行存款总分类账进行核对。

3．账实兼管——出纳

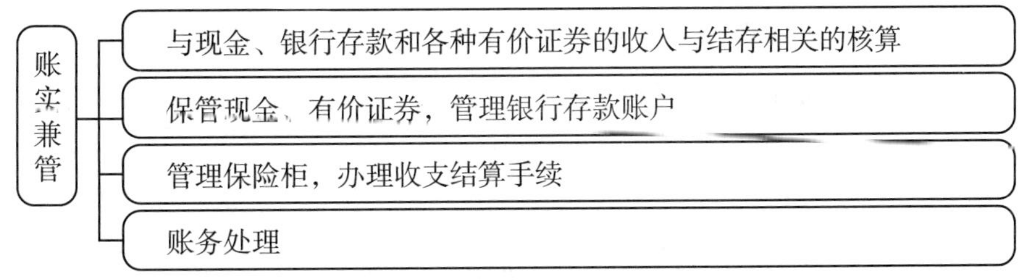

4．出纳工作直接参与经济活动过程

货物的购销要经过两个过程：货物移交和货款结算。其中，货款结算的收入和支付必须通过出纳来完成；往来款项的收付、各种有价证券的经营以及其他金融业务的办理也有出纳人员的参与。这两点也是出纳工作的一个显著特点：即其他财务工作通常不直接参与经济活动过程，而只对其进行反应和监督。

四、出纳应主动接受会计人员的监督

出纳接受会计监督的内容

- 主动为现金盘库提供条件，绝不能认为监督盘库是对出纳人员的不信任
- 对账时，主动为会计人员报出现金库存数，然后由会计人员核对账款是否相符。不应当由会计人员结账后先报出现金账户的余额，然后由出纳人员表示账款是否相符，这样会导致会计监督的本末倒置，其后果十分有害

第五节　出纳的工作组织

一、出纳机构设置与人员配备

1. 出纳机构设置

出纳机构是由会计机构内容设置的，并指定会计人员。出纳机构的设置应根据单位的大小或货币资金管理的要求，并结合工作的繁简程度。

如大型企业可在财务处设置出纳科；中型企业可在财务科设置出纳室；小型企业可在财务下配备专职出纳员；而有些主管公司，为了资金的有效管理及总体利用效益，则将数个分公司的出纳业务（或部分出纳业务）集中办理，成立专门的内部“结算中心”——出纳机构。

2. 出纳人员配备

企业对出纳岗位的设置应根据企业的实际经营情况，其人员的配备主要取决于出纳业务量的大小及繁简程度，通常采用一人一岗、一人多岗和一岗多人的形式。

出纳人员配备

- 一人一岗的形式一般用于规模较小，并且出纳的工作量不大的企业
- 一人多岗的形式适用于规模较小、业务量较小的企业。没有条件的企业可以在有关机构中配备一名兼职出纳，但应注意该兼职出纳不得兼管收入、费用、债权，债务账目的登记工作及稽核和会计档案保管工作
- 一岗多人的形式往往适用于规模较大、出纳工作量也较大的企业，可以分设管理收付的出纳员及管账的出纳员，或分设现金出纳员和银行结算出纳员等

二、出纳的岗位设置

银行存款管理

- 出纳人员需按照业务的发生顺序逐日逐笔登记“银行存款日记账”，定期对银行存款账面余额和银行对账单进行核对，按月编制银行余额调节表
- 企业除了留有保证日常开销的限额现金外，其他收到的各种汇票、支票等都要及时送存银行
- 不得将企业的银行账户出租或出借给其他企业
- 出纳员要每周一向公司经理上报“银行存款收付周报表”
- 财务部要加强银行存款余额、收付业务的保密工作，只能向公司领导提供银行存款余额情况
- 公司银行付款由公司经办人员填写“付款审批单”，由部门负责人、财务部部长、公司经理签字后办理付款，支付支票等应具备收款单位、经办人的收据
- 公司收到客户货款入账或汇票无法存入银行等情况，出纳员应在最短时间内通知公司经理或销售部经办人员

支票管理

- 公司支票由出纳员专人保管
- 公司“财务专用章”由财务部部长保管，而“法人代表章”由出纳员保管
- 出纳员妥善保管好公司支票，如丢失造成公司损失，本人承担全部责任

现金管理

- 企业收取现金时须向付款方开具销售发票或收据，如实填写有关信息，并加盖“现金收讫”和“收款人”印章
- 严格按照规定的现金使用范围使用现金
- 不得坐支现金，如遇特殊情况需报经批准
- 公司库存备用金限额为1000元，出纳员按规定妥善保管，超出部分随时存入开户银行
- 出纳员从银行提取备用金填写“现金领用单”，经财务部部长、公司经理批准后提取
- 公司员工因工作需要借用现金，必须填写“借款单”，经部门负责人、公司财务部部长、公司经理签字批准后提取
- 出纳员不得用不符合公司财务制度的凭证顶库存现金
- 公司员工不得用公司银行账户代其他单位或个人存入或支取现金
- 出纳员需建立健全的现金账目，逐日逐笔登记现金收付，保证日清月结，账款相符

第二章　出纳必备的会计知识

本章导读

对于刚刚接触出纳的人员来说，了解完出纳的一些基础知识后，还需要掌握最基本的会计知识。通常来说，想要做好出纳的工作，首先要了解会计制度规范，因为会计制度规范决定了会计工作的具体程序与方法，是会计理论的逻辑起点。本章从会计制度规范为出发点，详细介绍了会计要素、会计科目账户、会计等式等出纳必备的会计知识。

第一节　会计制度规范

一、目标

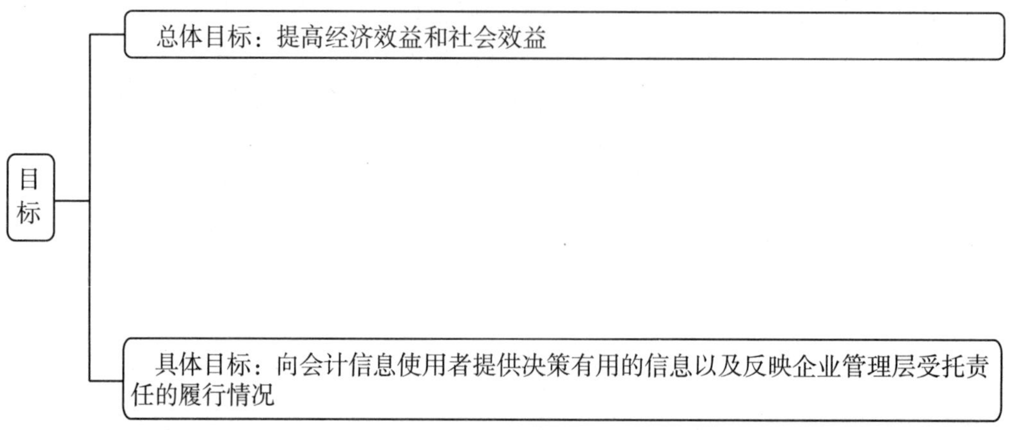

二、基本职能

基本职能

会计核算职能：主要包括款项和有价证券的收付；财物的收发、增减和使用；债权债务的发生和结算；资本、基金的增减和使用；收入、支出、费用、成本的计算；财务成果的计算和处理以及需要办理会计手续、进行会计核算的其他事项。概括而言就是记账和算账

会计监督职能：主要包括职责权限应当明确，并相互分离、相互制约，重要经济业务事项的决策与执行的相互监督、相互制约程序应当明确，现金清查范围、期限及组织程序应当明确，对会计资料定期进行内部审计的办法和程序应当明确

三、基本特点

基本特点

以货币为主要计量单位：会计是从数量方面反映经济活动的，而经济活动的数量方面一般是通过实物、劳动、货币等具体内容的变化表现出来。会计以货币作为主要计量单位进行核算，我国货币的法定计量单位是人民币，辅以劳动量度和实物量度

以合法的原始凭证作为核算依据：所谓原始凭证是对经济业务的最原始的记录，是经济业务责任人签字以示对其真实性负责后形成的原始记录。我国《会计基础工作规范》第47条规定，各单位在对会计事项办理会计手续、进行会计核算时，“必须取得或者填制原始凭证，并及时送交会计机构”。会计以合法的原始凭证作为核算依据，既保证了会计记录有真凭实据，又能够取得真实可靠的会计信息

运用一系列完整可靠的专门方法：会计方法的具体内容包括会计核算方法、会计分析方法、会计检查方法、会计决策及预测方法，其中会计核算方法是最基本的方法。会计通过这些专门方法，对经济活动进行连续、系统、全面的核算和监督，为企业的经济管理需求提供了可靠的会计信息

四、基本前提

基本前提

空间限制——会计主体：会计主体也称会计实体，是指会计工作为其服务的特定单位或组织。会计主体的界定可以将特定的会计主体的经济活动和其他会计主体的经济活动相区别，从而明确会计核算的空间范围

经营状况要求——持续经营：持续经营是指会计主体的生产经营活动将会持续地、正常地进行下去。换种说法就是，在可以预见的未来，企业不会因为进行清算、解散、倒闭而不复存在

周期划分——会计分期：会计分期指的是把企业持续不断地生产经营过程，划分为较短的等距会计期间，以便分期结算账目，按期编制会计报表。会计分期限制了会计核算的时间范围。会计期间即在会计工作中，为核算生产经营活动或预算执行情况所规定的起讫日期。会计期间一般是一年，称为会计年度。我国企业的会计年度统一为公历1月1日～12月31日

计价手段——货币计量：货币计量指的是会计主体在会计核算中以货币作为统一计量单位记录和反映会计主体的经营情况。货币计量假设使得各项资产费用与不同企业经营业绩之间比较时有一个统一的标准。在我国，会计核算通常以人民币作为记账本位币，企业发生的生产经营活动都应用人民币进行核算和反映

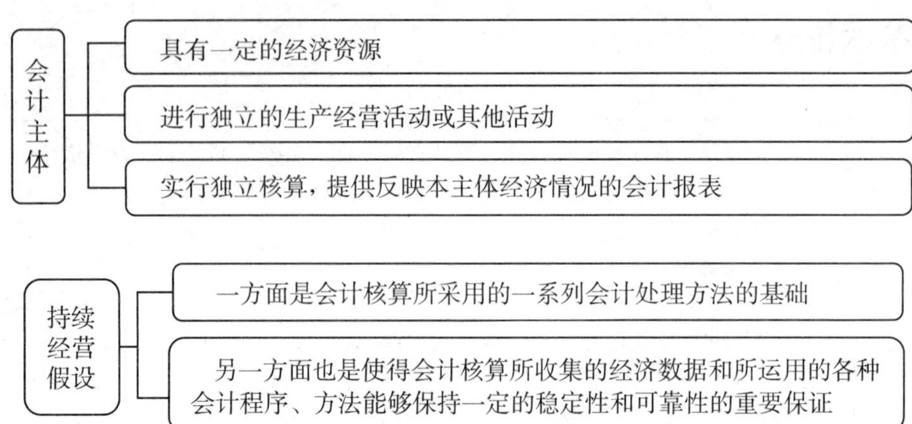

五、计量属性

会计计量属性也称为计量基础，是指在账户记录和财务报表中确认、计量有关财务报表要素，按什么标准、什么角度来计量，是从不同会计角度反映会计要素金额的过程，它主要用于解决记录多少的问题。《企业会计准则——基本准则》中规定的会计计量属性包括历史成本、重置成本、可变现净值、现值以及公允价值。

计量属性

- 历史成本：在历史成本计量下，资产按照购置时支付的现金或者现金等价物的金额，或者按照购置资产时所付出的对价的公允价值计量。负债按照因承担现时义务而实际收到的款项或者资产的金额，或者承担现时义务的合同金额，或者按照日常活动中为偿还负债预期需要支付的现金或者现金等价物的金额计量
- 重置成本：在重置成本计量下，资产按照现在购买相同或者相似资产所需支付的现金或者现金等价物的金额计量。负债按照现在偿付该项债务所需支付的现金或者现金等价物的金额计量
- 可变现净值：可变现净值又称预期脱手价值，在可变现净值计量下，资产按照其正常对外销售所能收到现金或者现金等价物的金额扣减该资产至完工时估计将要发生的成本、估计的销售费用以及相关税费后的金额计量
- 现值：在现值计量下，资产按照预计从其持续使用和最终处置中所产生的未来净现金流入量的折现金额计量。负债按照预计期限内需要偿还的未来净现金流出量的折现金额计量
- 公允价值：在公允价值计量下，资产和负债按照在公平交易中，熟悉情况的交易双方自愿进行资产交换或者债务清偿的金额计量。目前公允价值的计量属性在关于非货币性资产交换、债务重组、投资性房地产、生物资产、股份支付、金融工具确认及计量等具体准则中得到了具体的运用

计量属性	优缺点
历史成本计量属性	优点：可靠、简便、容易采集数据、符合会计核算真实性等
	缺点：在经济环境发生变化、物价波动剧烈的情况下，不能真实反映会计要素的真实价值，可能使会计信息使用者做出错误的判断
重置成本计量属性	优点：可以反映现在形成某一会计要素应付出的代价；是现时的财务信息，以现行收入与现行成本配比，增强了信息有用性；便于评价企业业绩
	缺点：含义不明确、确定较为困难，在计算上缺乏足够可信的依据，影响会计信息的可靠性
可变现净值计量属性	优点：可以真实反映资产的价值
	缺点：在操作上有一定难度且仅用于计划将来销售的资产或未来清偿既定的负债，无法用于企业全部资产
现值计量属性	优点：可以反映资产所带来的经济利益的金额与偿还债务相关经济利益流出的金额
	缺点：受主观因素的影响较多
公允价值计量属性	优点：可以真实地反映资产、负债的价值
	缺点：由于公允价值要求市场必须是成熟的，具有不易操作的问题

六、会计要素

在《企业会计准则——基本准则》中指出：“企业应当按照交易或者事项的经济特征确定会计要素。会计要素包括资产、负债、所有者权益、收入、费用和利润。”其具体内容将在第二章第二节中详细介绍。

七、质量要求

质量要求

- 可靠性：可靠性要求是指会计核算应以实际发生的交易或事项为依据，如实反映企业的财务状况、经营成果和现金流量，做到内容真实、数字准确、资料可靠。必须注意的是可靠性是对会计信息质量的基本要求
- 相关性：相关性要求是指企业提供的会计信息应当与会计信息使用者的经济决策需要相关，有助于会计信息使用者对企业过去、现在或者未来的情况作出评价或者预测。换言之，即使是客观真实地反映企业经营情况的会计信息，如果与经济决策不相关联，也是毫无价值的
- 明晰性：明晰性要求是指企业提供的会计信息应当清晰明了，便于会计信息使用者理解和利用。符合这一要求的会计信息有助于会计信息使用者准确、完整地把握会计信息所要说明的内容
- 可比性：可比性要求是指企业提供的会计信息应当具有可比性
- 实质重于形式：实质重于形式要求是指企业应当按照交易或事项的经济实质进行会计核算，而不应当仅仅按照它们的法律形式作为核算依据。该要求体现了对经济实质的尊重，可以保证会计核算信息与客观事实相符
- 重要性：重要性要求是指企业提供的会计信息应当反映企业的财务状况和经营成果和现金流量的同时，对于影响经营决策的重要经济业务应当分别核算，单独核算。这一要求对于经济业务复杂的企业核算业务来说格外重要
- 谨慎性：谨慎性要求也称稳健性，是指企业在处理不确定的经济业务时，应当保持谨慎态度，采取不高估资产或者收益、低估负债或者费用的方法
- 及时性：及时性要求是指企业对于已经发生的交易或事项，应当及时进行会计核算和处理，以便会计信息的及时利用

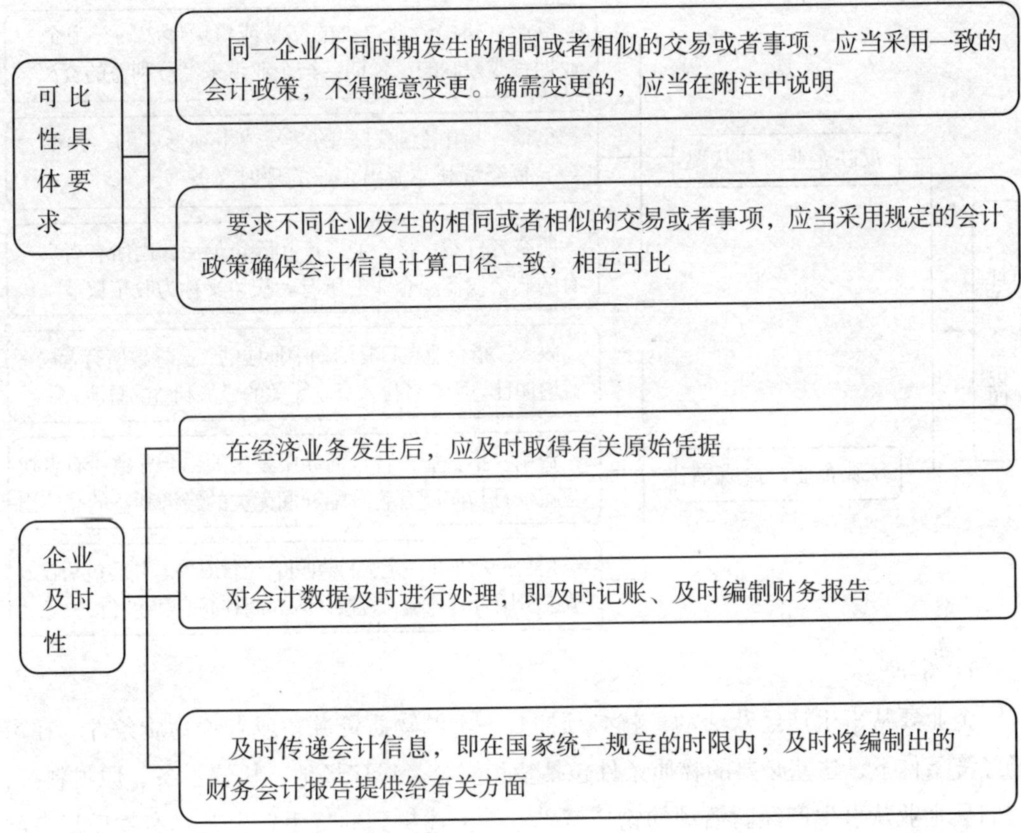

八、记账基础

记账基础即权责发生制又称应收应付制，指的是企业的会计核算应当以经济利益和经济责任的发生为标准来确定收入和费用的归属期。换言之，凡是本期已经实现的收入和已经发生的或应当负担的费用，无论款项是否已经实际支付，均应作为本期的收入和费用入账。权责发生制强调的是经营成果的计算。

第二节 会计要素

所谓会计要素，就是会计所要核算的内容，即构成企业经济活动的必要因素。会计的要素共有六个：资产、负债、所有者权益、收入、费用、利润。其中，资产、负债、所有者权益是反映企业财务状况的会计要素，在资产负债表中有所体现；收入、费用、利润是反映企业经营成果的会计要素，在利润表中有所体现。

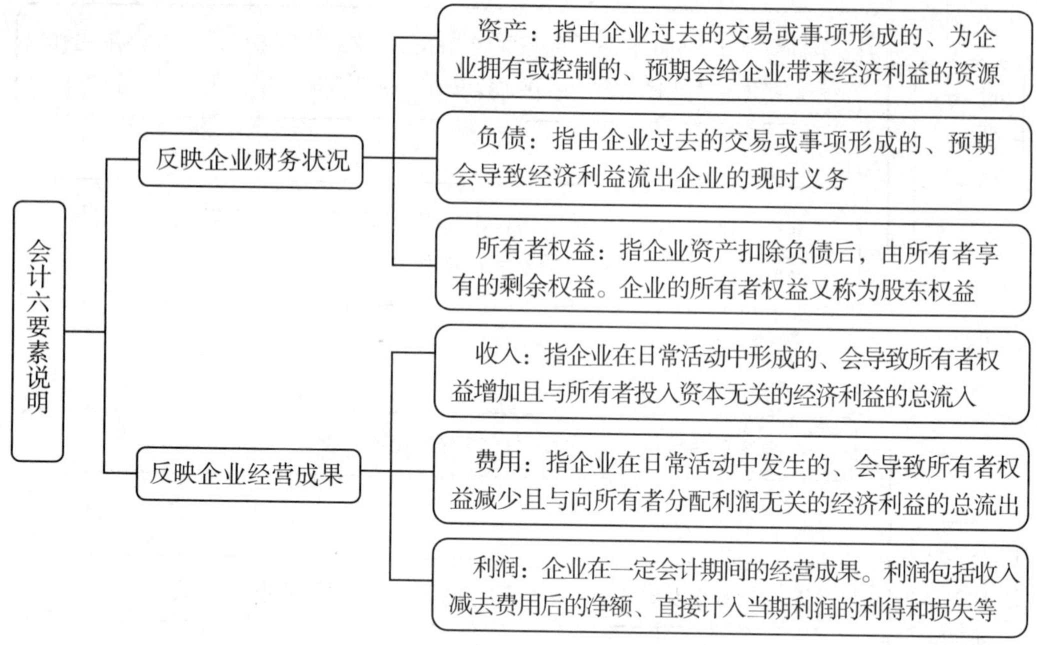

1．资产

企业要从事生产经营活动，就必须拥有一定的物质资源，或者说物质条件。在市场经济条件下，这些必要的物质条件包括货币资金、厂房场地、机器设备、原材料等，它们是企业从事生产经营活动的物质基础。除上述提到的货币资金及具有物质形态的资产以外，资产还包括那些虽不具备物质形态，但有利于生产经营活动的专利权、专有技术、商标权等无形资产，以及对其他单位的投资和债权。

（1）资产的特征

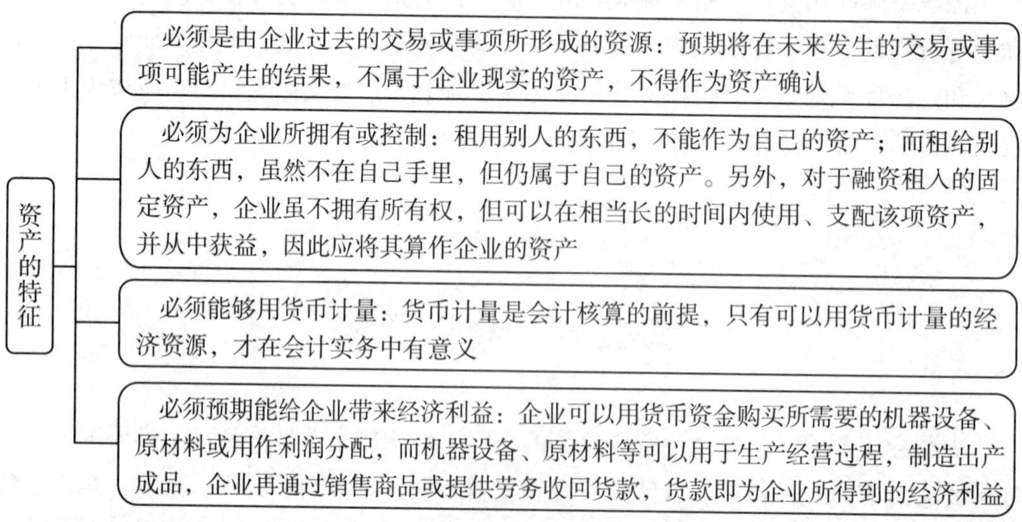

（2）资产的分类

按照流动性的不同，资产可以分为流动资产和非流动资产（长期资产）。

资产的分类

- 流动资产：指可以在一年或者超过一年的一个营业周期内变现或者耗用的资产
- 非流动资产（长期资产）：指变现周期在一年以上的各种资产

流动资产

- 现金及各种存款：库存现金、各种银行存款
- 短期投资：指能够随时变现并且持有时间不准备超过一年（含一年）的投资，包括股票、债券及基金等
- 应收及预付款项：包括应收票据、应收账款、其他应收款及预付账款等
- 存货：指企业在生产经营过程中，为销售或者耗用而储存的各种资产。制造企业的存货有原材料、燃料、辅助材料、包装物、低值易耗品、停留在生产过程中的在产品及生产完工的产成品等。商品流通企业的存货主要包括各种商品及非商品材料物资
- 待摊费用：指企业已经支出、但应当由本期和以后各期分别负担的、分摊期限在一年以内（含一年）的各项费用，如低值易耗品摊销、预付保险费等

非流动资产

- 长期投资：指投资期在一年以上的各种投资，包括长期股权投资、长期债权投资和其他长期投资
- 固定资产：指使用期限超过一年的房屋建筑物、机器、机械、运输工具以及其他与生产经营有关的设备、器具、工具等。对于不属于生产经营主要设备的物品，但其单位价值在2000元以上、使用期限超过两年的，也应当算作固定资产
- 无形资产：指企业为生产商品或提供劳务、出租给他人，或为管理目的而持有的、没有实物形态的非货币性长期资产。无形资产包括专利权、非专利技术、商标权、著作权、土地使用权等
- 其他资产：指除上述资产以外的资产，包括不应全部计入当年损益而应在以后年度分期摊销的开办费和长期待摊费用等。长期待摊费用是指企业已经支出、但摊销期限在一年以上（不含一年）的各项费用，包括固定资产大修理支出、租入固定资产改良支出等

应当注意的是，有些企业的经营活动比较特殊，其经营周期可能超过一年，如造船、大型机械制造等，这些企业从购买原材料到销售商品再到收回货款，周期比较长，通常超过一年。在这种情况下，就不得把一年内变现作为划分流动资产的标志，而是

应当将经营周期作为划分流动资产的标志。

2. 负债

负债是企业承担的、能以货币计量、需要以后用资产或劳务偿付的债务。负债是因为过去的交易或事项形成的企业的现时义务，履行该义务预期会造成经济利益流出企业。

（1）负债的特征

负债的特征

- 负债是由过去的交易或事项形成的：负债是由企业过去的交易或事项所形成的结果。过去的交易或事项包括购买商品、使用劳务、接受贷款等。预期在未来发生的交易或事项不形成负债
- 负债的清偿会导致经济利益流出企业：负债的偿还方式是多种多样的，例如用现金或实物资产偿还、提供劳务偿还或将负债转为所有者权益。不论采取哪种方式，清偿债务都会导致经济利益流出企业，如用货币资金偿还应付账款，会使负债减少，同时也使资产减少
- 负债到期必须偿还：负债要由企业在未来某个时日加以清偿。负债一般不能无条件取消，除非在债权人到期得到足额清偿或者债权人主动放弃其权益后，这种经济责任才能解除

（2）负债的分类

负债按其流动性分为流动负债和长期负债。

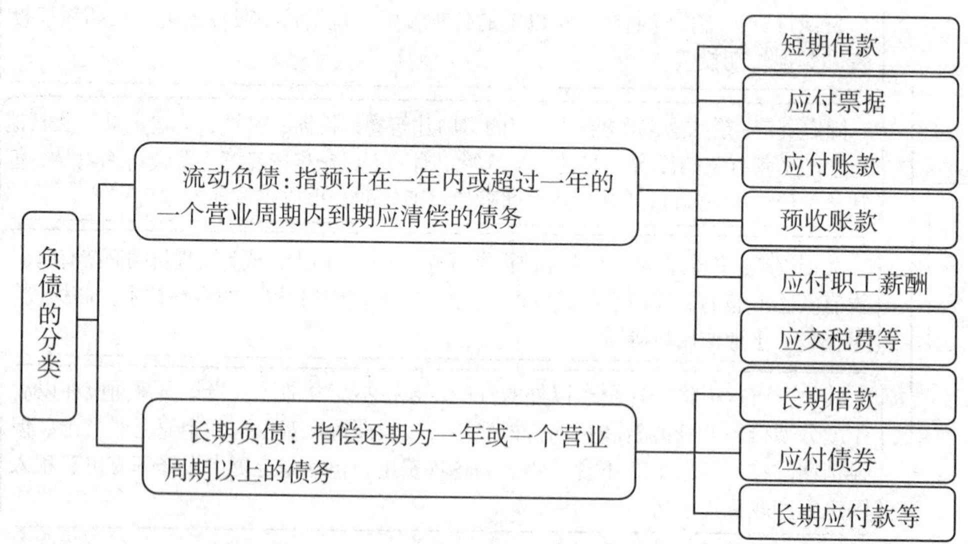

3. 所有者权益

所有者权益是指企业资产扣除负债后由所有者享有的剩余权益，是企业全部资产减去全部负债后的余额。通俗地讲，所有者权益就是企业全部资产中属于投资人所有

的那部分，又称为净资产。

（1）所有者权益的特征

所有者权益不同于负债。

所有者权益的特征

- 表明企业归谁所有：所有者权益表明企业归谁所有，除非发生减资、清算，否则不用偿还；而负债表明企业“欠谁的钱”，是需要偿还的
- 不需要付利息但可参加分红：所有者权益不需要付利息但可以参加分红，负债则需要付利息但不可以参加分红
- 拥有优先清偿权：在企业破产清算时，债权人拥有优先清偿权，而投资人只能享有清偿所有负债后的剩余财产

（2）所有者权益的分类

所有者权益在性质上体现为所有者对企业资产的剩余利益，在数量上体现为资产减去负债后的余额，包括实收资本、资本公积、盈余公积、未分配利润四个项目。

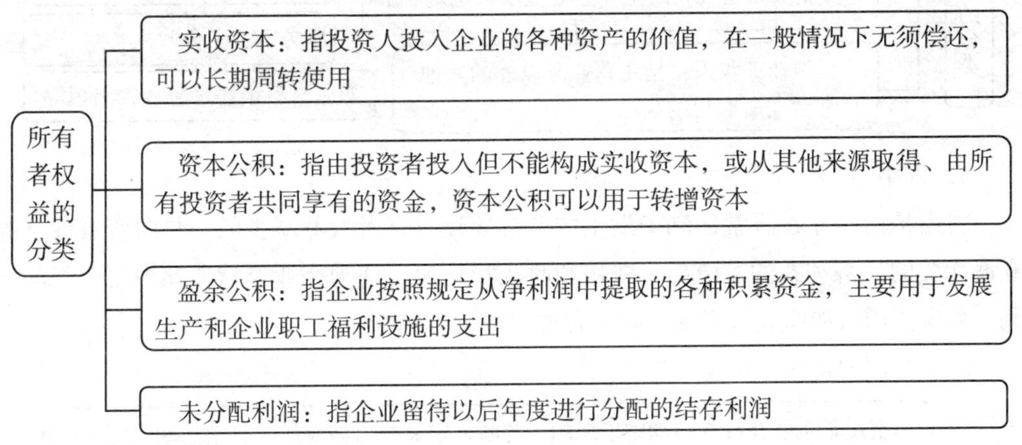

应当注意的是，盈余公积和未分配利润均是从企业逐年所获得的净利润中形成的企业内部尚未使用或尚未分配的利润，统称为留存收益。

4. 收入

收入是指企业在日常活动中形成的、会导致所有者权益增加的、与所有者投入资本无关的经济利益的总流入。一般情况下，收入有三种来源，即对外销售商品、提供劳务和让渡资产的使用权。

（1）收入的特征

收入要能用货币计量且有据可查，必须和相关费用匹配。收入会导致企业的资产增加，扣除相关费用后的净额可以引起所有者权益增加，因此，收入是企业经营成果的重要组成部分，是反映企业经济效益好坏的一项基本指标。

收入的特征

- 收入是在企业在销售商品活动中产生的，而不是从偶发的交易或事项中产生的：日常活动是指企业为完成经营目标所从事的经营性的活动以及与之相关的活动，例如工业企业制造并销售的产品、商业企业销售商品等。收入不包括为第三方或客户代收的款项
- 收入会导致经济利益的流入，但这种经济利益的流入不包括由于所有者投入资本的增加而引起的经济利益流入：收入的取得可能表现为企业资产的增加，例如增加银行存款、应收账款等；也可能表现为企业负债的减少，如用商品或劳务抵偿债务；两者兼而有之，如销售商品时部分收取现金，部分抵偿债务
- 收入最终导致所有者权益的增加：由收入引起的经济利益流入，可以导致企业资产增加或者负债减少，因而最终会导致所有者权益的增加

（2）收入的分类

收入按其重要程度分为主营业务收入和其他业务收入。

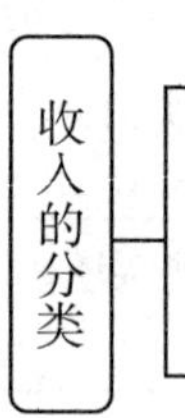

收入的分类

- 主营业务收入：指企业在其主要的经营活动中所获得的收入，主要经营活动可根据企业营业执照上规定的主要业务范围来确定
  - 商业企业：销售商品的收入
  - 工业企业：销售产品的收入
  - 服务业：劳务收入
- 其他业务收入：指主营业务以外的其他日常活动所取得的收入
  - 如原材料销售、包装物出租等

5．费用

费用是指企业在日常活动中发生的、会导致所有者权益减少的、与向所有者分配利润无关的经济利益的总流出。费用和收入相配比，即为企业经营活动中所取得的盈利，如果费用增加而收入不变，则所有者权益就会减少。

（1）费用的特征

费用的特征

- 费用是企业在日常活动中形成的，与收入定义中所涉及的“日常活动”的界定相一致：日常活动所产生的费用一般包括销售成本（营业成本）、职工薪酬、折旧费、无形资产摊销等。之所以将费用界定为日常活动所形成的，其目的是为了和损失相区分，企业非日常活动所形成的经济利益的流出不得确认为费用，而应当计入损失
- 会导致企业经济利益的流出，不包括向所有者分配的利润：费用所导致的经济利益流出，一般表现为资产的减少或者负债的增加，从而造成资产减少。例如，现金或者现金等价物的流出，存货、固定资产及无形资产等的流出或消耗等。虽然企业向所有者分配利润也会造成经济利益的流出，但该经济利益的流出属于所有者权益的抵减项目，不能确认为费用，应当将其排除在费用的定义之外
- 最终导致所有者权益的减少：不会造成所有者权益减少的经济利益的流出不符合费用的定义，不应确认为费用。例如，用现金偿付所欠债务，虽然其导致了企业经济利益的流出，但结果是企业负债的减少，而不是所有者权益减少，因此不能确认为费用

（2）费用的分类

按照与收入的关系，费用分为营业（生产）成本与期间费用两部分。

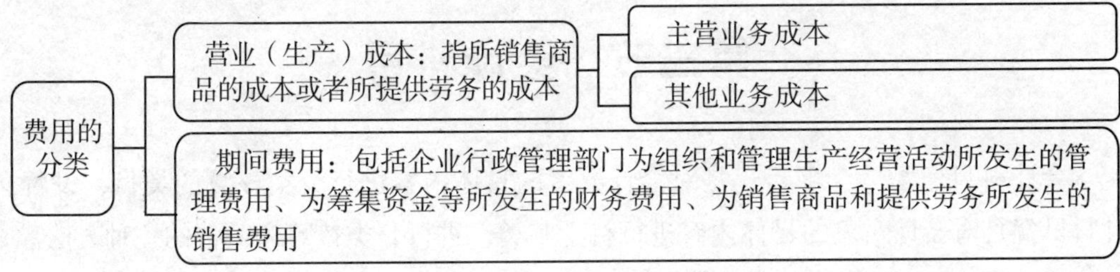

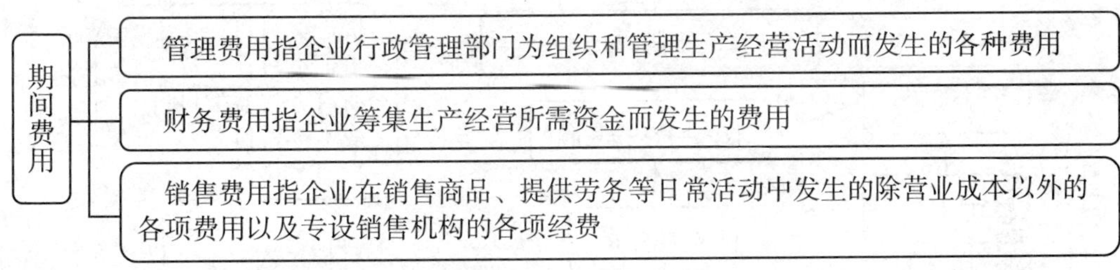

6．利润

利润是指企业在一定会计期间的经营成果。利润包括收入减去费用后的净额，直接计入当期利润的利得或损失等。企业利润集中反映生产经营活动各方面的业绩，表示企业经营盈亏的情况，是企业最终的财务成果，也是衡量企业生产经营管理的重要综合指标。

（1）利润的确认

利润反映的是收入减去费用、利得减去损失后的净额。利润的确认主要依赖于收入与费用以及利得与损失的确认，其金额的确定主要取决于收入和费用、直接计入当期利润的利得和损失金额的计量。

（2）利润的分类

利润主要包括营业利润、投资净收益和营业外收支净额。

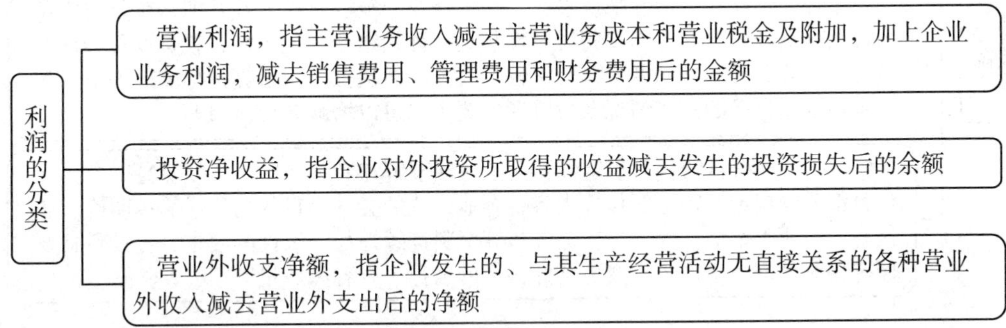

第三节　会计科目

会计科目作为一个项目，是对会计要素的具体内容进行分类核算的类目，设置会计科目就是对会计对象的具体内容进行科学归类，进行分类核算和监督的一种方法。

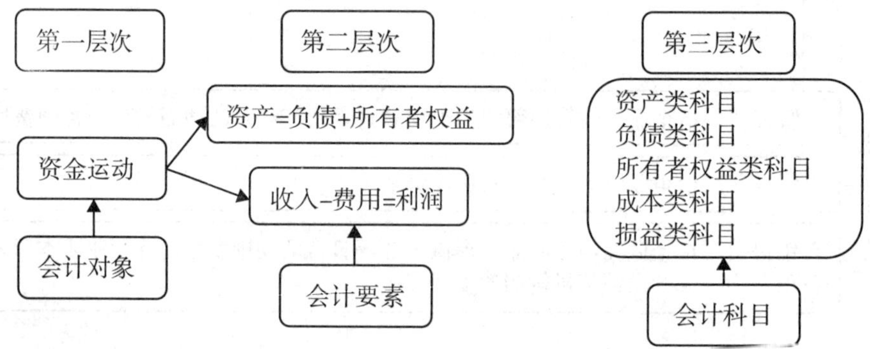

会计科目的设置是为了便于企业进行各项会计记录和提供各项会计信息。要求每一个会计要素所包含的全部项目，必须由该要素所划分的会计科目所涵盖，不得遗漏或交叉重复。

设置会计科目时应遵守的原则

- 要结合会计对象的特点来设置：首先，按照不同行业经济业务的主要性质特征设置会计科目；其次，应结合企业规模设置会计科目，即大型企业会计科目的设置应全面、具体和详细，而小型企业，经济业务量少，会计科目的设置应力求简单、直观和明了，不需追求又全又细
- 要按照经济管理的需求设置：在设置会计科目时，应兼顾企业的对外报告和内部经营管理要求，可以根据管理需要设置总账与明细账。例如，为了反映企业实收资本情况，可以设置”实收资本”账户，为了反映企业债务情况，可以设置“短期借款”“长期借款”“应付账款”
- 要结合统一性和灵活性来设置：因为各企业的经济业务千差万别，在分类核算会计要素的增减变动时需要将统一性与灵活性相结合。统一性，就是设置会计科目时要符合会计制度的要求；灵活性，就是在能提供统一核算指标的前提下，各个单位根据自己的具体情况及投资者的要求，可以增减会计科目
- 要保持会计科目的相对稳定性：为了方便理解和实际运用，必须对每一个会计科目都明确规定其特定的核算内容；企业设置的会计科目的名称应简单明确、通俗易懂、便于记忆；为了适应会计核算资料连续性与一致性的要求，会计科目要保持相对稳定，不得经常变更会计科目的名称、内容和数量

会计科目的设置是为了登记企业中的经营业务，反映资金的来源和去向，在会计核算中具有重要的意义。

会计科目设置的意义

- 会计科目不仅是复式记账的基础，还是编制记账凭证的基础
- 会计科目不仅为成本核算与财产清查提供了前提条件，更为编制会计报表提供了方便

一般企业常用的会计科目如表 2-1 所示。

表 2-1　常用会计科目

序号	编号	会计科目名称	序号	编号	会计科目名称	序号	编号	会计科目名称
一、资产类			一、资产类（续）			三、共同类（续）		
1	1001	库存现金	55	1606	固定资产清理	107	3101	衍生工具
2	1002	银行存款	56	1611	未担保余值	108	3201	套期工具
3	1003	存放中央银行款项	57	1621	生产性生物资产	109	3202	被套期项目
4	1011	存放同业	58	1622	生产性生物资产累计折旧	四、所有者权益类		
5	1012	其他货币资金	59	1623	公益性生物资产	110	4001	实收资本
6	1021	结算备付金	60	1631	油气资产	111	4002	资本公积
7	1031	存出保证金	61	1632	累计折耗	112	4101	盈余公积
8	1101	交易性金融资产	62	1701	无形资产	113	4102	一般风险准备
9	1111	买入返售金融资产	63	1702	累计摊销	114	4103	本年利润
10	1121	应收票据	64	1703	无形资产减值准备	115	4104	利润分配
11	1122	应收账款	65	1711	商誉	116	4201	库存股
12	1123	预付账款	66	1801	长期待摊费用	五、成本类		
13	1131	应收股利	67	1811	递延所得税资产	117	5001	生产成本
14	1132	应收利息	68	1821	独立账户资产	118	5101	制造费用
15	1201	应收代位追偿款	69	1901	待处理财产损益	119	5201	劳务成本
16	1211	应收分保账款	二、负债类			120	5301	研发支出
17	1212	应收分保合同准备金	70	2001	短期借款	121	5401	工程施工
18	1221	其他应收款	71	2002	存入保证金	122	5402	工程结算
19	1231	坏账准备	72	2003	拆入资金	123	5403	机械作业
20	1301	贴现资产	73	2004	向中央银行借款	六、损益类		
21	1302	拆出资金	74	2011	吸收存款	124	6001	主营业务收入
22	1303	贷款	75	2012	同业存放	125	6011	利息收入
23	1304	贷款损失准备	76	2021	贴现负债	126	6021	手续费及佣金收入

续表

序号	编号	会计科目名称	序号	编号	会计科目名称	序号	编号	会计科目名称
24	1311	代理兑付证券	77	2101	交易性金融负债	127	6031	保费收入
25	1321	代理业务资产	78	2111	卖出回购金融资产款	128	6041	租赁收入
26	1401	材料采购	79	2201	应付票据	129	6051	其他业务收入
27	1402	在途物资	80	2202	应付账款	130	6061	汇兑损益
28	1403	原材料	81	2203	预收账款	131	6101	公允价值变动损益
29	1404	材料成本差异	82	2211	应付职工薪酬	132	6111	投资收益
30	1405	库存商品	83	2221	应交税费	133	6201	摊回保险责任准备金
31	1406	发出商品	84	2231	应付利息	134	6202	摊回赔付支出
32	1407	商品进销差价	85	2232	应付股利	135	6203	摊回分保费用
33	1408	委托加工物资	86	2241	其他应付款	136	6301	营业外收入
34	1411	周转材料	87	2251	应付保单红利	137	6401	主营业务成本
35	1421	消耗性生物资产	88	2261	应付分保账款	138	6402	其他业务成本
36	1431	贵金属	89	2311	代理买卖证券款	139	6403	营业税金及附加
37	1441	抵债资产	90	2312	代理承销证券款	140	6411	利息支出
38	1451	损余物资	91	2313	代理兑付证券款	141	6421	手续费及佣金支出
39	1461	融资租赁资产	92	2314	代理业务负债	142	6501	提取未到期责任准备金
40	1471	存货跌价准备	93	2401	递延收益	143	6502	提取保险责任准备金
41	1501	持有至到期投资	94	2501	长期借款	144	6511	赔付支出
42	1502	持有至到期投资减值准备	95	2502	应付债券	145	6521	保单红利支出
43	1503	可供出售金融资产	96	2601	未到期责任准备金	146	6531	退保金
44	1511	长期股权投资	97	2602	保险责任准备金	147	6541	分出保费
45	1512	长期股权投资减值准备	98	2611	保户储金	148	6542	分保费用
46	1521	投资性房地产	99	2621	独立账户负债	149	6601	销售费用
47	1531	长期应收款	100	2701	长期应付款	150	6602	管理费用
48	1532	未实现融资收益	101	2702	未确认融资费用	151	6603	财务费用
49	1541	存出资本保证金	102	2711	专项应付款	152	6604	勘探费用
50	1601	固定资产	103	2801	预计负债	153	6701	资产减值损失
51	1602	累计折旧	104	2901	递延所得税负债	154	6711	营业外支出
52	1603	固定资产减值准备	三、共同类			155	6801	所得税费用
53	1604	在建工程	105	3001	清算资金往来	156	6901	以前年度损益调整
54	1065	工程物资	106	3002	货币兑换			

第四节　会计账户

会计账户是根据会计科目开设的，而账户又存在于账簿之中，即账簿中每一账页即是账户存在的形式和载体，没有账簿，账户就无法存在。

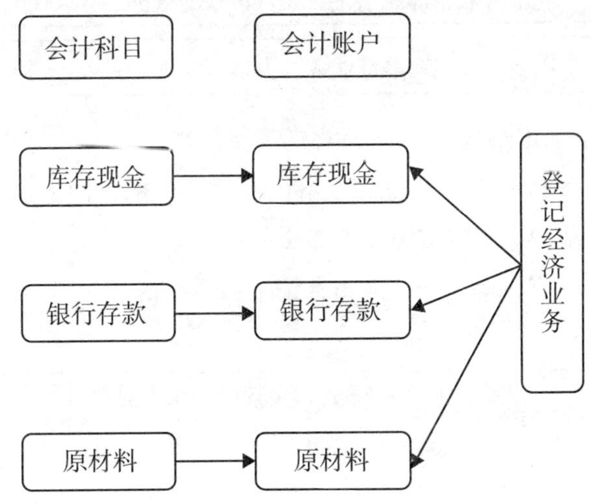

1．会计账户遵循的原则

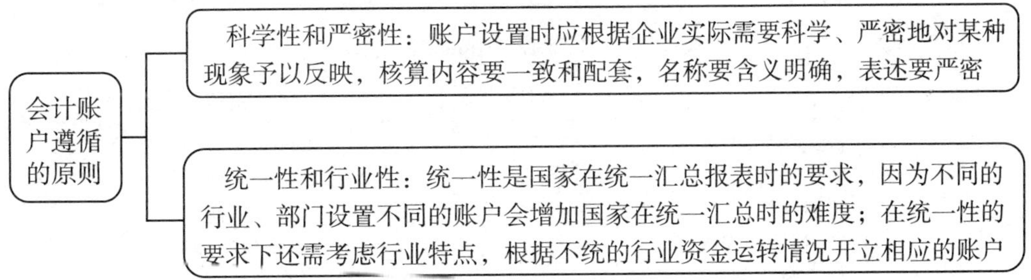

2．会计账户在会计核算中的意义

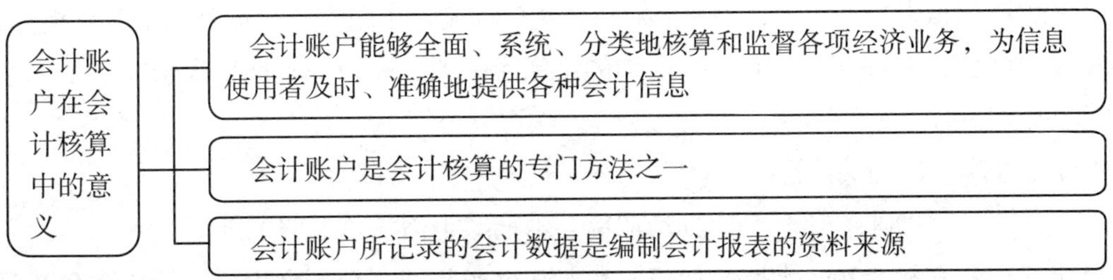

由于经济业务引起的各类会计要素的变动，从数量上看不外是增加和减少两种情

况。因而会计账户相应地分为左右两方，一方登记增加额，另一方登记减少额。会计账户的格式可以多种多样，但其基本结构大致相同。

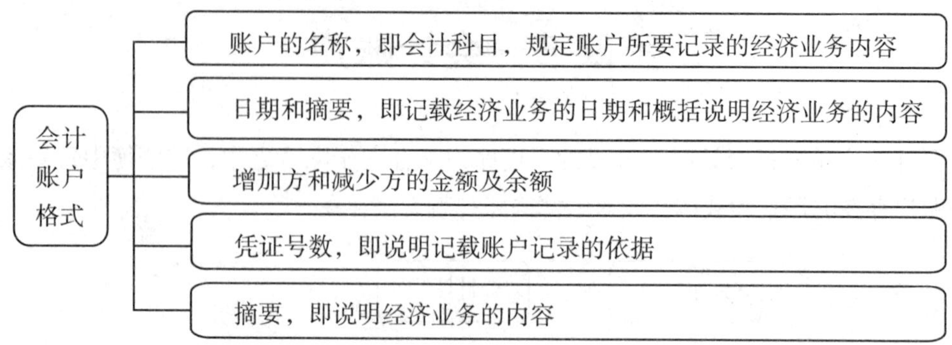

3. 科目和账户的基本结构

在实际工作中，科目和账户反映的经济内容是一致的，两者通用，不加区别。但是账户有自己的具体结构。基本结构如表 2–2 所示。

表 2–2　账户名称（会计科目）

第　　页

日期	凭证号数	摘要	金额	日期	凭证号数	摘要	金额

在会计实务中，账户是根据上述基本内容来设计账簿格式的。账户的基本结构一般可简化为丁字账户（或 T 型账户），丁字账户的基本结构如表 2–3 所示。

表 2–3　丁字账户的基本结构

左方（借方）	账户名称（会计科目）	右方（贷方）
资产增加额 费用增加额 负债减少额 所有者权益减少额 收入减少额		资产减少额 费用减少额 负债增加额 所有者权益增加额 收入增加额

本期发生额是一个期间指标，表示某类经济内容的增减变动情况。本期增加额与本期减少额相抵以后的差额，再加上期初余额，即是期末余额。余额是一个时点指标，说明某类经济内容在某一时日增减变动的结果。一般，账户的本期期末余额就是下期的期初余额。

上述 4 项金额的关系是:

本期期初余额 + 本期增加额 – 本期减少额 = 本期期末余额

上式中的期初余额、本期增加额、本期减少额和期末余额称为账户的 4 个金额要素。应当指出的是，本期增加额与本期减少额是记在账户的左方还是右方，账户的余额反映在左方还是右方取决于账户的性质和类型。

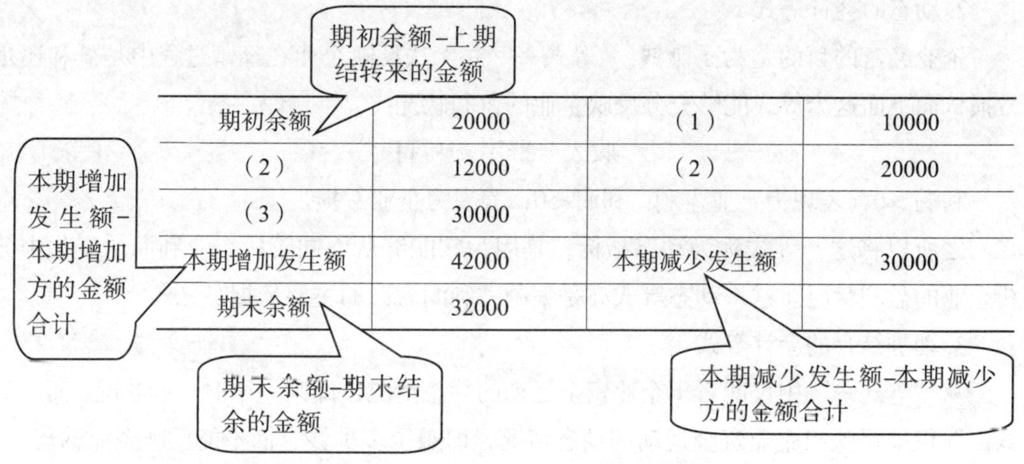

根据不同类型的账户，在账户两边填写对应的增减数额。

第五节　会计等式

简单来说，会计等式就是指各会计要素之间的数量关系，又称为“会计平衡公式”或“会计方程式”。它是依据各会计要素或结算项目之间的内在经济联系，对各会计要素或结算项目之间的关系进行概括形成的一种数学表达式。会计等式揭示了会计要素之间的内在联系，是会计核算的理论基础。

会计处理有一些基本的准则，会计恒等式即是其中之一。它有效地将资产、负债、所有者权益、收入、费用、利润联系起来，会计报表编制就是以会计恒等式为基础的。

1. 静态的会计等式

企业开展经营活动，其资金来源通常有两个方面：投资人投入和借债。

自有资金与外来资金构成了企业经营的全部资金来源。这些资金与投入物（机器、设备）形成企业的资产：来源于债权人（如银行）的部分，形成负债；来源于投资者的资金部分，形成所有者权益。而这之间就存在一个基本的恒等式：

企业资金占用 = 企业资金来源

资产 = 负债 + 所有者权益　　（等式一）

“等式一”反映了资产、负债、所有者权益之间的静态平衡关系，显示企业在经营过程中的某一时点，其资产、负债、所有者权益之间的对等关系。这一静态等式同样是编制“资产负债表”的基本依据。

2. 动态的会计等式

企业经营的目的是为了赚钱，“等式一”并无法反映企业在经营过程中是盈利还是亏损，而下面这个等式能够充分反映企业的盈利状况：

$$收入-费用=利润 \quad （等式二）$$

利润>0，表现为企业盈利；利润<0，表现为企业亏损。

之所以将这一等式称为动态指标，是因为它能够从不同阶段企业利润的变化中分析企业的盈利状况。这一动态等式亦是编制“利润表”的主要依据。

3. 动静结合的会计等式

从“等式一”中仅能看出企业资金运动的静态情况，即某一个时点的状况；而“等式二”仅能反映出企业资金运动的动态情况，即赚了多少钱，而不能反映企业的规模。另外，资产运用会取得收入，同时也产生了费用，而利润的增多一方面增加了所有者权益，另一方面也增加了企业资产或降低了企业的负债，企业的经营总是如此持续下去，这就产生了“等式三”：

$$资产+利润=负债+所有者权益+（收入-费用） \quad （等式三）$$

因为企业的利润最终要归入新的资产中去，同时减少负债或者增加所有者权益，所以“等式三”最终会转化为“等式一”。

在生产经营过程中，企业会产生各种各样的经济活动，这些经济活动会引发各个会计要素之间的增减变化。在会计上，就将这些具体的经济活动称为“经济业务”或“会计事项”。

经济业务的发生虽然会引起会计要素之间的加减变化，但不会改变会计等式的恒等关系。为了更好地理解，下面我们分析一下不同的经济业务对会计等式的影响。

【例 2-1】某企业在 2019 年 5 月 1 日的资产、负债及所有者权益情况如下表所示。

资产	金额	负债及所有者权益	金额
现金	15000	短期借款	150000
银行存款	780000	应付票据	770000
应收账款	170000	应付账款	200000
原材料	170000	实收资本	1500000
库存商品	550000	资本公积	165000
固定资产	1100000		
总计	2785000	总计	2785000

①企业用银行存款购买材料 250000 元。

解析：这项经济业务的发生，使得企业的材料项目增加了 250000 元，同时使企业的银行存款项目减少了 250000 元，企业资产总额维持不变，平衡关系没有被破坏。其所引起的变化结果如下表所示。

资产	金额	负债及所有者权益	金额
现金	15000	短期借款	150000
银行存款	530000	应付票据	770000
应收账款	170000	应付账款	200000
原材料	420000	实收资本	1500000
库存商品	550000	资本公积	165000
固定资产	1100000		
总计	2785000	总计	2785000

②企业开出一张商业汇票，面值 150000 元，抵付欠某公司的应付账款 150000 元。

解析：这项经济业务的发生，使得企业的应付票据项目增加了 150000 元，同时使应付账款项目减少了 150000 元，企业负债总额维持不变，平衡关系没有被破坏。其所引起的变化结果如下表所示。

资产	金额	负债及所有者权益	金额
现金	15000	短期借款	150000
银行存款	530000	应付票据	920000
应收账款	170000	应付账款	50000
原材料	420000	实收资本	1500000
库存商品	550000	资本公积	165000
固定资产	1100000		
总计	2785000	总计	2785000

③根据董事会的决定，企业将资本公积 150000 元转增为资本金，并办妥了相关手续。

解析：这项经济业务的发生，使得企业的实收资本项目增加了 150000 元，同时使资本公积项目减少了 150000 元，所有者权益总额维持不变，平衡关系没有被破坏。其所引起的变化结果如下表所示。

资产	金额	负债及所有者权益	金额
现金	15000	短期借款	150000
银行存款	530000	应付票据	920000
应收账款	170000	应付账款	50000
原材料	420000	实收资本	1650000
库存商品	550000	资本公积	15000

续表

资产	金额	负债及所有者权益	金额
固定资产	1100000		
总计	2785000	总计	2785000

④经过协商，某债权人同意将企业所欠的30000元应付账款转作对本企业的投入资本。

解析：这项经济业务的发生，使得企业的实收资本项目增加了30000元，并且使应付账款项目减少了30000元，负债总额减少了30000元，所有者权益总额增加了30000元，负债及所有者权益总额维持不变，平衡关系没有被破坏。其所引起的变化结果如下表所示。

资产	金额	负债及所有者权益	金额
现金	15000	短期借款	150000
银行存款	530000	应付票据	920000
应收账款	170000	应付账款	20000
原材料	420000	实收资本	1680000
库存商品	550000	资本公积	15000
固定资产	1100000		
总计	2785000	总计	2785000

⑤企业购入一批材料，价值80000元，货款尚未支付。

解析：这项经济业务的发生，使得企业的原材料项目增加了80000元，同时使应付账款项目也增加了80000元，相应地，资产总额增加了80000元，负债和所有者权益总额也增加了80000元，平衡关系没有被破坏。其所引起的变化结果如下表所示。

资产	金额	负债及所有者权益	金额
现金	15000	短期借款	150000
银行存款	530000	应付票据	920000
应收账款	170000	应付账款	100000
原材料	500000	实收资本	1680000
库存商品	550000	资本公积	15000
固定资产	1100000		
总计	2865000	总计	2865000

⑥企业以银行存款80000元偿还应付账款。

解析：这项经济业务的发生，使得企业的银行存款项目减少了80000元，同时使应付账款项目也减少了80000元，相应地，资产总额减少了80000元，负债和所有者权益总额也减少了80000元，平衡关系没有被破坏。其所引起的变化结果如下表所示。

资产	金额	负债及所有者权益	金额
现金	15000	短期借款	150000
银行存款	450000	应付票据	920000
应收账款	170000	应付账款	20000
原材料	500000	实收资本	1680000
库存商品	550000	资本公积	15000
固定资产	1100000		
总计	2785000	总计	2785000

⑦企业收到投资人追加的货币投资200000元，款项已存入银行。

解析：这项经济业务的发生，使得企业的银行存款项目增加了200000元，同时使实收资本项目也增加了200000元，相应地，资产总额增加了200000元，负债和所有者权益总额也增加了200000元，平衡关系没有被破坏。其所引起的变化结果如下表所示。

资产	金额	负债及所有者权益	金额
现金	15000	短期借款	150000
银行存款	650000	应付票据	920000
应收账款	170000	应付账款	20000
原材料	500000	实收资本	2000000
库存商品	550000	资本公积	15000
固定资产	1100000		
总计	2985000	总计	2985000

⑧企业收到客户前欠货款50000元，款项已存入银行。

解析：这项经济业务的发生，使得企业的银行存款项目增加了50000元，同时使应收账款项目减少了50000元，资产总额维持不变，平衡关系没有被破坏。其所引起的变化结果如下表所示。

资产	金额	负债及所有者权益	金额
现金	15000	短期借款	150000
银行存款	700000	应付票据	920000
应收账款	120000	应付账款	20000
原材料	500000	实收资本	2000000
库存商品	550000	资本公积	15000
固定资产	1100000		
总计	2985000	总计	2985000

通过上面的案例分析可以发现，不论企业发生何种经济业务，都不会破坏会计恒

等式的平衡原理。虽然企业的经济业务多种多样，但其所引起的会计要素之间的增减变化不外乎下列四种类型。

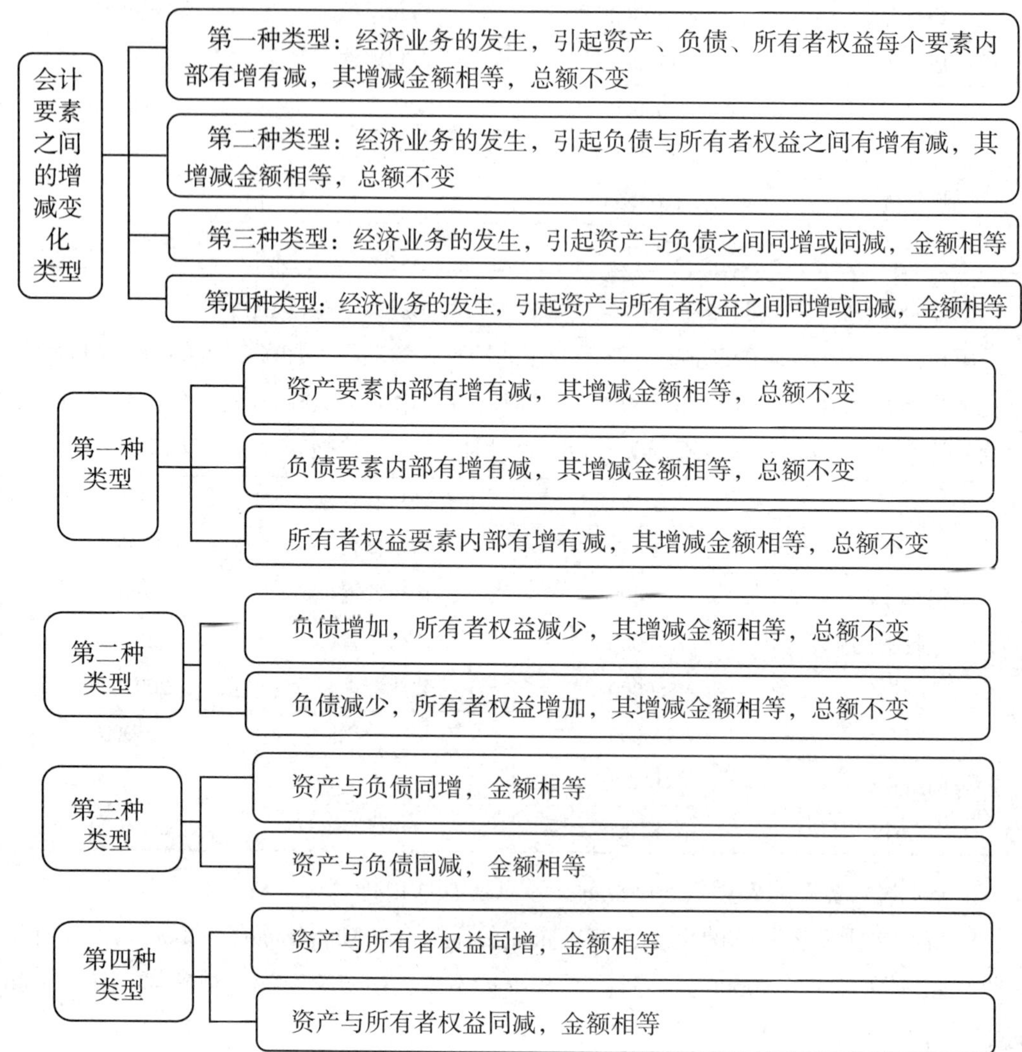

第三章　出纳需掌握的基本技能

本章导读

随着社会的进步，工作方法也越来越简便快捷，作为出纳人员，还需要熟练掌握一些基本技能，比如说，点钞技能，假币处理技能，残缺、污损人民币处理技能，发票识别技能，能够规范书写，等等。对于出纳工作的点钞，一般企业都配备了点钞机，出纳人员在工作中只要正确掌握点钞机的使用方法即可。但是在特殊情况下，要求出纳人员在使用点钞机点完之后，还要再手工点验一次。而在没有点钞机的情况下，当然就必须要手工点钞。本章详细介绍了点钞等出纳人员需掌握的基本技能。

第一节　点钞技能

点钞是从拆把开始到扎把为止的一个连续、完整的过程，具体包括拆把持钞、清点、记数、墩齐、扎把、盖章等环节。

一、点钞的基本环节

点钞的基本环节

- 拆把持钞：成把清点时，首先需将腰条纸拆下。拆把时，可将腰条纸脱去，保持其原状，也可将腰条纸用手指勾断。初点时，一般采用脱去腰条纸的方法，以便复点时发现差错进行查找；复点时，通常将腰条纸勾断
- 清点：清点钞券是出纳人员工作的关键环节。出纳人员的清点既要迅速又要准确。同时，出纳人员在清点过程中，还需将损伤票币按照规定标准剔出，以保持流通中票面的整洁。如果该把钞券中夹杂着其他版面的钞券，应将其挑出。在点钞过程中如果发现差错，出纳人员应将差错情况记录在原腰条纸上，并将原腰条纸放在钞券上面一起扎把，不得将其扔掉，方便事后查明原因，另作处理
- 记数：记数也是点钞的基本环节，与清点相辅相成。在清点准确的基础上，必须做到记数准确
- 墩齐：出纳人员将钞券清点完毕扎把前，先要将钞券墩齐，便于扎把时保持钞券外观整齐美观。墩齐钞券要求四条边水平，不露头、不呈梯形错开，卷角需拉平。墩齐时，双手松拢，先将钞券竖起来，双手将钞券捏成瓦形在桌面上墩齐，再将钞券横立并将其捏成瓦形在桌面上墩齐
- 扎把：每把钞券清点完毕后，应扎好腰条纸。腰条纸要求扎在钞券的1/2处，左右偏差不得大于2厘米。同时要求扎紧，以提起第一张钞券不被抽出为准
- 盖章：盖章是点钞过程的最后一环。在腰条纸上加盖点钞员名章，表示对此把钞券的质量、数量负责，因此，每个出纳人员点钞后均要盖章，而且图章要盖得清晰，以看清姓名为准

二、点钞的基本要领

点钞的基本要领

- 肌肉要放松：点钞时，两手各部位的肌肉要放松。正确的姿势为：肌肉放松，双肘自然放在桌面上，持票的左手手腕接触桌面，右手腕稍抬起
- 钞券要墩齐：需清点的钞券必须清理整齐、平直。清理好后，将钞券在桌面上墩齐
- 开扇要均匀：钞券清点前，均要将票面打开成扇形，使钞券有一个坡度，便于捻动。手工点钞时，捻钞的手指和票子的接触面要小
- 动作要连贯：动作的连贯性包括两方面的要求：一是指点钞过程的各个环节必须紧张协调、环环紧扣；二是指清点时的各个动作要连贯，动作之间要尽可能缩短和不留空隙时间
- 点数要协调：点和数是点钞过程的两个重要方面，这两个方面应相互配合、协调一致。为了使二者紧密结合，记数一般采用分组法。单指单张以十为一组记数，多指多张以清点的张数为一组记数，使点与数的速度能基本吻合。同时，记数通常要用脑子记，尽可能避免用口数

三、手工点钞

按点钞的姿势不同，手工点钞可分为手持式点钞法与手按式点钞法。

1．手持式点钞法

手持式点钞法是指将钞券拿在手上进行清点。手持式点钞法包括手持式单指单张点钞法、手持式一指多张点钞法、手持式四指拨动点钞法及手持式五指拨动点钞法等多种方法。

（1）手持式单指单张点钞法

手持式单指单张点钞法是指用一根手指一次点一张地清点人民币，其操作过程如图 3–1 所示。

图3-1　手持式单指单张点钞法

手持式单指单张点钞法

- 持票：左手持人民币，手心朝下，左手拇指按住人民币正面的左端中央，食指和中指在人民币背面，与拇指同时捏住人民币

- 清点：拆把后，用右手拇指尖向下捻动钞券的右上角，食指在钞券背面托住少量钞券配合拇指工作（捻动时，拇指不能抬得太高，动作不要太大，防止影响速度），随着钞券的捻出食指还要向前移动，以便于托住另一部分钞券；无名指将捻下来的钞券向怀里弹，每捻下一张弹一次，要注意轻点快弹；中指翘起不得触及票面，以免妨碍无名指的动作。在这一环节中需注意，右手拇指捻钞时，主要负责将钞券捻开，下钞主要靠无名指弹拨

- 挑残破券：在清点过程中，如发现残破券，应按照剔旧标准将其挑出。为了不影响点钞速度，点钞时不要急于抽出残破券，只需用右手中指、无名指夹住残破券将其折向外边；等到点完100张后，抽出残破券，补上完整券

- 记数：在记数时，因为币面数量大、容易混杂，从而影响点钞的速度及准确度，应尽量将10张算作一组来计算。点钞时注意姿势，身体挺直，眼睛与人民币保持一定距离，两手肘部放在桌面上

记数时，记数速度常常跟不上捻钞速度，所以必须巧记，一般可采用分组计数法。分组记数法包括以下两种方法。

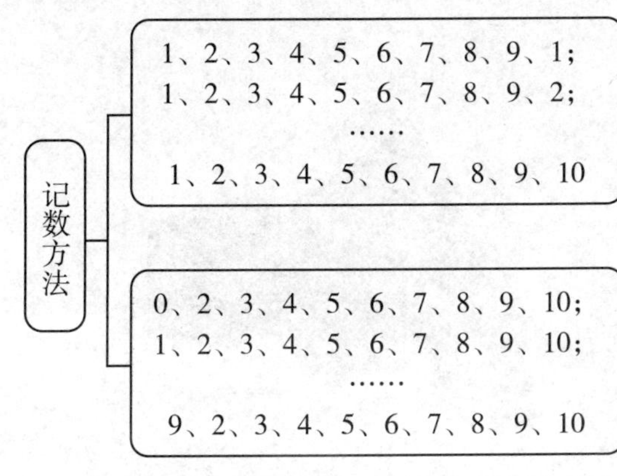

这种记数方法是将100个数编成10个组，每个组都由10个一位数组成，前面9个数都表示张数，最后一个数既表示这一组的第10张，又表示这个组的组序号码，即第几组。这样在点数时，记数的频率和捻钞的速度能基本吻合

这种记数方法的原则与第一种相同，不同的是，把组的号码放在了每组数的前面

（2）手持式一指多张点钞法

手持式一指多张点钞法适用于收款、付款和整点工作。其优点是点钞效率高，记数简单省力；其缺点是不易发现残破券及假币。这种点钞法的操作步骤除了清点和记数外，其他都与手持式单指单张点钞的操作步骤相同。

手持式一指多张点钞法

- 持票：左手持人民币，手心朝下，左手拇指按住人民币正面的左端中央，食指和中指在人民币背面，与拇指同时捏住人民币
- 清点：清点时，右手拇指肚放在钞券的右上角，拇指尖略微超过票面。如点双张，先用拇指肚捻下第1张，用拇指尖捻下第2张；如果点3张及3张以上时，同样先用拇指肚捻下第1张，然后捻下第2张，用拇指尖捻下最后1张。要注意拇指需均衡用力，捻的幅度也不能太大，食指、中指在钞券后面配合拇指捻动，无名指向怀里弹。为增加审视面，并保证左手切数准确，点数时眼睛要从左向右看，这样容易看清张数、残破券及假币
- 挑残破券：在清点过程中，如果发现残破券，应按剔旧标准将其挑出。为了不影响点钞速度，点钞时不要急于抽出残破券，只需用右手中指、无名指夹住残破券将其折向外边即可；等到点完100张后，抽出残破券，补上完整券
- 记数：一次捻下多张时，应采用分组记数法，以每次点的张数为一组记数。如点4张，即以4张为一组记数，每捻4张记一个数，25组即为100张；又如点5张，即以5张为一组记数，每捻5张记一个数，20组即为100张，以此类推

（3）手持式四指拨动点钞法

手持式四指拨动点钞法，也称四指四张点钞法或手持式四指拨点法。这种方法适用于收款、付款及整点工作，是一种应用广泛、比较适合柜面收付款业务的点钞方法。它的优点是速度快、效率高。因为每指点一张，票面可视幅度较大，看得较为清楚，

便于发现残破券和假币。它的缺点是点一张记一个数，比较费力。具体的操作步骤如图 3–2 所示。

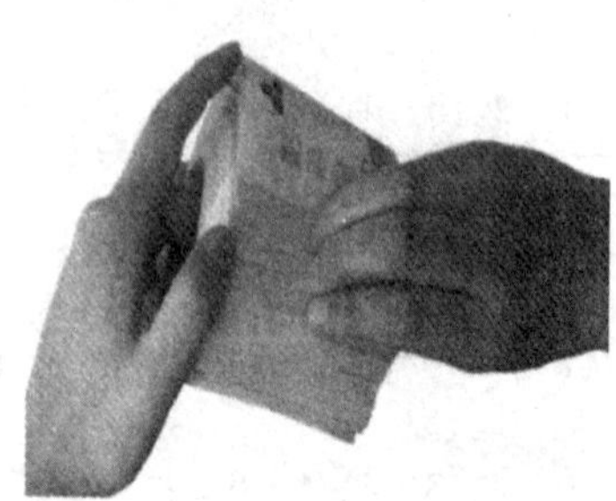

图3–2　手持式四指拨动点钞法

手持式四指拨动点钞法

- 持票：钞券横立，左手持钞。持钞时，手心朝向胸前，手指朝下，中指在票前，食指、无名指、小指在后，将钞券夹紧；以中指为轴心五指自然弯曲，中指第二关节顶住钞券，向外用力，小指、无名指、食指、拇指一同向手心方向用力，将钞券压成“U”形，“U”口朝里。这里应注意食指和拇指要从右上侧将钞券往里、往下方轻压；手腕向内转动90度，使钞券的凹面向左但略朝里，凸面向右但略朝外；中指与无名指夹住钞券，食指移到钞券外侧面，用指尖按住钞券，避免下滑，大拇指轻轻按住钞券外上侧，既要防钞券下滑又要配合右手清点。最后，左手将钞券移到胸前约20厘米的位置，右手五指同时沾水，做好清点准备
- 清点：两只手摆放要自然。通常左手持钞略低，右手手腕抬起高于左手。清点时，右手拇指轻轻托住内上角里侧的少量钞券；其他四指自然并拢，弯曲成弓形；食指在上，中指、无名指、小指依次略低，四个指尖呈一条斜线。然后自小指开始，四个指尖依次顺序各捻下1张，四指共捻4张。接着用同样的方法清点，循环往复，点完25次即点完100张
- 记数：手持式四指拨动点钞法应采用分组记数法。以四个指头顺序捻下4张为一次，每次为一组，25次即25组，一共是100张
- 扎把与盖章：用手持式四指拨动法点钞，清点前不需先折纸条，只要将捆扎钞券的腰条纸挪移到钞券1/4处就可以开始清点，发现问题时，可保持原状，方便追查。清点完毕后，初点不用勾断腰条纸，复点完时顺便将腰条纸勾断，重新扎把盖章

清点时注意事项

- 捻钞券时动作要连续，下张时一次一次连续不断，当食指捻下本次最后一张时，小指要紧紧跟上，每次之间不要间歇
- 捻钞的幅度要小，手指离票面不要过远，四个指头要一起动作，加快往返速度
- 四个指头与票面接触面要小，应用指尖接触票面进行捻动
- 右手拇指随着钞券的不断下捻向前移动，托住钞券，但不能离开钞券
- 在右手捻钞的同时，左手应配合动作，每当右手捻下一次钞券，左手拇指就要推动一次，二指同时松开，使捻出的钞券自然下落，再按住未点的钞券，重复操作，使下钞顺畅自如

2．手按式点钞法

（1）手按式单指单张点钞法

手按式单指单张点钞法是一种传统的点钞方法，适用于收付款及整点各种新、旧大小钞券。

手按式单指单张点钞法

- 拆把：将钞券横放在桌面上，通常在点钞员正胸前。左手小指、无名指微弯按住钞券左上角，约占票面1/3处，食指伸向腰条纸并将其勾断，拇指、食指及中指微屈，做好点钞准备
- 清点：右手拇指托起右下角的部分钞券，用右手食指捻动钞券，其他手指自然弯曲。右手食指每捻起一张，左手拇指便将钞券推送至左手食指与中指间夹住，这样就完成了一次点钞动作，之后依次连续操作。用这种方法清点时应注意，右手拇指托起的钞券不能太多，否则会使食指捻动困难；也不宜太少，太少会增加拇指活动次数，从而影响清点速度。通常一次以20张左右为宜
- 记数：记数可采用双数记数法，数至50张，不用到100张，也可采用分组记数法，以十为一组记数。记数方法和手持式单指单张基本相同

（2）手按式双张点钞法

手按式双张点钞法

- 放票：整点时，将钞券斜放在桌面上，左手的小指、无名指压住钞券左上方约占1/4处
- 沾水：右手食指、中指沾水后，随即用拇指托起右下角的部分人民币
- 点数：右臂倾向左前方，然后用中指向下捻起第一张，再用食指再捻起第二张，捻起的这两张人民币由左手拇指往上送到食指、中指间夹住
- 记数：记数采用分组记数，两张为一组记一个数

（3）手按式三张和四张点钞法

手按式三张和四张点钞法的操作步骤如图 3-3 所示。

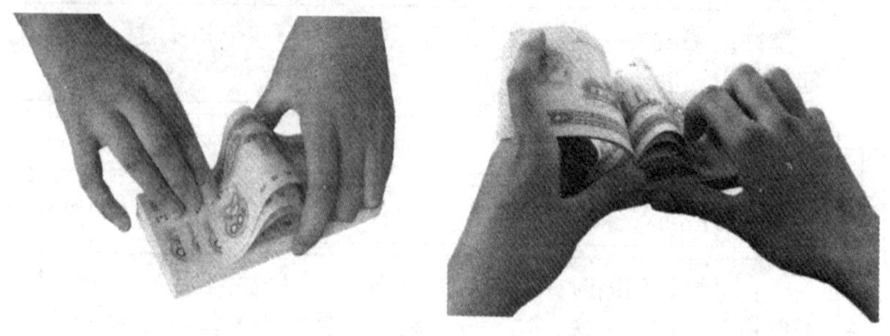

图3-3 手按式三张和四张点钞法

手按式三张和四张点钞法

- 放票：整点时，把钞券斜放在桌面上，左手的小指、无名指压住钞券的左上方约占1/4处
- 沾水：右手的食指、中指、无名指和小指沾水
- 点数、记数：采用分组记数，三指点钞即是每3张为一组记1个数，数到33组最后剩一张，就是100张；四指点钞就是每4张为一组记1个数，数到25组就是100张
- 挑残破券：点数时发现残破券，即用两个手指夹住并抽出来

（4）手按式五张扳数点钞法

手按式五张扳数点钞法

- 放票：双手持钞券，两手拇指在钞券前，其余各指在钞券后，捏住钞券的下半部将其竖立
- 点数：以左手拇指向右推，右手四个手指向左推，下端大约伸出桌面2厘米；左手中指、无名指、小指按住钞券并扳起右下角，使其向左散开，然后左手拇指在扳起的钞券中部一次扳5张，每扳一次即用中指、食指夹住
- 记数：记数时，5张为一组，记1个数，数到20组即为100张

（5）手按式点钞法的优缺点比较

- 手按式点钞法的优缺点比较
  - 手按式单指单张点钞法
    - 优点：逐张清点，看到的票面较大，便于挑剔损伤券，特别适宜于清点散把钞券、辅币及残破券多的钞券
    - 缺点：速度较受限
  - 手按式双张点钞法
    - 优点：速度比手按式单指单张点钞法快一点
    - 缺点：挑战残币不方便
  - 手按式三张和四张点钞法
    - 优点：速度较快
    - 缺点：除第一张外，其余各张看到的票面小，不宜整点残破卷较多的钞票，劳动强度也较大
  - 手按式五张扳数
    - 优点：速度较快
    - 缺点：票面小，不便挑出残破券和鉴别假票

四、机器点钞

- 机器点钞的准备工作要求
  - 将点钞机放在合适的位置，接通电源，打开机器电源开关，检查机器运转和荧光数码显示是否正常
  - 拿一把钞票对准点钞机进行调整和试验，观察点钞机转速是否均匀，点数是否准确，运行是否流畅
  - 备好待点的钞票和扎把用的纸条；钞票分类按大面额钞票在前，小面额钞票在后的顺序排列

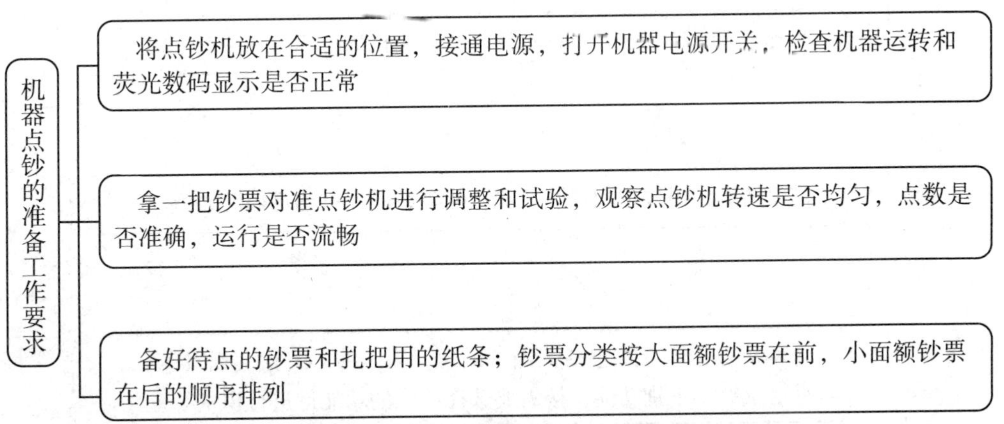

机器点钞的基本步骤

- 拆把：右手取过钞票，握住钞票的右端，拇指在前，其他四指在钞票背面；掌心向下用力，将钞票捏成瓦形，左手上前顺势将扎钞纸条从左侧脱去
- 点数：右手横握钞票，将钞票捻成前低后高的坡形，然后横放在点钞机的划钞板上，并使钞票沿着划钞板形成自然斜度。钞票进入机器后，目光应紧盯传动的钞票，检查是否有残破票、假钞及其他异物。钞票全部下到接钞板后，左手将钞票取出，右手立刻放入第二把钞票
- 扎把：将清点准确的钞票墩齐，右手取过纸条进行扎把，同时眼睛紧盯着机器上传动的钞票；将扎好把的钞票置于点钞机的左侧
- 盖章：将所有钞票清点、捆扎完毕后，应在钞票侧面的纸条上加盖点钞人员名章，以明确责任

点钞机的使用方法

- 全数清点：关闭所有检测功能，在自动启动的状态下可以进行全数清点
- 累加清点：按累加键，指示灯亮，表示机器处于累加点钞方式
- 定量清点：通过按预置键、加数或减数键，可选定预定数值
- 防伪清点：该方式包括荧光、磁性、安全线、光谱，以及连张、半张、夹张等识别功能，按需要选择相应的功能键进行识别

五、钞票的捆扎方法

钞票的捆扎方法

半径拧扎法。具体操作方法：左手横执已墩齐的钞票，正面朝向出纳人员，拇指在前，中指、无名指、小指在后，食指在钞票上伸直。捏住钞票左端约票面的1/3处，右手的拇指和食指、中指取纸条，拿住纸条的1/3处，将纸条的2/3搭在钞票的上侧中央，用左手食指压住纸条，使纸条的短处在钞票的背面，长处在钞票的前面，用拇指与中指捏住纸条长的一端向外下绕半圈，用食指钩住短的一头纸条，使纸条的两端在钞票的后面中间合拢捏紧，再用左手稍用力握住钞票的正面，形成斜瓦状，左手腕向外转动，右手捏住纸条向内转动，然后双腕还原的同时将右手中的纸条拧成半径，用食指将纸条掖在斜瓦里，使得纸条卡在下部，这种半径扎把法又快又紧

缠绕折掖法。缠绕折掖法是将墩齐的钞票横执，左手拇指在票前，中指、无名指在票后，捏住钞票1/3处，食指在钞票上侧，将100张钞票分开一条缝，右手将纸张一端插入缝内（或将纸条一端以左手食指按在票背面中间），然后由内向外缠绕，将纸条一端留在票面上部，用右手食指与拇指捏住纸条（纸条长度通常为票面径的4倍）向右折掖在钞票正面上侧

六、清点硬币

1. 手工清点硬币法

手工清点硬币的操作要领

摆放硬币：摆放硬币是指将要点数的硬币按面值大小挑选出来，将统一面值的硬币向左横压放在一起，应多放一些

点数：点数是指用左手拇指、食指捏住硬币两端，中指起辅助作用，每次点数5枚或10枚，将硬币翻向左边，点完数的硬币向左横压放在一起，点数过程中，右手起辅助作用

封卷：

（1）封卷时双手的无名指、小指顶住硬币两端，用双手拇指和食指捏住折叠部分的纸，紧紧包住硬币，在桌面上往身体部位将币卷拉一下，拉时双手中指按压住前面的纸，让纸紧紧裹住币卷，边向前滚动币卷，边用双手的食指、中指将折叠部分的纸边沿着硬币卷掖压一下，可以挡住硬币卷顺势往前滚动，将纸边压住裹紧，裹时双手拇指应顶住卷的后面。

（2）左手的拇指同时掖压左面的包封纸边，使得币卷左端面固定下来。左手从指尖到掌心在桌面上向前搓动硬币卷，边搓，右手的前三个手指边掖压封纸到硬币卷里面去，右边的封口即封好了，将硬币卷拿在右手中，开始封左面的封口，先从纸角边处用左手的拇指、食指转着掖好左端封口。

（3）封口员也可以边搓左右手同时边掖封纸，也可以先搓成卷，再左右手分别压封端的纸边

盖章：在封卷的硬币的腰条上加盖经办人名章。图章要清晰可辨，以明确责任

2. 工具清点硬币法

（1）推动式硬币清点器操作

推动式硬币清点器操作

- 准备工作：将清点器放在点钞员正面的桌面上，准备好两角式包装纸
- 拆卷：
  （1）摔开法拆卷。双手拇指、食指及中指捏住硬币卷两端，由上向下摔在硬币清点器币槽边上，使硬币包装纸震裂开。然后用双手将硬币卷由内往外推入币槽内，并将硬币纸卷顺势提起，准备清点
  （2）撕角法拆卷。双手拇指、食指、中指捏住硬币卷两端，将硬币置于币槽内的同时撕去两端折角，顺势将硬币包装纸拉出准备清点
- 清点：用双手拇指推动制动器的推把，使币槽内的活动币齿前移，将币槽内硬币前后交错分开，目测每组5枚无错后，双手拇指分开复原，准备封卷
- 封卷：硬币按100枚一组封卷。双手无名指与小指并拢顶住币槽内硬币两端，食指与中指在币卷前，拇指在币卷后中间，同时紧紧捏住，从币槽内提出，置于两角包装纸中间。双手拇指将包装纸底端掀起，将硬币卷在纸内，同时向前滚动一圈，同时，用无名指、中指、食指在硬币两端将包装纸三次折起即可
- 盖章：与手工清点硬币法相同

（2）拉锁式硬币清点操作

拉锁式硬币清点器在清点硬币时和推动式硬币清点器基本相同，所不同的是制动器安装部位不同，它的制动器安装在清点器的上部，且是拉锁式，靠手来回拉动，使得币槽内的硬币呈交错分布进行清点。其他程序与方法均相同。

第二节　残缺、污损人民币及假币处理技能

人民币在使用流通过程中，因为自然磨损或火灾、霉烂、水浸等各种原因，造成票币残缺、污损从而不宜再继续流通使用，这样的人民币统称为损伤票币，可按照有关规定去银行办理兑换手续。

一、损伤票币挑拣的标准

- 损伤票币挑拣的标准
  - 票面缺少部分损及行名、花边、字头、号码或国徽的
  - 票面纸币较旧，四周或中间有裂缝，或断开经粘补的
  - 票面裂口超过票面的1/3或损及花边、图案或国徽的
  - 由于油渍、墨渍造成脏污面积较大或涂写字迹图形过多，妨碍票据整洁的
  - 票面变色严重，影响图案清晰的
  - 硬币残缺、穿孔、变形、磨损、氧化损坏花纹的

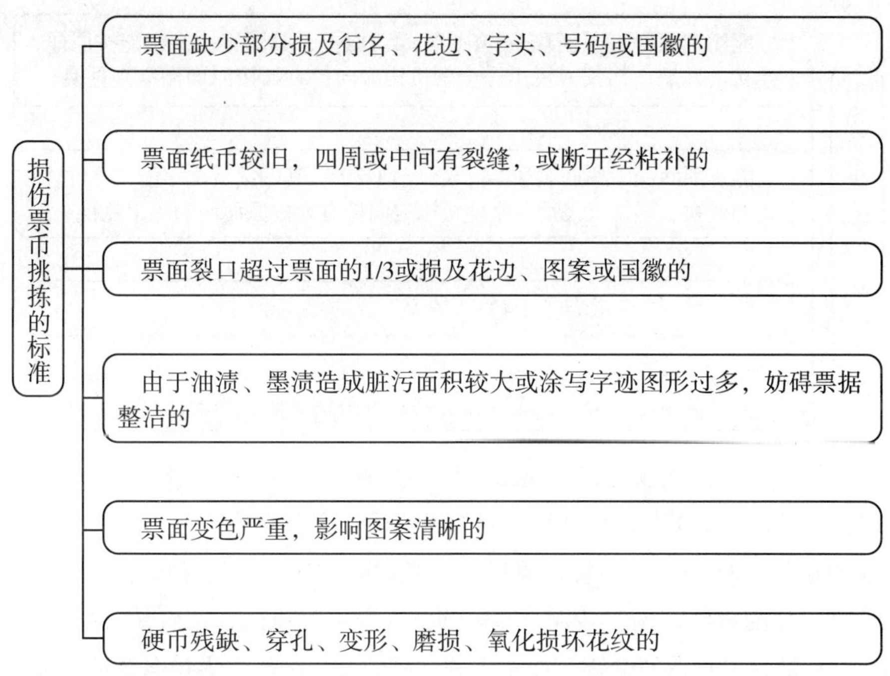

二、损伤票币兑换的标准

- 损伤票币兑换的标准
  - 可向当地营业银行全额兑换的损伤钞票包括：
    （1）票面残缺部分不超过1/5，其余部分的图案、文字能照原样连接者。
    （2）票面污损、熏焦、水湿、油浸、变色，但能辨别真假，票面完整或残缺不超过1/5，票面其余部分的图案、文字能照原样连接者
  - 凡残缺人民币属于下列情况者，可半额兑换：票面残缺1/5以上至1/2，其余部分的图案、文字能照原样连接者，应持币向银行营业部门照原面额的半数兑换。但不得流通使用
  - 凡残缺人民币属于下列情况之一者，不予兑换：票面残缺1/2以上者；票面污损、熏焦、水湿、变色不能辨别真假者；故意挖补、涂改、剪贴、拼凑、揭去一面者。不予兑换的残缺人民币由中国人民银行收回销毁，不得流通使用

三、损伤票币兑换的办法

损伤票币兑换的办法

- 能辨别面额，票面剩余3/4（含3/4）以上，其图案、文字能按原样连接的残缺、污损人民币，金融机构应向持有人按原面额全额兑换
- 能辨别面额，票面剩余3/4~1/2（含1/2），其图案、文字能按原样连接的残缺、污损人民币，金融机构应向持有人按原面额的一半兑换
- 纸币呈正十字形缺少1/4的，按原面额的一半兑换
- 兑付额不足一分的，不予以兑换；五分按半额兑换的，兑付二分

金融机构在办理残缺、污损人民币兑换业务时，应向残缺、污损人民币持有人说明认定的兑换结果。不予兑换的残缺、污损人民币，应退回原持有人。

残缺票币兑换时，要由持票人填写统一格式的“残缺票币兑换单”，银行经办人员按照标准，仔细辨别真伪、券别、张数等，确定可兑换的金额后，得到持票人的同意，当面在残缺票上加盖“全额”或“半额”戳记及两名经办人员名章后，准予兑换。对作废不能兑换的票币，通常不退给持票人，若退票人不同意，可加盖“作废”戳记，再退还原主。

四、假币的处理

假币的处理

- 出纳人员在收付现金时发现假币，要立即向银行和公安部门报告，由银行开具“没收假币收据”凭证，没收处理，同时出纳人员提供线索，协助公安机关进行侦破
- 出纳人员发现可疑的票币又无法断定真伪的，不得随意没收，应当向持币人说明情况，并开具临时收据，将可疑货币及时送交人民银行或有关部门鉴定处理，若确定是假币，应按假币处理方法处理；若不是，应及时退还持币人
- 当出纳人员误收假币时，期间的经济损失，应由当事人等额赔偿；若多次误收，除等额赔偿外，应给予批评教育，甚至纪律处分；若误收伪造币又转手付出者，以流通伪造币处罚

第三节　发票识别技能

发票是指税务部门印制的盖有税务票据监制章的收付款凭证，主要用作商业经营性收入，即应税业务，如劳务、货物转移等。包括：工商业、服务业、娱乐业、文化体育业、建筑业、交通运输业、金融保险业、邮电通信业、销售不动产或转让无形资产等征收范围使用的普通发票。

一、发票的分类

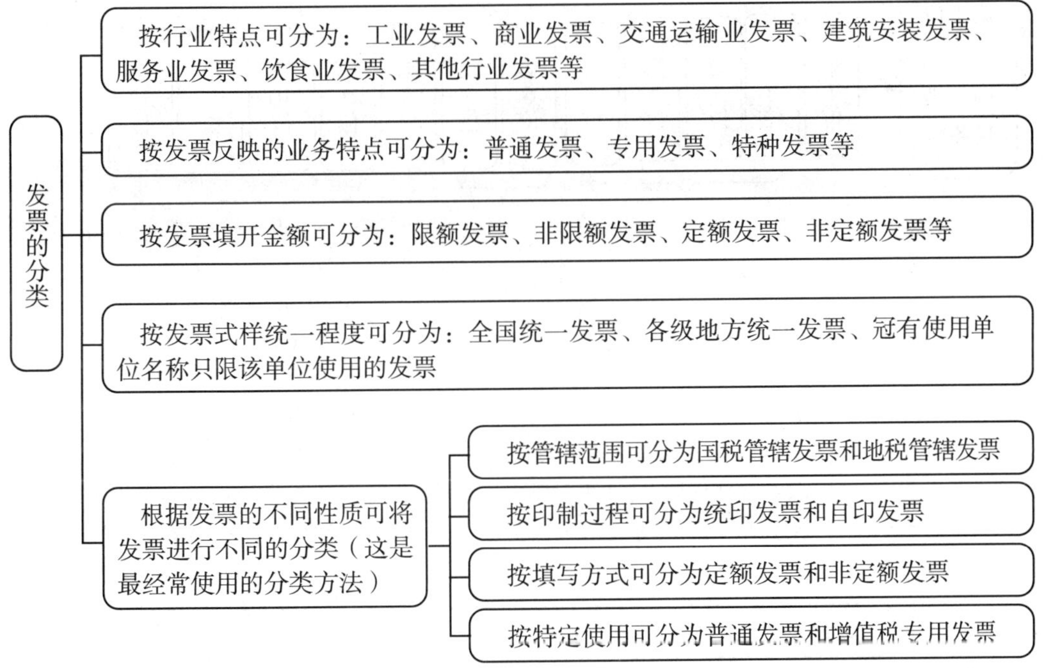

二、发票的审核

1．发票样式方面

①审核发票是否套印税务部门监制章。

②审核发票代码（即第一行数字）是否是12位阿拉伯数字，发票号码（即第二行数字）是否为8位阿拉伯数字。

发票是属地管理，即企业在哪里纳税，就采用哪里的发票。发票号码与代码是发票的序号。两者加在一起，可以确保这张发票在全国的唯一性。因此，发票的这种规律也包括驻当地的中央及省属企业。此外，假发票会套用真发票代码，查询时可以同时提供代码与号码，即使代码相同，号码不一定相同或号码相同代码不一定相同。尤其是金额较大的发票一定要核实。

③审核发票代码前八位是否符合普通发票分类代码编制规则。普通发票分类代码为12位阿拉伯数字。

④审核各种号码的印制位置。发票代码、发票号码统一印制在发票右上角或正上方。因为发票代码和发票号码是全国统一要求必须印制的发票项目。

⑤当发票代码编排存在下列几种情况时，可认定为虚假发票。

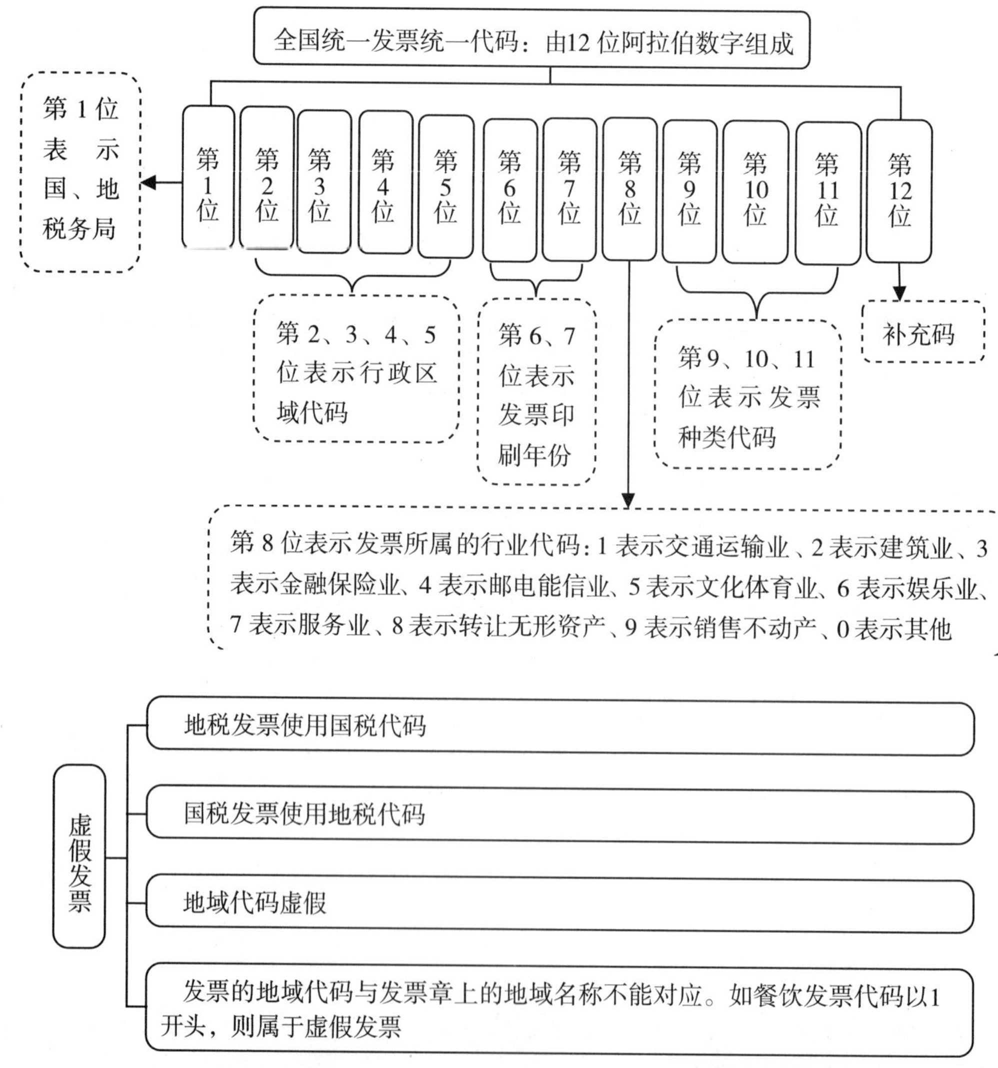

2．发票开具内容方面

发票开具内容方面

- 审核发票开具的字迹和加盖的印章：重点审核字迹和单位财务印章或者发票专用章是否清楚，容易辨认。另外发票表面应干净整洁，并且内容不得涂改，若填错涂改，应重新予以退换
- 审核发票开具的付款单位是否为公司全称：2004年8月31日后，对付款单位的开具有了更加严格的要求：必须如实填开付款单位全称，不得以简称或其他文字、符号等代替付款单位全称
- 审核发票填开项目是否齐全：商品名称、规格、单位、数量、单价、金额、填开日期是否都填开齐全，如果商品种类多，在发票上无法一一列示，应附开票单位盖章确认的明细清单。需要注意的是，在审核定额发票时，必须重点审核是否准确填开日期，是否存在不开日期的情况
- 审核发票填开内容是否真实
  - 审核发票填开内容与发票类型及所盖印章的合理性
  - 审核发票填开内容与所附附件的合理性
  - 审核发票是否一次性套写，是否存在“大头小尾”的情况
  - 审核发票是否存在连号开具，以达到发票金额“化整为零”的目的

发票填开内容与所附附件

- 填开内容为“会议费”时：审核是否有相关会议费证明材料。一般来说，大额会议费证明材料应包括：会议通知、会议时间、地点、出席人员、内容、目的、费用标准等
- 填开内容为“办公用品”或“食品”时：审核是否后附销售方提供的明细清单，并追查购置（采购）后是否按规定办理入库验收和领用手续
- 填开内容为“咨询费”“顾问费”“场租费”等服务费用时：审核是否后附相关的合同
- 填开内容为“礼品”时：业务经办部门应事前和财务部门沟通相应处理办法。应尽可能少开礼品费用，以避免个人所得税风险
- 支付对象为个人“劳务费”和“利息费用”时：取得发票时应附个人所得税完税凭证

3．如何鉴定假发票

鉴定假发票主要是靠经验，但也有一定的方法，主要是：一看、二刮、三查询。

鉴定假发票的方法

看：

（1）看发票代码及发票号码，数码的深浅度、大小、字体应该是一致的；反之，很可能是假发票

（2）看发票样式的特点，比如：国税发票的底纹或水印，地税定额发票的“条形码”等

（3）看发票所盖的章与消费场所是否吻合。若不吻合，可认定为假发票。如：在餐厅用餐，提供的发票所盖的章却是商店的章

（4）看项目是否齐全：通用定额发票凡是没有发票号、密码，税控机打发票凡没有税控码、发票号、密码、机打票号、机器编号均可能是假发票

刮：刮开密码区、刮奖区。正规发票的密码区、刮奖区都是很容易就能用指甲或硬币刮开的，而且密码区刮开后所显密码应该是具有唯一性的，不会重复；若密码区、刮奖区无法刮开，有时甚至会将纸刮破，字迹也不清楚，或密码区刮开后所显密码出现重复，即可认定为假发票

查：现在的发票多数为信息防伪发票，在发票背面有“鉴别真伪请刮开密码层并依次输入××位发票号和密码，登录××税务局网站或语音服务热线98×××进行查询”的话，可以按照发票所写办法进行查询，以鉴别发票真伪

此外，现在多数省份国税和地税发票都开通了在线查询服务，因此通过各地国税或地税部门网站的发票查询栏目，或拨打纳税服务热线12366，即可验证发票真伪。因为发票购买人的信息已经存入国地税的发票发售系统，就某代码的发票查询时，国地税均会告知该代码的发票是某某企业购买的，应该由哪家企业使用，这样真假发票一目了然；即使一些略懂发票知识从外地购买代码为3714×××的发票，由于其号码、代码与税务发售的单位、企业不一致也容易区别、识破。

出纳人员在查询发票时的注意事项

同一次消费的几张相同面值的发票存在部分为真票，但另外一部分是假票的可能，同时也存在同一面值的是真票，但另一面值的却是假票的可能。所以不能够通过查询部分为真票就断定其他发票都为真票

有些发票号码虽然通过网络或电话可以查询发票号码存在，但领用单位可能和开票单位不一致，这是违法企业套用真发票号码仿制的虚假发票，所以一定要核实发票领购人是否与盖章单位一致

在百度中输入某省或某市国税局或地税局字样，或者直接将发票背面的税局网址输入到地址栏

进入税务局网站，查找发票查询模块。说明：不同税务局的发票查询模块所在位置或名称都不太一致，需仔细查看

进入发票查询模块后，根据要求输入发票代码、号码、验证码等信息进行查询

三、四种常见发票的真伪鉴别

通常需要出纳人员进行鉴别的发票无外乎普通发票、增值税发票、有奖定额发票及无奖定额发票四种。

1. 普通发票真伪的鉴别

在进行普通发票真伪的鉴别时，通常要先看发票的规格、档次、印色是否正确，防伪标志是否齐全，以及是否有水印等特征。

普通发票的一般特征

- 发票监制章形状为椭圆形，上环刻着“全国统一发票监制章”字样，下环刻着“国家税务局监制”或“地方税务局监制”字样，中间刻着监制税务机关所在地的全称或简称，字体是正楷，套印在发票联的票头中央。发票监制章是识别发票真伪的重要标志
- 新版普通发票的发票监制章与发票字轨号码采用有色荧光油墨套印，印色为大红色，用紫外线灯照射出现橘红色反应。有的省（市）税务机关还用无色荧光油墨在发票上加防伪暗记，在紫外线照射下呈绿色荧光反应
- 普通发票的发票联采用专用水印纸印制，用肉眼能够看到发票联水印纸上的水印图案为菱形，中间标有“SW”汉语拼音字母，发票联不加印底纹

普通发票的注意事项

- 看发票的印章是否规范齐全。销售类发票应有国家税务局或地方税务局发票监制章，行政事业性收费票据应有财政部门监制章，以及开票单位的财务收款专用章、经办人签章
- 审核发票的开具时间。看同一经济内容、同一金额的发票是否在相近时间内出现；看发票号码是否相连或相近，与实际情况有无矛盾，是否有将过期作废的发票拿来重新使用等情况，必须查明原因，防止重复报销
- 审核发票的票面。看整张发票的字体书写、笔迹轻重以及复写痕迹是否一致，是否异常，是否有涂改、添加、挖补、刮擦等痕迹；看发票有无“作废”“已报销”等印章或字样；看发票备注说明中有无“不得报销”“自费”等字样
- 审核发票的经济业务内容。看发票记载的经济业务内容和实际是否相符，经办人是否写明用途，发票所记载的业务内容和开票单位的经营范围是否相符，是否使用和经济业务内容相适应的行业发票
- 审核发票的价格和金额。看所购的物品与既往相同的物品的价格是否相同或相近；看所购的物品是否舍近求远、舍优求劣；看发票的大小写金额是否相符，小写金额前是否有“¥”字样，大写金额前是否顶格；看数量和单价的乘积是否等于金额
- 审核发票的报销手续。看发票是否为“报销联”“发票联”等字样的票据；看经手人、验收人、领报人等手续是否完备；看有无相关领导人的审批

2．增值税专用发票真伪的鉴别

辨别增值税专用发票真伪的方法

- 发票名称和文字内容的字体为楷体
- 发票大写金额栏位置采用发票文字印色套印色条
- 正常复写后发票联所显示的文字颜色为紫色
- 各联次发票的号码位数均为8位数，字体为新式哥特字体

增值税专用发票特征鉴别

- 红色荧光防伪标记或微缩字母防伪标记。专用发票的发票联、抵扣联“××增值税专用发票”字样下端的双实线是由微缩字母组成，其中上线是“××增值税专用发票”等汉字的汉语拼音声母缩写，下线是“国家税务总局监制”等汉字的汉语拼音声母缩写。发票监制章的内圆线由多组“国家税务总局监制”等汉字的汉语拼音声母缩写组成，即“GJSHWZJJZH”。通过高倍放大镜能够清晰识别
- 增值税专用发票号码采用加密印刷。在开票过程中，采用防伪开票子系统提供的加密功能，将发票上的主要信息（包括开票日期、发票代码、发票号、购销双方的税务登记号、金额和税额等）经过数据加密形成防伪电子密码（也称密文）打印在发票上，同时将用于加密的所有信息逐票录至金税卡的黑匣子中。因为防伪增值税专用发票是一票一密，当需要识别一张发票的真伪时，可以经由数据扫描仪或键盘将发票上的密文输入认证报税子系统，得到相应的密文，再与发票上的相应内容比对，比对结果一致则是真票，不一致就是假票

3．有奖定额发票真伪的鉴别

有奖定额发票真伪的鉴别

- 有奖定额发票印刷用纸为双色干式复写纸，常光下可见“干式复写纸”和圆圈内含大写英文字母“T”图案的水印
- 有奖定额发票为三联（存根联、发票联、兑奖联），其中发票联中印制有：发票代码、发票号码、客户名称、项目、金额、企业发票专用章等
- 新版“服务业有奖定额发票”的版面金额有：5元、10元、20元、50元、100元、200元、500元、1000元、5000元共9种。其中发票票面200元以下版面（含200元版）采用浅蓝色底纹，500元以上（含500元版）版面采用粉红色底纹
- 有奖定额发票正面为彩印模糊底纹图案，在底纹上利用浮雕方法印制“有奖定额发票”防伪凹凸字体和团花等，其中左边团花中央印有“DS”字样。在发票联的左下方“金额”前印制含有税徽的阴阳纹防伪图案
- 发票背面涂布有紫、绿双色不规则的斜纹条块；印制兑奖说明和友情提示。在兑奖凭证联中印制有：校验码、刮奖区、发票代码、发票号码、金额、条形码等

4．无奖定额发票真伪的鉴别

无奖定额发票真伪的鉴别

- 对发票的有效性进行必要的审查。中国的发票在不同时期发布的是不同的发票版式，并且这些发票还会实行不定期换版制度，一旦发现逾期还在继续应用的旧版发票报销，就必须查清情况，判断其中是否存在问题。对于同期发票的审查主要是对比这些发票的新旧程度，看是否属于使用早已废弃不用的发票，一旦发现就要采取必要的措施予以整治
- 对发票的笔迹进行审查。主要检查发票的抬头、品名、日期、数量、单价、大小写金额的字迹、笔体、笔画的精细、压痕是否一致。还要查看有无用药剂褪色，用橡皮擦、小刀刮等涂改痕迹。除此之外，还需审查发票的填写字迹是否出现位移的情况。税务机关指定的企业在印制装订发票时，发票的各联次纵横行列均是对齐的，它们之间都有固定的位置。若发现发票的各联填写字迹出现不正常的位移，就可能存在问题
- 对发票的填写内容进行审查。查看发票报销联的抬头、时间、数量、单价、金额是否填写齐全；看发票物品名称是否具体、正确、清楚，若其中的名称比较模糊，如生产用品、办公用品、交电、百货等，并且发票的金额较大时，就可能存在问题，出纳人员需谨慎对待
- 对发票的复写情况进行审查。首先要观察复写的字迹颜色是否一致。仔细观察发票的正面与反面，看背面是否有局部复写的痕迹。若发票的第二联是用钢笔或圆珠笔填写的，就说明这张发票存在问题
- 审查物品名称是否为用票单位的经销范围。比如家电维修部、加工门市部的发票，物品名称都是办公用品，显然发票存在问题
- 审查用票单位同发货单位、收款单位的名称是否相符

第四节　出纳书写技能

一、财务数字书写规范

1. 阿拉伯数字的书写规范

阿拉伯数字的书写规范

- 阿拉伯数字应当从左到右一个一个地写，不能连笔。笔画顺序是自上而下，先左后右，而且每个数字大小一致，数字排列的空隙应保持一定且距离相同。书写时每个数字排列有序，并且数字要有一定倾斜度。各数字的倾斜度应一致，一般要求上端一律向右顺斜45°至60°。阿拉伯数字的标准写法如图3–4所示
- 在印有数位线的凭证、账簿、报表上，每一格仅能写一个数字，不得几个字挤在一个格里，也不得在数字中间留有空格
- 每个数字要大小均匀且紧靠底线，数字在格内占1/2 ~ 2/3的位置，为以后修订错误记录留有余地。除6、7、9以外，其他数字高低要一致。书写数字“6”时，上端比其他数字高出1/4，书写数字“7”和“9”时，下端比其他数字伸出1/4
- 除“4”和“5”以外的各数字，必须一笔写成，不得人为地增加数字的笔画。但注意整个数字应书写规范、流利、工整、清晰，易认不易改
- 阿拉伯数字表示的金额是小写金额，书写时，应采用人民币符号“¥”。“¥”是汉语拼音“yuan”第一个字母缩写变形，它既代表了人民币的币制，又表示人民币“元”的单位。因此，小写金额前填写人民币符号“¥”以后，数字后面可不写“元”字。但是需注意，书写时币种符号与阿拉伯金额数字之间不能留有空白
- 角分的书写情况。所有以元为单位（其他货币种类为货币基本单位）的阿拉伯数字，除了表示单价等情况外，一律填写到角分；无角分的，角位与分位可写“00”，或符号“—”；有角无分的，分位应当写“0”，不能用符号“—”代替

阿拉伯数字的书写规范

- 小写数字要采用“三位分节制”记数法。这是国际上通用的一种记数方法，即对于整数位在四位或四位以上的数，从个位起，向左每三位数字作为一节，用分节点“，”或通过四分之一格分开，最前面不足三位的可以单独成为一个分节，数的小数位不用三位分节制记数法
- 会计数字的书写必须采用规范的手写体书写，这样才能使得会计数字规范、清晰、符合会计工作的要求。而且会计工作人员要保持个人的独特字体和书写特色，以免别人模仿或涂改
- 书写数字发生错误时，不得采用刮、擦、涂改或采用药水消除字迹方法改错，应采用正确的更正方法进行更正。更正的方法称为划线更正法，即将包含错误的数字的全部数字正中画一条红线，表示注销，然后将正确的数字填写在被注销数字的上方，并由更改人员在更正处加盖经手人私章，以示负责

图3–4　阿拉伯数字手写体字样

阿拉伯数字书写错误时的更正方法如图 3–5 所示。

错误的更正方法								正确的更正方法						
	5	2	1	7	4 ~~3~~	3 ~~4~~			5 ~~5~~	2 ~~2~~	1 ~~1~~	7 ~~7~~	4 ~~3~~	3 ~~4~~
		6	3 ~~8~~	1	2	9				6 ~~6~~	3 ~~8~~	1 ~~1~~	2 ~~2~~	9 ~~9~~
~~4~~	~~5~~	4	5	0	0	0		~~4~~	~~5~~	4 ~~0~~	5 ~~0~~	0 ~~0~~	0 ~~0~~	0 ~~0~~

图3–5　阿拉伯数字更正方法

阿拉伯数字书写时要特别注意的问题

- “1”字不能写得比其他数字短，要保持倾斜度，将格子占满，以免篡改
- “2”字不能写成“Z”，以免改作“3”
- “3”字要使起笔处至转弯处距离稍长，不应太短，同时转弯处要光滑，使其不易误为“5”
- “4”字的“∠”角要死折，使其不易改作“6”
- “5”字的短横与“称勾”必须明显，切不可拖泥带水，以防与“8”混淆

阿拉伯数字书写时要特别注意的问题

- "6"字起笔要伸至上半格四分之一处，下圈要明显，使其不易改作"4"和"8"
- "7"字上端一横要既明显，又平直，折划不得圆滑，以与"1"和"9"明显区别开来
- "8"字要注意上下两圈儿明显可见
- "9"字的小圈儿不要留间隙，即要闭合，并且一竖稍长，略出行，使其不易与"4"混淆
- "0"字不要写小了，并要闭合，以免改作"9"，连写几个"0"时，不要写连接线

2．中文大写数字的书写规范

中文大写数字主要用于支票、发票等重要票据，中文大写数字庄重、笔画多，可防止篡改，有利于避免混淆及经济损失。中文大写是由数字和数位两部分组成，两者缺一不可。数字包括零、壹、贰、叁、肆、伍、陆、柒、捌、玖；数位包括拾、佰、仟、万、亿、兆、元（园）、角、分等。数字与数位一定要用规范字，不得用一、二（两）、三、四、五、六、七、八、九、十、百、千等简化字以及口语"块"、"毛"等字代替，更不能任意自造简化字，防止篡改，书写规范如图3-6所示。

1	2	3	4	5	6	7	8	9	0	十	百	千
壹	贰	叁	肆	伍	陆	柒	捌	玖	零	拾	佰	仟

图3-6　数字、数位小写及大写

中文大写数字的书写规范

- 汉字大写、整（正）来表示的，一律用正楷或行书书写
- 大写金额前如果没有印制"人民币"字样的，书写时在大写金额前要冠以"人民币"字样。"人民币"和金额首位数字之间不得留有空格，数字之间更不得留存空格，货币名称后不得用冒号，其他实物单位的大写前要加实物名称或"计"、"合计"、"总计"等字样
- "整"的用法。"整"的原始含义是"整数"，将其作为截止符在大写金额中应用，防止大写金额被人涂改。当人民币以元为单位时，只要人民币元后分位无金额（即无角无分时，或有角无分），应在大写金额后加上"整"字结尾；若分位有金额，在"分"后不必写"整"字
- "零"的用法。阿拉伯金额数字中间有一个"0"的，汉字大写金额应写"零"字，阿拉伯金额数字中间连续有几个"0"的，汉字大写金额中可只写一个"零"字；阿拉伯金额数字元位是"0"，或者数字中间连续有几个"0"，元位也是"0"，但角位不是"0"的，汉字大写金额可以只写一个"零"字，也可不写"零"字；阿拉伯数字金额分位是"0"时，可以不写"零分"字样，后加"整字"
- "壹拾几"的"壹"不能丢。表示数字为拾几、拾几万时，大写文字前必须有数字"壹"字，因为"拾"字代表位数，而不是数字。例如10元，应写为：壹拾元整

中文大写数字的书写规范

- 大写数字不得乱用简化字，不能写错别字，如“零”不能用“另”代替，“角”不能用“毛”代替等
- 中文大写数字不能用中文小写数字代替，更不能与中文小写数字混合使用
- 凭证上已经印好数位的，可在首个数量字前的各数位字前标上符号“×”占位。如¥600.50，在印好数位的凭证中大写金额应写成：人民币×万×仟陆佰零拾零元伍角零分

大写金额写法解析。会计人员进行会计事项处理书写大小写金额时，应当做到大小写金额内容完全一致，书写熟练、流利，准确完成会计核算工作。下面列举在书写大写金额时，容易出现的问题及其解析。

大写金额写法解析

- 小写金额为8500元
  正确写法：人民币捌仟伍佰元整
  错误写法：人民币：捌仟伍佰元整
  错误原因：“人民币”后面多一个冒号
- 小写金额为3160.50
  正确写法：人民币叁仟壹佰陆拾元零伍角整
  错误写法：人民币叁仟壹佰陆拾元伍角
  错误原因：漏写一个“整”字
- 小写金额为104000.00元
  正确写法：人民币壹拾万零肆仟元整
  错误写法：人民币拾万肆仟元整
  错误原因：漏记“壹”和“零”字
- 小写金额60035000.00元
  正确写法：人民币陆仟零叁万伍仟元整
  错误写法：人民币陆仟万零叁万伍仟元整
  错误原因：多写一个“万”字
- 小写金额35000.36元
  正确写法：人民币叁万伍仟元零叁角陆分
  错误写法：人民币叁万伍仟零叁角陆分
  错误原因：漏写一个“元”字
- 小写金额150007.00元
  正确写法：人民币壹拾伍万零柒元整
  错误写法：人民币壹拾伍万元另柒元整
  错误原因：将“零”写成“另”，多出一个“元”字

3．日期的书写

（1）小写日期书写

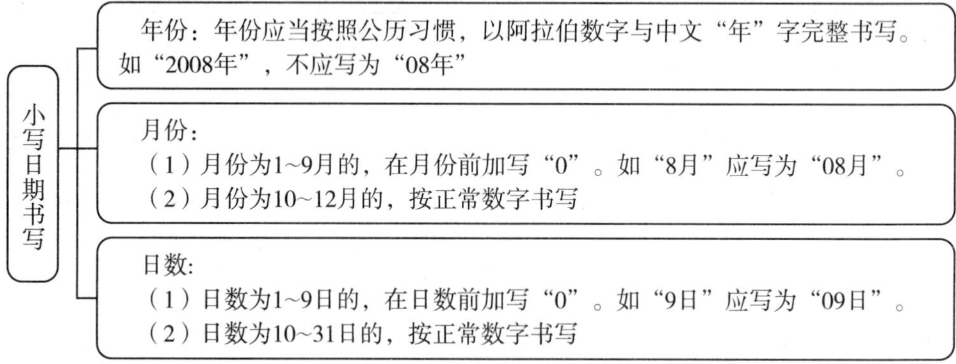

（2）大写日期书写

银行票据的出票日期必须采用中文大写，如支票、银行本票、银行汇票等。

①年份：

年份应当按照公历习惯，中文大写数字与“年”字完整书写。如“2012 年”，应写为“贰零壹贰年”。

②月份：

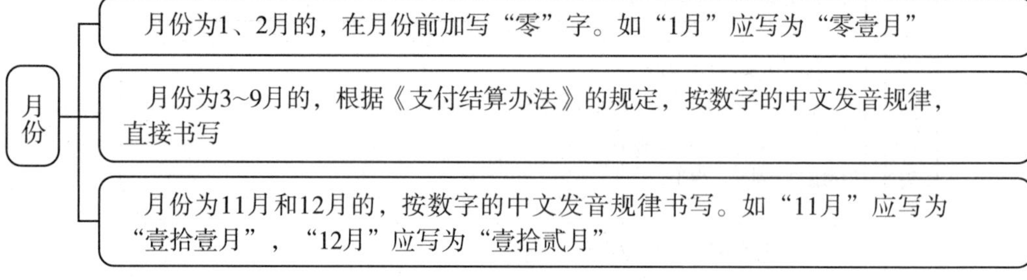

③日数：

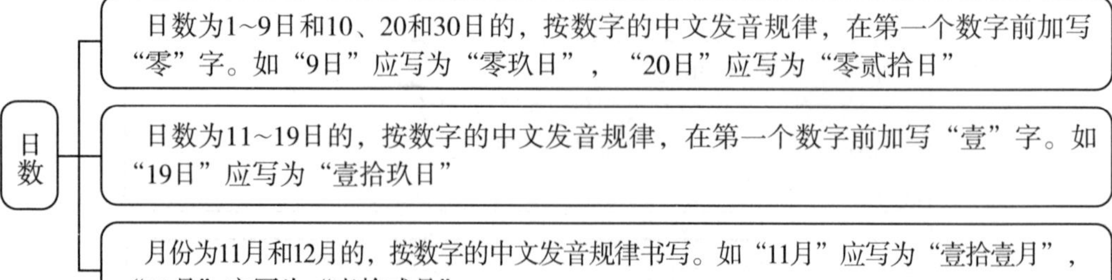

二、汉字书写规范

汉字书写规范

- 笔的使用：注意一定要用蓝黑墨水或碳素墨水书写（填写支票必须使用碳素笔书写），不得用铅笔、圆珠笔，但是用复写纸复写的除外。还有就是只能在特殊的情况下才能使用红色墨水
- 注意文字的占位：书写时一般要紧靠左竖线书写，文字与左竖线之间不得留有空白部分
- 文字的大小：书写时文字不能顶格写，一般要占空格的1/2或2/3
- 文字的字体：书写时文字一定要清晰，要用正楷或行书

第五节　保险柜的使用及维护技能

一、使用保险柜时要注意的问题

使用保险柜时要注意的问题

- 转动机械密码锁时，应静心顺势缓转，切勿猛力旋转，同时记清方向和次数，如不慎超过标记线，不可倒回，必须重新开始
- 设置密码最好在保险柜门打开的情况下进行，密码设置完毕后，需输入新密码操作几次，确认无误后，才能将柜门锁上
- 切勿把说明书、应急钥匙锁入保险柜内
- 报警器使用时，对内部的各开关及电子元件不得随意调动，发现声音变小，表明电池用完，应及时更换。如果发生误报可将灵敏度适当调低
- 为保证保险柜固定可靠，膨胀螺母中的锥心须锤击至螺母胀开胀紧
- 长期不用外接电池时，应将电池从电池盒中取出

二、保险柜的日常维护

保险柜的日常维护

- 保险柜表面有污渍后，不得用化学溶剂擦洗，可用干净抹布沾少许清洁剂擦洗。伸出的门闩处及抽屉的滚轮处可用少许润滑油加以润滑，钥匙锁芯内可注入少量铅笔芯粉末，可使钥匙插拔、转动更轻松
- 必须牢记开启密码，保护好“管理钥匙”也就是不常用的一套备用钥匙
- 出纳人员要保留保险柜厂家的服务电话，同时保持钥匙孔清洁，不能强行开启，要避免强力撞击引起报警影响工作，安装可以和手机电话联网的报警装置，使企业的财产得到保障

第六节　出纳常用会计符号

出纳人员在工作中也会填写记账凭证、登记账簿等，和会计一样也会用一些符号来表示相关信息。通常使用的约定俗成的符号包括“√”、“¥”、“@”、“△”、“#”、“∑”、“※”。

出纳最常用的会计符号

- “√”表示已记完账或已核对。填在凭证金额右边或账页余额右边的格子内
- “¥”表示人民币。小写时如果在金额前写此符号，则金额后边就不用写“元”字
- “@”表示单价
- “△”表示复原。将原来书写的数字画红线更正或文字更改后，发觉错误，即原写的是对的，仍需恢复原来记载。可以在被画线的数字或被更改的文字下方，用红墨水写此符号，每个数码或文字下边写一个△，并在这笔数字或文字加符号处盖小章
- “#”表示编号的号码
- “∑”表示多笔数目的合计，即总和
- “※”表示对某笔数字、文字另附说明

第四章　出纳对账簿、凭证的管理

本章导读

账簿是以会计凭证为依据，由一定格式、相互联系的账页所组成，用来记录企业各种经济业务的会计簿籍。出纳人员要根据企业的财务管理要求和行业的特点设置账簿、记好账并管理好账簿。出纳所做的记账工作是为后期会计人员编制会计报表做准备。本章重点介绍了会计账簿、会计凭证知识。

第一节　账簿知识

所谓账簿，是由具有一定格式、互有联系的若干账页组成的，它是以会计凭证为依据，用以全面、系统、序时、分类记录各项经济业务的簿记。设置及登记账簿是会计核算的一种专门方法，也是会计核算的主要环节之一。

一、设立账簿的意义

设立账簿的意义

- 记载、储存会计信息
- 分类、汇总会计信息
- 检查、校正会计信息
- 编报、输出会计信息

二、账簿的种类

1．按用途划分

按用途划分的账簿种类

- 序时账簿：在实际工作中，序时账簿是按照会计部门收到凭证的先后顺序，也就是按照记账凭证编号的先后顺序逐日进行登记的，所以，序时账簿也叫日记账
- 分类账簿：分类账簿又称分类账，是对全部经济业务分类登记的账簿
- 备查账簿：租入、租出固定资产登记簿，代销商品登记簿。备查账簿是对某些不能在日记账和分类账中记录的经济事项或记录不全的经济业务另行补充登记的账簿，因此也称为辅助账簿

- 序时账簿
  - 普通日记账：序时记录所有经济业务
  - 特种日记账（现金日记账、银行存款日记账）：序时记录某种经济业务

- 分类账簿
  - 总分类账（可提供各种资产、负债、费用、成本、收入等总括核算资料）：总分类账简称总账，是根据一级会计科目设置的，总括反映全部经济业务和资金状况的账簿
  - 明细分类账：明细分类账简称明细账，是根据二级或明细科目设置的，是详细记录某一类中某一种经济业务增减变化及其结果的账簿。明细账是对总账的补充与具体化，并受总账的控制和统驭

2．按外在形式划分

- 按外在形式划分的账簿种类
  - 订本式账簿：订本式账簿又称订本账，是在未使用之前，就把编有顺序号的、一定数量的账页固定装订成册的账簿 → 避免账页散失，防止账页抽损，易于归档保管 → 总分类账、现金日记账、银行存款日记账等
  - 活页式账簿：活页式账簿是指在使用前和使用过程中都不把账页固定装订成册，而是将账页用账夹夹起来，可以随时增添、取出的一种账簿 → 可根据需要增加账页，便于记账工作的分工，但容易散失或被抽损 → 明细分类账
  - 卡片式账簿：卡片式账簿是利用卡片进行登记的账簿。这种账簿是由具有账页格式的硬纸卡组成的，并且这些硬纸卡被存放在卡箱中 → 比较灵活，可根据需要增添、调整账页，但容易散失 → 固定资产登记卡

3．按账页格式划分

按账页格式划分的账簿

- 三栏式账簿：指在账页上设置“收入”（或“增加”）、“付出”（或“减少”）和“余额”三栏，或者“借方”、“贷方”和“余额”三栏，只记录金额的账簿
- 多栏式账簿：指在账页上设置多栏，只记录金额的账簿。一般适用于费用、成本等明细账，如“制造费用明细账”“管理费用明细账”等
- 数量金额式账簿：指在账页上设置“收入”“支出”和“结存”三栏，各栏内分设“数量”“单价”和“金额”三栏，既记录金额又记录数量的账簿
- 横线登记式账簿：指在账页上分设增加、减少两大部分，采用横线登记法，在同一行上反映同一项经济业务的增减情况，以便于分析和检查某项经济业务发生和完成情况的账簿

三、账簿的内容

账簿的内容

- 封面：封面主要标明账簿名称，如“总分类账”“材料物资明细账”“债权债务明细账”等
- 扉页：扉页主要列明科目索引及账簿使用登记表，一般将科目索引列于账簿最前面，将账簿使用登记表列于账簿最后面。活页账、卡片账装订成册后，也应填列账簿使用登记表
- 账页：账页是账簿的主要内容，各种账页格式一般都包括：账户名称，或称会计科目；登账日期栏；凭证种类和号数栏；摘要栏；借、贷方金额及余额栏；总页次和分账户页次

四、账簿的设立

出纳设立账簿时，主要设置订本式的“现金日记账”“银行存款日记账”和关于有价证券方面的一些明细分类账。有价证券明细账主要核算股票、债券等有价证券的增减变动和结存情况，出纳人员对由自己所保管的各种有价证券应分设明细账进行核算，如设“长期投资股票投资（××股票）”明细科目，核算本企业对××股票的购进、售出以及结存情况。日记账可以采用三栏式账簿，也可以根据经济业务的特点及经营管理的需要选用多栏式账簿，明细账通常选用三栏式账簿。

五、账簿的启用

账簿是重要的会计档案及历史资料。启用会计账簿时，应当在账簿封面上写明企业名称与账簿名称；在账簿扉页上附启用表，内容包括启用日期、账簿页数与记账人员、会计机构负责人、会计主管的姓名，并加盖名章与企业公章。记账人员或者会计机构负责人、会计主管调动时，应注明交接日期、接办人员或监交人员姓名，并由交接双方签名或盖章。

启用订本式账簿时，应从第一页至最后一页顺序编定页数，不得跳页、缺号。使用活页式账页时，应按照账户顺序编号，并定期装订成册，装订后，再依照实际使用的账页顺序编定页码。在总分类账与明细分类账第一页的前面，应分别另加目录，记明每个账户的名称和页次，以便检查、登记，防止账页散失。

第二节　会计账簿的设置与登记

通常而言，企业需根据自身会计管理及核算的需要，建立账簿体系。一般，企业账簿设置的要求为一册订本式现金日记账、一册订本式银行存款日记账、一册订本式总账、一册活页式明细账。

《会计法》第十六条规定：“各单位发生的各项经济业务事项应当在依法设置的会计账簿上统一登记、核算，不得违反《会计法》和国家统一的会计制度的规定私设会计账簿登记、核算。”会计账簿是由一定格式、相互联系的账页组成，用于序时、分类地全面记录与反映一个单位经济业务事项的会计簿籍，是会计资料的主要载体之一，亦是会计资料的重要组成部分。依法设置会计账簿，是单位进行会计核算的最基本的要求。《中华人民共和国税收征收管理办法实施细则》第十七条规定：“从事生产经营的纳税人应当依照税收征管法第十二条规定，自领取营业执照之日起十五日内设置账簿。”《会计法》不但规定各单位必须依法设账，还对设置会计账簿的种类作出规定：“会计账簿包括总账、明细账、日记账和其他辅助性账簿。”其中，其他辅助账簿称为备查簿，是为备忘备查而设置的。在会计实务中主要包括各种租借设备、物资的辅助登记或关于应收、应付款项的备查簿，担保、抵押备查簿等。各单位可依据自身管理的需要，设置其他辅助账。

一、登记账簿的基本要求

登记账簿的基本要求

- 内容准确完整：登记会计账簿时，需将会计凭证日期、编号、业务内容摘要、金额以及其他有关资料逐项记入账内，做到数字准确、摘要清楚、登记及时、字迹工整。每一项会计事项应同时记入总账与总账所属的明细账

- 登记账簿要及时：登记账簿间隔的时间没有统一的规定，总体而言，越短越好。一般情况下，总账可以每三到五天登记一次；明细账的登记时间间隔应短于总账；日记账和债权债务明细账应按天登记

- 文字和数字必须整洁清晰：摘要文字紧靠左线；数字应写在金额栏内，不得越格错位、参差不齐；文字、数字紧靠下线书写，上面要留有一定空距，通常应占格宽的1/2，以备按规定的方法改错。记录金额时，若角分的位置没有数值，应分别在角分栏内填写“0”，或以“—”代替，不能省略不写。阿拉伯数字一般可自左向右适当倾斜，以使账簿记录整齐、清晰

- 墨水的使用：
  （1）正常记账时使用蓝黑墨水：登记账簿应用蓝黑墨水或者碳素墨水书写，不能使用圆珠笔（银行的复写账簿除外）或者铅笔书写
  （2）特殊记账时使用红墨水：
  ①按照红字冲账的记账凭证，冲销错误记录
  ②在不设借贷等栏的多栏式账页中，登记减少数
  ③在三栏式账户的余额栏前，如没有印明余额方向，则应在余额栏内登记负数余额
  ④根据国家统一会计制度的规定可以用红字登记的其他会计记录

- 顺序连续登记：各种账簿应按照页次顺序连续登记，不能任意撕毁订本式账簿的账页。不得随意抽掉活页式或卡片式账簿的账页，不得跳行、隔页。若发生跳行、隔页，应当将空行、空页划线注销，或者写明“此行空白”“此页空白”字样，并由记账人员签名或者盖章。这对防止在账簿登记中可能出现的漏洞，是一种非常必要的防范措施。如果订本账簿预留账页不够，需跳页登记时，应在末行摘要栏内注明“过入第××页”同时在新账页第一行摘要栏内注明“承××页”

- 注明记账符号：登记完毕后，要在记账凭证上签名或者盖章，并且注明已经登账的符号，表示已经记账。在记账凭证上设有专门的栏目供注明记账的符号，避免发生重记或漏记

- 结出余额：凡需要结出余额的账户，结出余额后需在“借或贷”等栏内写明“借”或者“贷”等字样。没有余额的账户，需在“借或贷”等栏内写“平”字，并在余额栏内用“0”表示。现金日记账与银行存款日记账必须逐日结出余额。通常而言，对于没有余额的账户，在余额栏内标注的“0”应当放在“元”位。记录金额时，如果是没有角分的整数，应分别在角分栏内写上“0”，不能省略不写，或以“—”代替。阿拉伯数字一般可自左向右适当倾斜，以使账簿记录整齐、清晰

登记账簿的基本要求

- 承前过次：每一账页登记完毕结转下页时，应当结出本页合计数和余额，写在本页最后一行和下页第一行有关栏内，并且在摘要栏内注明“过次页”和“承前页”字样；也可以将本页合计数和金额只写在下页第一行有关栏内，同时在摘要栏内注明“承前页”字样
- 登记发生错误时的更正方法：发现差错必须根据差错的具体情况采用划线更正、红字更正、补充登记等方法更正
- 定期打印：对于实行会计电算化的单位，应当定期打印总账和明细账，从而保证会计信息的安全和完整

二、日记账的设置

企业的日记账主要分为现金日记账和银行存款日记账两种。

日记账的设置

- 现金日记账：现金日记账是专门记录现金收付业务的特种日记账，它是由出纳人员负责填写的。对于现金收付业务较多的企业，可以分别设置现金收入日记账和现金支出日记账，它们只能是单栏式的日记账。同时，现金日记账还可以设置成三栏式的日记账。除非企业现金收付业务特别繁多，通常情况下，只设置三栏式的现金日记账
- 银行存款日记账：银行存款日记账是用来记录银行存款收付业务的特种日记账。银行存款日记账的设计方和与现金日记账基本相同，但应将账簿名称分别改为“银行存款收入日记账”“银行存款支出日记账”与“银行存款日记账”。一般企业也只设置三栏式的银行存款日记账，其基本格式和现金日记账相似

三、数字书写要求

依据财政部制定的《会计基础工作规范》的要求，填制会计凭证字迹必须清晰、工整，并符合下列要求。

①阿拉伯数字应逐字填写，并且应当在数字前写明货币币种符号（如人民币符号“¥”）。

②币种符号与阿拉伯金额数字之间不得留有空白。

③凡在阿拉伯金额数字前面写有币种符号的，数字后面不再写货币单位（如人民币“元”）。

④如果金额有小数，那么小数点后填写到角分。如果没有角分，角、分位应写“0”；有角无分的，分位应写“0”，不得用符号“—”代替。

⑤汉字大写金额数字，要书写清晰。

⑥汉字大写金额以及单位为“壹、贰、叁、肆、伍、陆、柒、捌、玖、拾、佰、仟、万、亿、元、角、分、零、整（正）”，不得用“一、二、三、四、五、六、七、八、九、十、另、毛”等简化字代替。

⑦大写金额数字到元或角为止的，在“元”或“角”之后应写“整”或“正”字，大写金额数字有分的，分字后面不写“整”字。

⑧阿拉伯金额数字中间有“0”时，大写金额要写“零”字，不留空缺。

⑨阿拉伯金额数字中间连续有几个“0”时，汉字大写金额中可以只写一个“零”字。

第三节　复式记账法

所谓复式记账，就是对任何一笔经济业务，均必须用相等的金额在两个或两个以上的有关账户中相互联系地进行登记。复式记账是用“一个企业的资产总额和权益总额必然相等”的平衡关系作为反映生产经营活动的记账基础，使记账拥有一个完整的计算和反映体系，在记录上有着相互联系的关系，从而对企业经济活动可以起到全面控制的作用。

一、复式记账法的特点

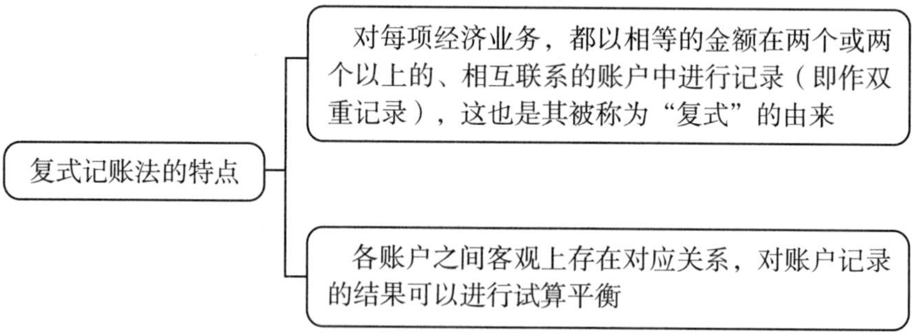

复式记账法的特点

对每项经济业务，都以相等的金额在两个或两个以上的、相互联系的账户中进行记录（即作双重记录），这也是其被称为“复式”的由来

各账户之间客观上存在对应关系，对账户记录的结果可以进行试算平衡

【例 4-1】某企业以现金 800 元购入生产材料。在复式记账法下，需在“现金”账户中登记减少 800 元，同时在“原材料”账户中登记增加 800 元。这就表示“现金”减少 800 元，同时“原材料”增加 800 元，“现金”减少的原因是因为购买了“原材料”。这样的记录才能全面、系统地反映出经济业务的发生过程和结果，满足会计信息使用者的需要。

二、复式记账法的原理

举例说明复式记账的基本原理。

【例 4–2】某企业将现金 15000 元存入银行。这项经济业务的发生，一方面使得企业的库存现金减少了 15000 元，另一方面使企业的银行存款增加了 15000 元。按照复式记账法，这项经济业务应以相等的金额分别在“库存现金”与“银行存款”两个账户上相互联系地进行登记，即一方面在“库存现金”账户上登记减少 15000 元，另一方面在“银行存款”账户上登记增加 15000 元。

复式记账的经济内容为会计要素，它们是相互联系、相互依存的，但又各自具有独立的意义，并以不同的具体形式存在着。企业发生的经济业务，均会引起具体形式的价值数量发生变化，据其对相应的账户进行登记，就会使得复式记账组成一个完整、系统的记账组织体系。有了这样一个记账组织体系，不但能够反映出资产、负债和所有者权益的增减变化和结存情况，而且能够明确收入、费用和利润的数额及其形成原因，这是复式记账可以全面地核算和监督企业经济活动的根本原因。

复式记账通过价值形式的计算与记录，为经济管理提供核算指标。复式记账拥有一定的记账技术方法，它是以记账内容之间所表现出的数量上的平稳关系，当做记账技术方法的基础。会计恒等式是各会计要素之间的关系表达式，它不但是价值数量关系上的表现，而且也有经济性质上的说明。根据会计恒等式的等量关系，必然要求经济事务发生相互联系及等量的变化，为此，必须通过两个或两个以上的账户相互联系地进行双重记录，方可得到全面的反映。

三、借贷记账法的账户结构

在我国，复式记账曾包括借贷记账法、增减记账法、收付记账法三种，但现在规定使用的只有借贷记账法。

借贷记账法是以“借”“贷”作为记账符号的一种复式记账法，其基本要素包括记账符号、账户结构、记账规则和试算平衡方法。

（1）记账符号

以“借”“贷”作为记账符号。

（2）账户结构

将所有账户的左方定为“借”方，右方定为“贷”方，并用一方登记增加数，一方登记减少数。其中，资产类、成本类与损益支出类账户用借方登记增加数，贷方登记减少数，期末余额通常在借方；负债类、所有者权益类与损益收入类账户用贷方登记增加数，借方登记减少数，期末余额通常在贷方，具体如表 4–1 所示。

表 4-1　借贷记账法的账户结构

借方	贷方	余额
资产增加	资产减少	在借方
负债减少	负债增加	在贷方
所有者权益减少	所有者权益增加	在贷方
成本增加	成本结转	在借方或无余额
收入结转	收入增加	无余额
费用增加	费用结转	无余额

账户结构

资产类账户结构：借方登记资产的增加额，贷方登记资产的减少额，期末余额通常为借方余额，表示期末资产实有数额。每一会计期间内，借方记录的金额合计称为借方本期发生额，贷方记录的金额合计称为贷方本期发生额。资产类账户的期末余额可根据下列公式计算：

借方期末余额=借方期初余额+借方本期发生额-贷方本期发生额

资产类账户的"T"型账户结构如表4-2所示

成本费用类账户结构：借方登记成本费用的增加额，贷方登记成本费用的减少额或结转额，期末一般无余额；如有余额在借方，表示在产品成本。成本费用类账户的"T"型账户结构如表4-3所示

负债和所有者权益类账户结构：根据会计恒等式"资产=负债+所有者权益"，负债与所有者权益类账户结构和资产类账户结构正好相反，账户贷方登记负债与所有者权益的增加额，借方登记负债与所有者权益的减少额。因为负债和所有者权益的增加额与期初余额之和，通常都会大于或等于其本期减少额，所以这类账户期末如有余额，必定在贷方。其计算公式如下：

负债和所有者权益类账户期末贷方余额=贷方期初余额+贷方本期发生额-借方本期发生额

负债和所有者权益类账户的"T"型账户结构如表4-4所示

利润类账户结构：因为企业的利润（或亏损）在未分配以前归企业所有者所有（或承担），所以，利润类账户的结构和所有者权益类账户的结构基本相同，账户贷方登记利润的增加额，借方登记利润的减少额，期末余额通常在贷方，也可能在借方。利润类账户的"T"型账户结构如表4-5所示

表 4-2　资产类账户结构

借方	贷方
期初余额 × × × （1）资产增加额 × × × （2）资产增加额 × × ×	（1）资产减少额 × × × （2）资产减少额 × × ×
期末余额 × × ×	

表 4-3　成本费用类账户结构

借方	贷方
（1）成本费用增加额 × × × （2）成本费用增加额 × × ×	成本费用减少额（转销额）× × ×
期末余额 × × ×	

表 4-4　负债和所有者权益类账户结构

借方	贷方
（1）负债和所有者权益减少额 × × × （2）负债和所有者权益减少额 × × ×	期初余额 × × × （1）负债和所有者权益增加额 × × × （2）负债和所有者权益增加额 × × ×
	期末余额 × × ×

表 4-5　利润类账户结构

借方	贷方
利润的减少：费用和损失 账户转人数 × × ×	利润的增加：收入和利得 账户转入数 × × ×
期末余额：本期发生的亏损数 × × ×	期末余额：本期实现的净利润 × × ×

一般，将期末有余额的账户称为实账户，实账户的期末余额代表着资产、负债及所有者权益；将期末无余额的账户称为虚账户，虚账户的本期发生额反映企业的损益情况。

四、借贷记账法的记账规则

借贷记账法建立在复式记账原理的基础上，具体的记账规则可概括为“有借必有贷，借贷必相等”。资产、费用的增加，负债、所有者权益、收入的减少用符号“借”来表示；资产、费用的减少，负债、所有者权益、收入的增加用符号“贷”来表示。

五、试算平衡

试算平衡是根据会计恒等式和借贷记账法的记账规则，通过汇总计算和比较来检查账户记录正确性、完整性的一种方法。

试算平衡

- 发生额平衡：经济业务发生后，在依照借贷记账法的记账规则进行记账时，借贷双方的金额一定是是相等的。当一定会计期间的全部经济业务都记入相关账户后，所有账户的借方发生额和贷方发生额的合计数也一定相等。

  全部账户借方发生额合计=全部账户贷方发生额合计

  运用发生额试算平衡公式，能够检查每一项经济业务的记录是否正确，也可以检查一定会计期间内所有经济业务的记录是否正确

- 余额平衡：以“资产=负债+所有者权益”的等式作为理论依据时，资产类账户表现为借方余额，全部账户的借方余额合计数应该和资产总额相等；负债和所有者权益类账户表现为贷方余额，全部账户的贷方余额合计数应该和负债及所有者权益账户的总额相等。当“资产=负债+所有者权益”时，也就产生了余额试算平衡的公式：

  全部账户借方余额合计=全部账户贷方余额合计

  利用余额试算平衡公式，可以检查每一账户的记录是否正确，也可以检查一定会计期间内所有账户的记录是否正确。在每一会计期间结束时，在已经结出各个账户本期发生额与期末余额的基础上，一般会通过编制试算平衡表完成试算平衡工作。试算平衡表包括两种：一种是将本期发生额和期末余额分别编表进行试算平衡，另一种是将本期发生额与期末余额合并在一张表上进行试算平衡

通过试算平衡来检查账簿记录是否平衡并不完全可靠。若等式两边不等，说明账簿记录肯定有错误；若等式两边相等，也不能说明账簿记录绝对正确。这是因为，有些错误并不影响等式两边的平衡，如重记、漏记、会计科目错误、记账方向相反等。

第四节　原始凭证的填制与审核

原始凭证也称单据，是指在经济业务发生时，由业务经办人员直接取得或者填制，用以表明某项经济业务已经发生或其完成情况，并明确有关经济责任的一种凭证。

一、原始凭证的分类

按来源不同，原始凭证可分为外来原始凭证和自制原始凭证。

按来源划分的原始凭证

- 外来原始凭证，指在同外企业发生经济往来事项时，从外企业取得的凭证，如发票、飞机和火车的票据、银行收付款通知单，以及企业购买商品、材料时，从供货企业取得的发货票等
- 自制原始凭证，指在经济业务事项发生或完成时，由本企业内部经办部门或人员填制的凭证，如收料单、领料单、开工单、成本计算单、出库单等。按其填制手续的不同，自制原始凭证又可分为一次凭证、累计凭证和汇总原始凭证

自制原始凭证

- 一次凭证：指只反映一项经济业务或同时记录若干项同类性质经济业务的原始凭证，其填制手续是一次性完成的。如各种外来原始凭证，企业相关部门领用材料的“领料单”，职工“借款单”，购进材料“入库单”以及根据账簿记录和经济业务的需要编制的记账凭证等，均是一次性凭证
- 累计凭证：指在一定时期内（通常以一个月为限）连续发生的同类经济业务的自制原始凭证，其填制手续是随着经济业务事项的发生而分次进行的，如“限额领料单”
- 汇总原始凭证：指根据一定时期内反映相同经济业务的多张原始凭证，汇总编制而成的自制原始凭证，以集中反映某项经济业务的总括发生情况。汇总原始凭证既能够简化会计核算工作，又方便对经济业务进行分析与比较，如“工资汇总表”“现金收入汇总表”“发料凭证汇总表”等

二、原始凭证的填制要求

原始凭证的填制要求

- 记录要真实：原始凭证上填列的内容、数字必须真实可靠，符合相关经济业务的实际情况，不得弄虚作假，更不得伪造凭证，并须符合国家有关政策、法规、法令以及制度的要求
- 内容要完整：原始凭证是记录经济业务完成情况、明确有关单位及人员经济责任的证明单据，因此，相关人员必须认真填制原始凭证
- 经济责任要明确：原始凭证上要有经办人员或部门的签章
- 书写要清楚、规范：原始凭证要按规定填写，文字要简洁，字迹要清楚、易于辨认
- 编号要连续：如果原始凭证已预先印定编号，在写坏作废时，应加盖“作废”戳记，并且要妥善保管，不得撕毁
- 不得涂改、刮擦、挖补：原始凭证有错误的，应由出具单位重开或更正，更正处应加盖出具单位的印章；原始凭证金额有错误的，应由出具单位重开，不得在原始凭证上更正
- 填制要及时：各种原始凭证一定要及时填写，并按规定的程序及时送交会计人员进行审核

原始凭证的内容

- 原始凭证的名称
- 原始凭证的编号
- 填制日期
- 填制和接受原始凭证单位的名称
- 所涉及经济业务的数量、计量单位、单价和金额总量
- 有关的经济业务内容
- 有关部门与人员的签章以及凭证附加条件

签章及使用要求

- 从外单位取得的：具有填制单位的财务公章
- 从外来个人处取得：具有填制人员的签名或盖章
- 自制原始凭证：具有经办单位负责人的签名或盖章
- 对外开出的原始凭证：加盖本单位的财务公章
- 支付款项的原始凭证：具有收款单位和收款人的收款证明
- 购买实物的原始凭证：必须要有验收证明
- 发生退货并退款时：以退货发票、退货验收证明和对方的收款收据为原始凭证
- 借款时填制的借款凭证：职工借款时填制的借款凭证，必须附在记账凭证的后面
- 经上级有关部门批准的经济业务事项：应当将批准文件作为原始凭证的附件

填制和审核原始凭证的注意事项

- 原始凭证要用蓝黑墨水书写，支票要用碳素墨水填写，并且两联或两联以上套写的凭证必须全部写透
- 不得使用未经国务院公布的简化汉字
- 大小写金额必须相符且填写规范，小写金额用阿拉伯数字逐个书写，不得写连笔字
- 在金额前要填写人民币符号“¥”，人民币符号“¥”与阿拉伯数字之间不得留有空白
- 金额数字一律填写到角分，无角分的写“00”或符号“—”，有角无分的在分位写“0”，不得用符号“—”代替
- 大写金额用汉字“壹、贰、叁、肆、伍、陆、柒、捌、玖、拾、佰、仟、万、亿、元、角、分、零、整”书写，一律用正楷或行书字书写
- 大写金额前未印有“人民币”字样的应加写“人民币”三个字，“人民币”字样和大写金额之间不得留有空白
- 大写金额到元或角为止的后面要写“整”或“正”字，有分的则不写，如小写金额为¥1006.00，其大写金额应写成“人民币壹仟零陆元整”

三、原始凭证的基本要素

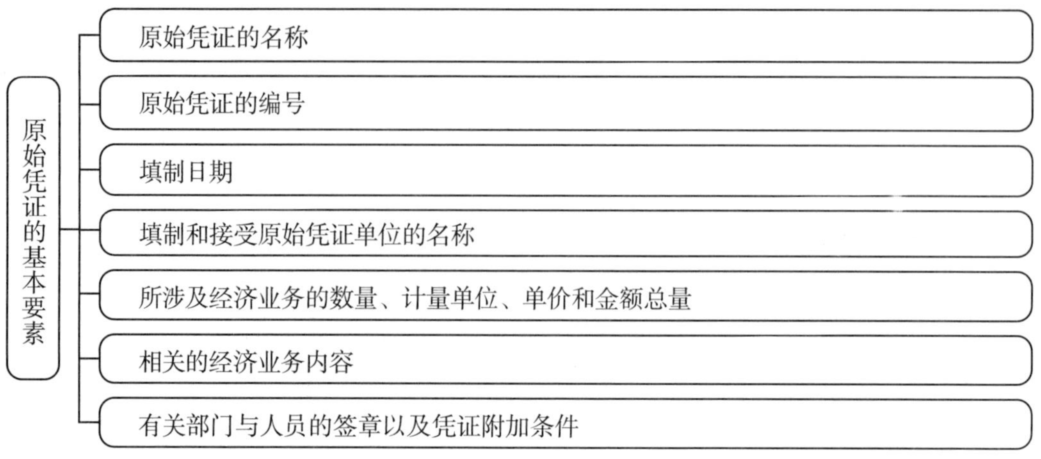

四、原始凭证的附加条件

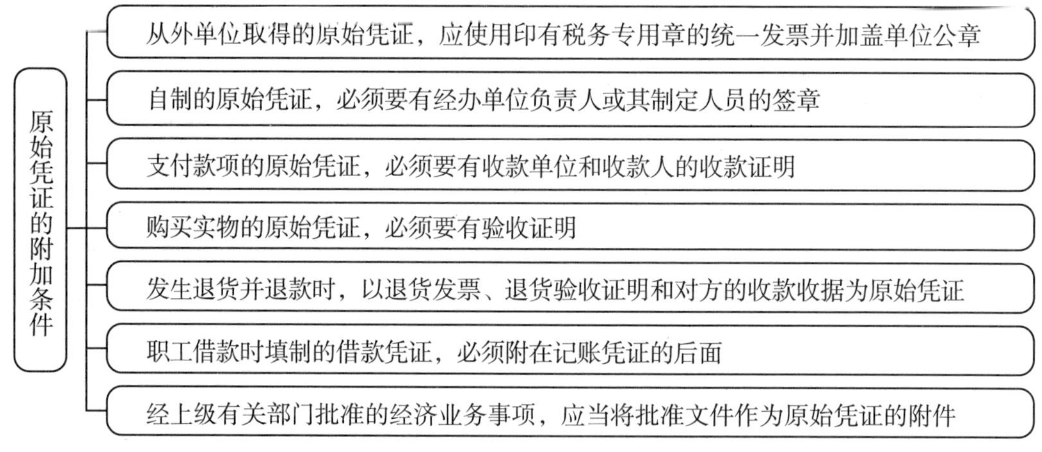

五、发票的填制

1. 普通发票

填制普通发票时，首先要写清购货单位的全称，不得过于简略（如仅填写 ×× 公司，而不写明是 ×× 市公司还是 ×× 县公司），然后按照凭证格式和内容逐项填列齐全。对发票应如实填写，不能按购货人的要求填写，经办人的签章和单位的公章均需盖全。

2．增值税专用发票

增值税专用发票仅可用于被税务机关确认为增值税一般纳税人的企业或单位在中华人民共和国境内销售货物或者提供加工、修理修配劳务以及进口货物的行为。

增值税专用发票是一般纳税人在销售货物时开具的销货发票，一式四联，销货单位与购货单位各两联。其中，对于留销货单位的两联，一联存相关业务部门，一联作为会计机构的记账凭证；对于交购货单位的两联，一联作为购货单位的结算凭证，一联作为税款抵扣凭证。

六、支票的填制

1．现金支票的填写

（1）出票的日期（大写）

数字规定必须大写，数字大写的写法为：零、壹、贰、叁、肆、伍、陆、柒、捌、玖、拾。

例如 2019 年 6 月 1 日：贰零壹伍年零陆月零壹日。

出票的日期

- 壹月贰月前零字必写，叁月至玖月前零字可写可不写。拾月至拾贰月必须写成壹拾月、壹拾壹月、壹拾贰月（前面多写了“零”字也可以，如零壹拾月）
- 壹日至玖日前零字必写，拾日至拾玖日必须写成壹拾日及壹拾 × 日（前面多写了“零”字也可以，如零壹拾伍日，下同），贰拾日至贰拾玖日必须写成贰拾日及贰拾 × 日，叁拾日至叁拾壹日必须写成叁拾日及叁拾壹日

（2）付款行名称、出票人账号

即为本单位开户银行名称及银行账号（账号是小写的阿拉伯数字）。

（3）收款人

收款人

- 现金支票收款人可以写本单位名称，这时现金支票背面“被背书人”栏内加盖本单位的财务专用章和法人章，之后收款人可凭现金支票直接到开户银行领取现金
- 现金支票收款人可写收款人个人姓名，此时现金支票背面不盖任何章，收款人在现金支票背面填上身份证号码和发证机关名称，凭身份证和现金支票签字领款
- 转账支票收款人应填写对方单位名称。转账支票背面本单位不盖章。收款单位拿到转账支票后，在支票背面被背书栏内加盖收款单位财务专用章及法人章，填写好银行进账单后连同该支票交给收款单位的开户银行委托银行收款

（4）人民币大写数字的写法

人民币大写数字的写法是：零、壹、贰、叁、肆、伍、陆、柒、捌、玖、亿、万、仟、佰、拾。

支票填写样式和格式需要注意“万”字不带单人旁。

【例 4-3】

① 278546.26 贰拾柒万捌仟伍佰肆拾陆元贰角陆分。

② 7460.31 柒仟肆佰陆拾元零叁角壹分。

这时“陆拾元零叁角壹分”“零”字可写可不写。

③ 531.00 伍佰叁拾壹元正。

“正”写为“整”字也可以，不能写为“零角零分”。

④ 415.03 肆佰壹拾伍元零叁分。

⑤ 324.20 叁佰贰拾肆元贰角正。

角字后面可加“正”字，但不得写“零分”，比较特殊。“正”字也可以写成“整”字。

（5）用途

用途
- 现金支票有一定的限制，一般填写“备用金”“差旅费”“工资”“劳务费”等
- 转账支票没有具体规定，可填写如“货款”“代理费”等

（6）人民币小写

最高金额的前一位空白格用“¥”字头填写，数字填写要求完整清楚。

（7）盖章

支票正面盖财务专用章和法人章，缺一不可，印泥是红色，印章必须清晰可见，印章模糊有可能造成银行拒绝付款，影响收付款进度，建议更换新的支票重新填写。

（8）支票常识

支票常识
- 支票正面不能有涂改痕迹，否则本张支票作废
- 受票人如果发现支票填写不全，可以补记，但不能涂改
- 本支票付款期限为10天，即：从支票上已填写的“出票日期”开始到第10天这段时间内必须交至银行柜台转账，否则此支票过期作废

2．转账支票的填写

根据《中华人民共和国票据法》《票据管理实施办法》《支付结算办法》《商业汇票承兑、贴现与再贴现管理暂行办法》的有关规定，票据的签发、取得等事项同现金支

票大同小异，基本项不得改变。

转账支票的日期应大写，收款方名称也可不写，金额要大写，旁边小写数字金额封好，填入用途，盖财务大小印。支票存根日期小写，填上收款方名称，金额小写，填入用途，领取人签字或盖章。

转账支票的填写

- 中文大写金额数字应用正楷或行书填写，如壹、贰、叁、肆、伍、陆、柒、捌、玖、拾、佰、仟、万、亿、元、角、分、零、整（正）等字样。
  禁止用一、二（两）、三、四、五、六、七、八、九、十、毛、另或0填写，不得自造简化字。若金额数字书写中使用繁体字，如贰、億、萬、圓的，也应受理
- 中文大写金额数字到“元”为止的，在“元”以后，应写“整”或“正”字，在“角”之后可以不写“整”或“正”字。大写金额数字有“分”的，“分”后面不写“整”或“正”字
- 中文大写金额数字前应标明“人民币”字样，大写金额数字需紧接“人民币”字样填写，不得留有空白。大写金额数字前未印“人民币”字样的，应加填“人民币”三个字。在票据结算凭证大写金额栏内不得预印固定的“仟、佰、拾、万、仟、佰、拾、元、角、分”字样
- 阿拉伯小写金额数字中有“0”时，中文大写应按照汉语语言规律、金额数字构成以及防止涂改的要求进行书写
- 阿拉伯小写金额数字前面，都应填写人民币符号“¥”。阿拉伯小写金额数字要认真填写，不得连写使得字迹分辨不清
- 票据的出票日期必须使用中文大写。为避免变造票据的出票日期，在填写月、日时，月为壹、贰和壹拾的，日为壹至玖和壹拾、贰拾和叁拾的，应在其前加“零”；日为拾壹至拾玖的，应在其前加“壹”。如1月15日，应写成零壹月壹拾伍日；再如10月20日，应写成零壹拾月零贰拾日
- 票据出票日期使用小写填写的，银行不予受理。大写日期没有按要求规范填写的，银行可予受理，但由此造成损失的，由出票人自行承担

七、银行进账单的填制

1. 银行进账单

当单位银行存款增加时，银行给单位证明存款增加相关凭证即为银行进账单。银行进账单是持票人或收款人将票据款项存入收款人在银行账户的凭证，亦是银行将票据款项记入收款人账户的凭证。银行进账单的格式如表 4–6 所示。

表 4-6　银行进账单

银行进账单

年　月　日

出票人	全称											
	账号											
	开户银行											
金额	人民币（小写）	亿	千	百	十	万	千	百	十	元	角	分
收款人	全称											
	账号											
	开户银行											
票据种类					票据张数							
票据号码												
备注:												

复核　　记账

银行进账单　（回　单）　1

年　月　日

出票人	全称		收款人	全称	
	账号			账号	
	开户银行			开户银行	
金额	人民币（大写）			亿千百十万千百十元角分	
票据种类		通过武汉电子支付系统□			
票据张数		票据号码			
				受理银行签章	

此联是开户银行交给持（出）票人的回单

注意：本同执不作收款证明，不作提货依据，不作账务处理，仅供查询用。

2．银行进账单的联次

银行进账单分为二联式银行进账单与三联式银行进账单。不同的持票人应按照规定使用不同的银行进账单：

二联式银行进账单的第一联是给持票人的回单即收账通知，第二联为银行的贷方凭证；银行受理二联式银行进账单后，应在第一联上加盖转讫章并且退给持票人，持票人凭之记账。

三联式进账单的第一联是回单，是开户银行交给持（出）票人的回单；第二联是贷方凭证，由收款人开户银行作贷方凭证，第三联为收账通知，是收款人开户银行交给收款人的收账通知。

持票人、出票人在同一银行机构开户的，银行在进账单第一联加盖业务公章、在第三联加盖转讫章作为收账通知，一并交给持票人作为记账依据；在第二联加盖转讫章作贷方凭证，办理转账。

持票人、出票人不在同一银行机构开户的，持票人开户行应该在进账单上按票据交换场次加盖“收妥后入账”的戳记，将第一联加盖业务公章退持票人当做银行受理回单，将支票按同城票据交换有关规定及时提出交换，等到退票时间过后，进账单第二联作贷方凭证，同时将进账单第三联加盖转讫章退持票人。

3．进账单的填制方法

收款人或付款人全称为企业在银行开户名称；账号为开户银行账号；开户银行为开户银行全称；大写金额应紧接“人民币”书写，不能留有空白；金额要与大写金额相对应；票据种类通常为转账支票、银行本票和银行汇票等；票据张数是送存银行的票据张数；票据号码为送存银行票据的号码。

八、现金交款单的填制

当存款人将现金送存银行时应填制“现金交款单”。现金交款单格式如表4–7所示，各项目要认真、准确、清晰地填写后，连同要送的现金一同交付银行，银行核实存款人存入的现金后，在“现金交款单”上盖转讫章，将第一联即收账通知联退给存款人当做回单，第二联加盖银行财务章后作为银行的记账凭证。

表 4–7　现金交款单

中国工商银行　现金交款单（回单）①

年　　月　　日　　　　　　　　　　No.00000

收款单位	全称								款项来源							
	账号								交款部门							
金额（大写）	千								百	十	万	千	百	十	元	角	分
券别	张数	十	万	千	百	十	元	券别	张数	千	百	十	元	角	分	上列款项已知数收妥入账
一百元								一元								
五十元								五角								（收款银行盖章）
十元								二角								
五元								一解								复述：　经办：
二元								分币								年　月　日

第一联由银行盖章后退回单位

九、内部常用原始凭证的填制

1. 借款单

借款人经借款单位相关领导批准后填写借款单，并送交财会部门办理借款手续，财会部门对借款单审核无误后允许借款或支付现金，或开现金支票并将借款回执退回借款人。

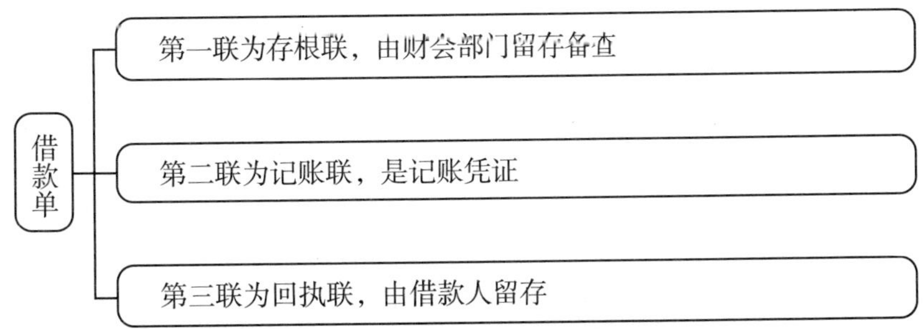

借款单的格式及内容因企业而异，其主要内容一般包括借款人及所属部门、借款用途、借款金额、有关领导批准意见、借款日期等项目。借款单格式如表 4–8 所示。

表 4-8 借款单

借 款 单

年 月 日

编号：

部门		姓名		借款用途	
借款金额	人民币（大写）：				
实际报销金额		节支金额		审核意见	
		超支金额			
备注：					
财务主管：		出纳员：		借款人签章：	

2. 收款收据

收款收据是由财会部门在收到现金时填制的收款证明。

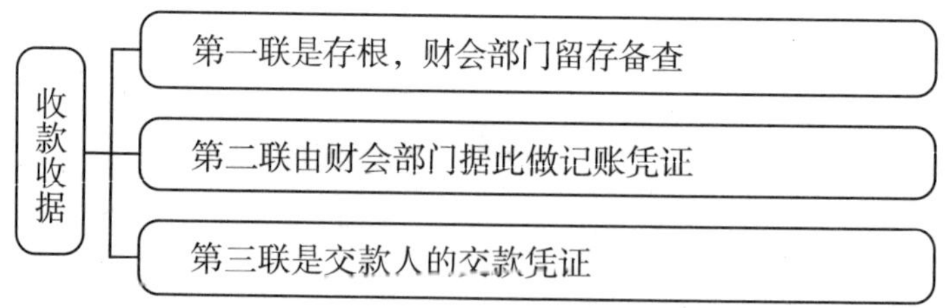

收款收据的格式及内容也是因企业而异，一般要写明收款单位和交款单位的名称、收款缘由、金额的大小写和收款人的签章等事项。收款收据格式如表 4-9 所示。

表 4-9 收款收据

现 金 收 款 收 据

年 月 日

No

收款单位		交款单位		金额								
				百	十	万	千	百	十	元	角	分
金额（大写）												
事由				备注：								

三联记账

会计主管： 收款人： 制单：

3. 收料单

收料单是外购材料物资验收入库时由仓库保管人员根据实际验收情况填制的一次性原始凭证。要注意的是，材料运到时，材料保管员应在验收后在收料单上填写收料的日期、材料的名称、计量单位、应收实收等项目，会计人员需填写材料的单价、金额运杂费等项目。收料单格式如表 4-10 所示。

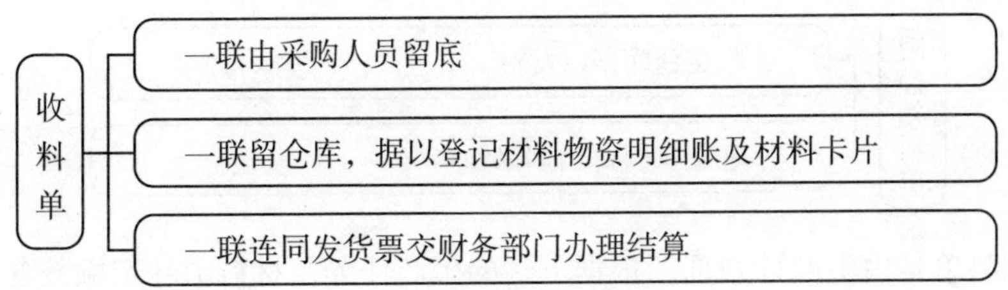

表 4-10　收料单

材料科目：　　　　　　　　　　　　　　　　　　　　　　　　　　编号：
材料类别：　　　　　　　　　　　　　　　　　　　　　　　　　　收料仓库：
供应单位：　　　　　　　　　　年　　月　　日　　　　　　　　　发票号码：

<table>
<tr><td>材料</td><td rowspan="2">材料名称</td><td rowspan="2">规格</td><td rowspan="2">计量单位</td><td colspan="2">数量</td><td colspan="4">实际价格</td><td colspan="2">计划价格</td></tr>
<tr><td>编号</td><td>应收</td><td>实收</td><td>单价</td><td>发票金额</td><td>运算</td><td>合计</td><td>单价</td><td>金额</td></tr>
<tr><td></td><td></td><td></td><td></td><td></td><td></td><td></td><td></td><td></td><td></td><td></td><td></td></tr>
<tr><td></td><td></td><td></td><td></td><td></td><td></td><td></td><td></td><td></td><td></td><td></td><td></td></tr>
<tr><td></td><td></td><td></td><td></td><td></td><td></td><td></td><td></td><td></td><td></td><td></td><td></td></tr>
<tr><td>备注</td><td></td><td></td><td></td><td></td><td></td><td></td><td></td><td></td><td></td><td></td><td></td></tr>
</table>

采购员：　　　　　　检验号：　　　　　　　　记账号：　　　　　　　　保管员：

4. 领料单

领料单属于自制原始凭证。为了方便分类汇总，对领料单要“一料一单”地填制，即一种原材料填写一张单据。其基本格式如表 4-11 所示。

表 4-11　领料单

字第　　号

领料部门：　　　　　　　　　　　　用途：　　　　　　　　　　日期：

<table>
<tr><td>品名</td><td>规格型号</td><td>单位</td><td colspan="2">数量</td><td rowspan="2">单价</td><td rowspan="2">金额</td></tr>
<tr><td></td><td></td><td></td><td>请领</td><td>实领</td></tr>
<tr><td></td><td colspan="6" rowspan="2">备注：</td></tr>
<tr><td></td></tr>
</table>

领料部门负责人：　　　　　　领料人：　　　　　　会计：　　　　　　发料人：

5. 限额领料单

限额领料单是累计凭证，用于登记一定时期内连续发生的相同经济业务，定期根据其累计数作为记账依据的原始凭证，它的主要特点为可以随时计算累计数，便于同计划和定额数相对照，控制支出，厉行节约，避免浪费，而且可以减少凭证数量，简化会计核算工作。

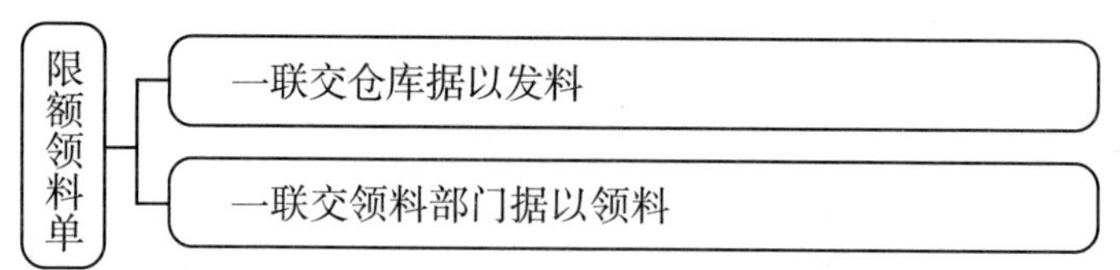

限额领料单是由生产计划部门根据下达的生产任务及材料消耗定额按各种材料分别开出的。限额领料单上标明了某种材料在规定期限内的领用限额，每次领料时，经办人均需在上面逐笔登记，并结算出限额余额，并定期根据限额领料单的累计数记账。限额领料单格式如表 4–12 所示。

表 4–12　限额领料单

限额领料单

领料单位：　　　　　　　　　　　　　　　　　　　　　　　　编　号：

用　　途：　　　　　　　　年　　月　　日　　　　　　　　　发料仓库：

材料类别	材料编号	材料名称及规格	计量单位	全月领用限额	实际领用			
					数量	单位成本	金额	计划单价
日期	请领		实发		退回			
	数量	领料单位负责人签章	数量	发料人签章	领料人签章	收料人签章	退料人签章	限额结余

生产计划部门负责人：　　　　　　　　供应部门负责人：　　　　　　　　仓库负责人：

6. 入库单

入库单是在将外采购的材料物资验收入库时填制的凭证。其基本格式如表 4–13 所示。

表 4–13　入库单

入 库 单

______年_____月_____日

材料编号	材料名称	规格	单位	入库数量	单价	金额	备注

记账：　　　　　　　　　　　　保管：　　　　　　　　　　　　经办：

7. 商品验收单

商品验收单是商业企业购进商品后，验收入库的凭证。在商品送达企业后，业务部门应将发货票与经济合同进行核对，经过核对无误后再填制商品验收单，一式四联，然后交仓库或实物负责人验收商品。验收完毕后，应在商品验收单上加盖收货戳记，然后分送业务、会计、统计等部门以此办理货款结算、记账和登记等手续。其具体格式如表 4–14 所示。

表 4–14 商品验收单

商品验收单

供货单位：

收货部门： 验收日期：______年____月____日 No.

商品名称	品名	进价				含税售价				进销差价
		单位	数量	单价	金额	单位	数量	单价	金额	
合计										

收货人： 复核： 制单：

8. 发出材料汇总表

工业企业在生产过程中领发材料比较频繁、业务量大，同类凭证也较多。为了简化核算手续，需要编制发出材料汇总表。其编制时间应依据业务量的大小确定，可每 5 天、10 天、15 天或 1 个月汇总编制一次。汇总时，应根据按实际成本计价（或计划成本计价）的领发料凭证、领料部门以及材料用途进行分类。其具体格式如表 4–15 所示。

表 4–15 发出材料汇总表

发出材料汇总表

______年____月____日 单位：元

借贷科目		生产成本		制造费用	管理费用	合计
		甲产品	乙产品			
原材料						
合计						

9．制造费用分配表

“制造费用分配表”是在月末由会计人员根据制造费用明细账的记录结果，按制造费用在各种产品之间分配结果编制的。制造费用分配表如表 4–16 所示。

表 4–16　制造费用分配表

制造费用分配表

年　月　日

应借科目		生产工时	分配率	分配金额（元）
生产成本				
合计				

十、原始凭证的审核

原始凭证的审核

- 合法性：审核所发生的经济业务是否符合国家有关规定的要求，以及是否有违反财经制度的现象
- 真实性：原始凭证中所列的经济业务事项是否真实，是否有弄虚作假的情况。在审核原始凭证的过程中，如果发现有多计或少计收入、费用，擅自扩大开支范围、提高开支标准，巧立名目，虚报冒领，滥发奖金以及津贴等违反财经制度和财经纪律的情况，不但不能将其作为合法、真实的原始凭证，还要按规定对其进行处理
- 合理性：审核所发生的经济业务是否符合厉行节约、反对浪费、有助于提高经济效益的原则，有无违反该原则的现象。经审核后，如果确定有突击使用预算结余购买不需要的物品，以及对陈旧过时的设备进行大修理等违反以上原则的情况，则该凭证不能作为合理的原始凭证
- 完整性：审核原始凭证是否填写完整，有无未填或填写不清楚的现象。经过审核后，如确定有未填写接受凭证单位名称、无填证单位或制证人员签章、业务内容与附件不符等情况，则该凭证不能作为内容完整的原始凭证
- 正确性：审核原始凭证在计算方面是否存在失误。经审核后，如确定有业务内容摘要与数量、金额不相对应，业务所涉及的数量与单价的乘积与金额不符，金额合计错误等情况，则该凭证不能作为正确的原始凭证

【例 4–4】2019 年 4 月 12 日，采购部的李 ×× 预借了 3500 元的差旅费，凭证如下并对其进行审核。见表 4–17 号。

表 4-17　某钢材厂借据

某钢材厂借据

2019年4月15日

借款单位	采购部（李 ××）	借款事由	出差
人民币（大写）叁仟伍佰元整			
领导批示	财务负责人	借款单位负责人	借款人
高 ××	王 ××	吴 ××	

经过审核发现这张凭证的漏洞和错误如下：

①该原始凭证的日期不正确，原始凭证填写的日期必须为实际借款的日期，应为 2019 年 4 月 12 日。

②该原始凭证没有借款人签章，正确的应有借款人签章。

第五节　记账凭证的填制与审核

一、记账凭证的分类

按所反映的经济业务是否与货币有关分类

- 收款凭证：指用以反映货币资金收入业务的记账凭证，它是根据货币资金收入业务的原始凭证填制而成的
- 付款凭证：指用以反映货币资金支出业务的记账凭证，它是根据货币资金支出业务的原始凭证填制而成的
- 转账凭证：指用以反映与货币资金收付无关的转账业务的凭证，它是根据有关转账业务的原始凭证或记账凭证填制而成的

按填制方式分类

- 复式记账凭证：指将每一项经济业务所涉及的会计科目集中到一起，填列在一张记账凭证上的一种凭据。它能够比较完整地反映每一项经济业务的全貌，可以在一张凭证上集中记录某项经济业务所涉及的全部账户及其对应关系，填写方便，有助于凭证的分析、审核和保管
- 单式记账凭证：指按照一项经济业务所涉及的每个会计科目单独编制一张记账凭证，每张记账凭证中只登记一个会计科目。采用单式记账凭证有利于分工记账和按科目汇总

二、记账凭证的基本内容

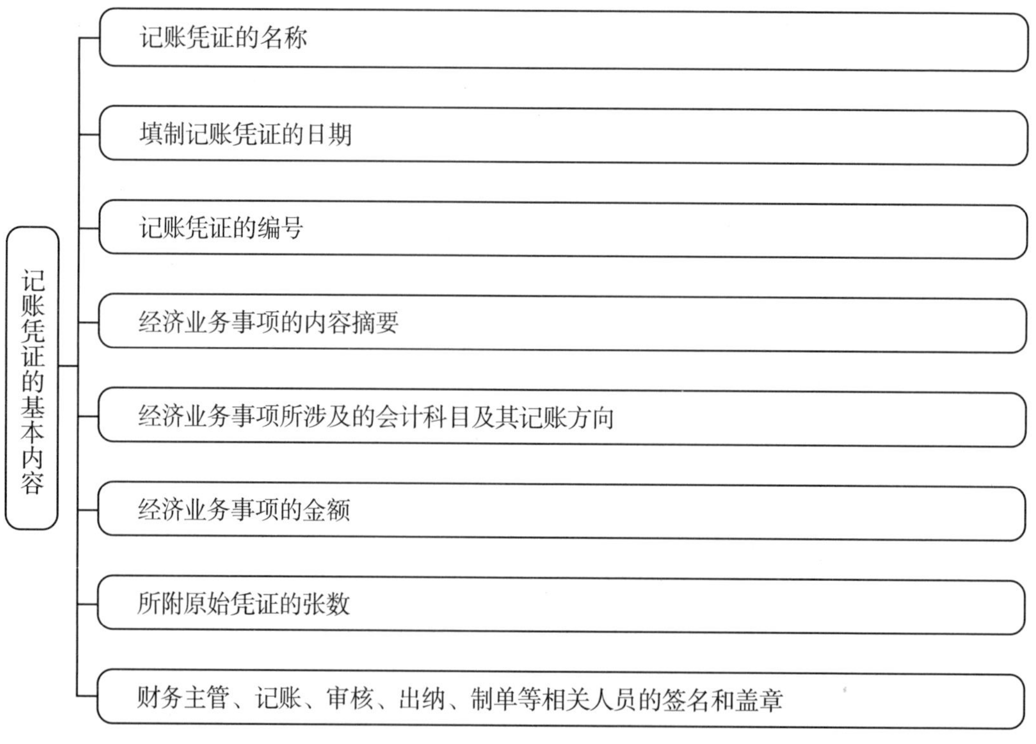

三、记账凭证的填制要求

1. 基本要求

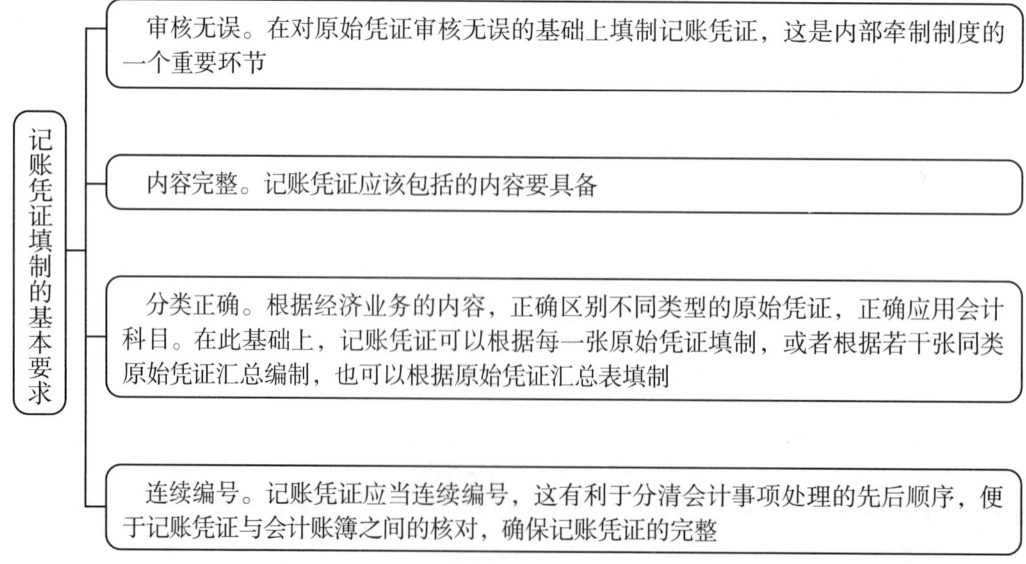

2．具体要求

记账凭证填制的基本要求

记账凭证必须附有原始凭证并注明所附原始凭证的张数（除结账和更正错误）：与记账凭证中的经济业务记录相关的每一张证据，都应当作为原始凭证的附件。若记账凭证中附有原始凭证汇总表，则应该将所附的原始凭证和原始凭证汇总表的张数一起计入附件的张数之中

由两个以上的单位共同负担时，应当由保存该原始凭证的单位向其他应负担单位开具原始凭证分割单：原始凭证分割单必须具备原始凭证的基本内容，包括凭证的名称，填制凭证的日期，填制凭证单位的名称或填制人的姓名，经办人员的签名或盖章，接受凭证单位的名称，经济业务内容、数量、单价、金额及费用的分担情况等

记账凭证编号的方法：

（1）记账凭证编号的方法有多种，可以按现金收付、银行存款收付及转账业务三类分别编号，也可以按现金收入、现金支出、银行存款收入、银行存款支出及转账五类进行编号，或者将转账业务按照具体内容再分成几类进行编号

（2）各单位可以根据本单位业务的繁简程度、人员的多寡和分工情况来选择方便记账、查账、内部稽核，且简单严密的编号方法。不论采用哪一种编号方法，都应该按月顺序编号，即每月都从1号编起，按顺序编到月末。对于一笔经济业务需要填制两张或者多于两张记账凭证的，可以采用分数编号法进行编号，如1号会计事项分录需要填制三张记账凭证，则可以将其编成 $1\frac{1}{3}$、$1\frac{2}{3}$、$1\frac{3}{3}$号

填制记账凭证时如果发生错误，应当重新填制：

对已经登记入账的记账凭证在当年内发现错误的，可以用红字注销法进行更正

在会计科目的应用上没有错误、只是金额错误的情况下，可以按照正确数字同错误数字之间的差额，另编一张调整记账凭证

发现以前年度的记账凭证有错误时，应当用蓝字填制一张更正的记账凭证

记账凭证填制的基本要求

- 记账凭证应当符合对记账凭证的一般要求：实行会计电算化的单位的出纳人员应做到会计科目使用正确、数字准确无误。在打印出来的机制记账凭证上，应有制单人员、审核人员、记账人员和会计主管人员的印章或者签字，以明确责任
- 空行处要划线注销：在记账凭证上填制完经济业务事项后，如有空行，应当在金额栏自最后一笔金额数字下的空行处至合计数上的空行处划线注销
- 正确编制会计分录并保证借贷平衡：必须根据国家统一会计制度的规定和经济业务的内容，正确使用会计科目和编制会计分录。记账凭证的借、贷方金额必须相同，合计数必须计算正确
- 摘要应与原始凭证的内容一致：应能使阅读者通过摘要就能了解该项经济业务的性质与特征，判断会计分录的正确与否，通常不必再去翻阅原始凭证或询问有关人员
- 现金和银行存款之间的凭证以付款为主：对于只涉及现金和银行存款之间收入或付出的经济业务，应以付款业务为主，只填制付款凭证，不填制收款凭证，以免重复

四、收款凭证的填制

收款凭证的填制

- 收款记账凭证若是现金收款业务就填写办理收到现金的日期
- 若是银行收款业务，填写财会部门收到银行进账单或银行回执的戳记日期
- 若实际收到的进账单日期与银行戳记日期相隔很远，则填写财会部门实际办理转账业务的日期
- 按照库存现金或银行存款收款业务的顺序填写编号
- “借方科目”在凭证的左上方，需填里“库存现金”或“银行存款”科目
- 贷方科目栏内填写和借方科目相对应的总账科目及其所属明细科目
- 金额栏填列经济业务实际发生的数额
- “附件张数”就是所附原始凭证张数，并在出纳及制单处签名或盖章
- 在登账之后，在“记账符号”栏打上“√”，表示已经入账，避免重记、漏记

【例 4–5】A 公司 2019 年 3 月 20 日收到 B 公司交来的前欠货款 7850 元。根据“银行进账单”和其他原始凭证填制收款凭证如表 4–18 所示。

表 4-18　收款凭证

收　款　凭　证

借方科目：银行存款　　　　2019 年 3 月 20 日　　　　收字第____号

摘要	贷方科目		金额										记账符号	
	总账科目	明细科目	千	百	十	万	千	百	十	元	角	分		
收回前欠贷款	应收账款	B 公司					7	8	5	0	0	0		
合计						¥	7	8	5	0	0	0		

附单据 1 张

会计主管：　　记账：　　出纳：　　审核：　　制单：王 ××

五、付款凭证的填制

付款凭证的填制

- 付款记账凭证若是现金付款业务就填写办理付出现金的日期
- 若是银行付款业务，填写财会部门开出银行存款付出单据的日期或承付的日期
- 若次月初收到上个月的银行付款凭证，应填写财会部门实际办理转账业务的日期
- 凭证编号按照库存现金或银行存款付款业务的顺序填写
- 与收款凭证不同的是“贷方科目”在凭证的左上方，需填写“库存现金”或“银行存款”科目
- 借方科目栏内填写和贷方科目相对应的总账科目及其所属明细科目
- 其他栏目的填制方法和收款凭证的填制方法一致
- 出纳人员对于已经收讫的收款凭证及已经付款的付款凭证所附的各种原始凭证，均需加盖“收讫”和“付讫”的戳记
- 为防止重复记账，涉及现金和银行存款之间的划转业务，只填制付款凭证，不填制收款凭证

【例 4-6】2019 年 4 月 16 日 ×× 公司职工张 ×× 出差，借出现金 5000 元，其付款凭证填制如表 4-19 所示。

表 4-19　付款凭证

付　款　凭　证

借方科目：库存现金　　　　2019 年 4 月 16 日　　　　付字第　　号

摘要	借方科目		金额										记账符号
	总账科目	明细科目	千	百	十	万	千	百	十	元	角	分	
职工出差预借差旅费	其他应收款	张 ××					5	0	0	0	0	0	
合计						¥	5	0	0	0	0	0	

附单据 1 张

会计主管：　　记账：　　出纳：李 ××　　审核：　　制单：王 ××

六、转账凭证的填制

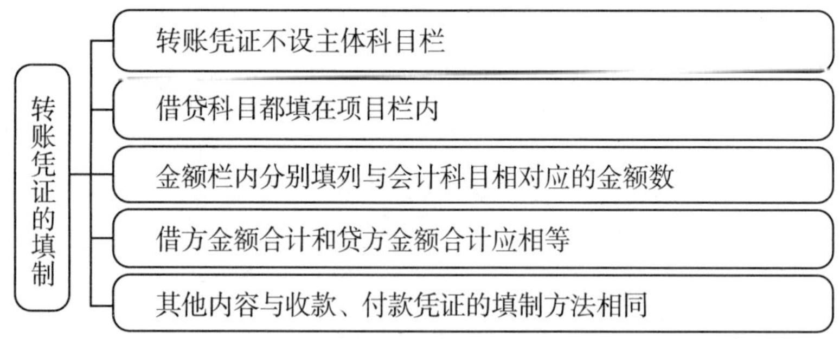

【例 4-7】2019 年 4 月 23 日，一车间生产 A 产品领用甲材料 20000 元，生产 B 产品领用甲材料 40000 元。根据领料的原始单据，填写转账凭证如表 4-20 所示。

表 4-20　转账凭证

转　账　凭　证

2019 年 4 月 23 日　　　　转字第____号

摘要	总账科目	明细科目	借方金额									√	贷方金额									√
			百	十	万	千	百	十	元	角	分		百	十	万	千	百	十	元	角	分	
生产产品领用甲材料	生产成本	A 产品			2	0	0	0	0	0	0											
		B 产品			4	0	0	0	0	0	0											
	原材料	甲材料													6	0	0	0	0	0	0	
合计				¥	6	0	0	0	0	0	0			¥	6	0	0	0	0	0	0	

附单据 1 张

会计主管：　　记账：　　出纳：　　审核：　　制单：王 ××

七、通用记账凭证的填制

在通用记账凭证中，经济业务所涉及的会计分录全部填列在凭证内，借方科目在先，贷方科目在后，其填制方法与前述转账凭证填制方法一致。

【例 4–8】2019 年 5 月 31 日，A 公司结算本月应交的企业所得税 8500 元，填制记账凭证如表 4–21 所示。

表 4–21　记账凭证

记　账　凭　证

2019 年 5 月 31 日　　　　　　记字第____号

摘要	总账科目	明细科目	借方金额									√	贷方金额									√
			百	十	万	千	百	十	元	角	分		百	十	万	千	百	十	元	角	分	
结算应交企业所得税	所得税费用					8	5	0	0	0	0											
	应交税费	应交企业所得税														8	5	0	0	0	0	
合计					¥	8	5	0	0	0	0				¥	8	5	0	0	0	0	

附单据 1 张

会计主管：　　记账：　　出纳：　　审核：　　制单：王 ××

八、记账凭证的审核

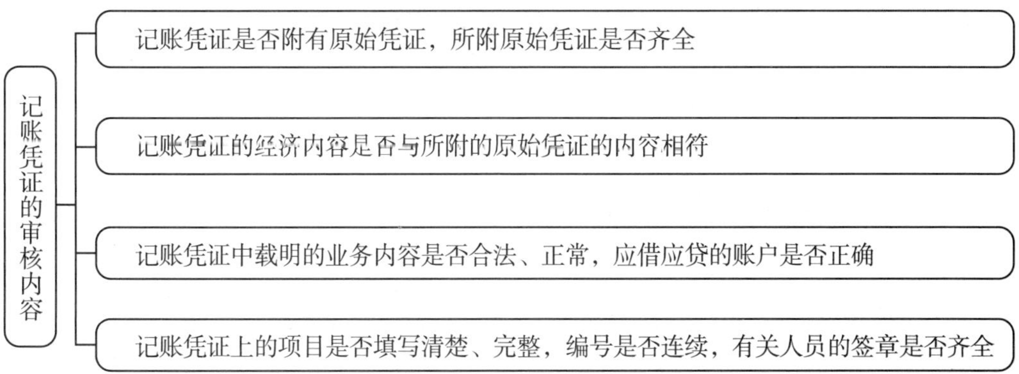

1. 核对法

审核人员在初步审阅的基础上，如果发现了异常或疑点，应立即将记账凭证的可疑之处与原始凭证进行核对，也是对记账凭证进行进一步的检查。

核对法的主要内容
- 会计科目核算的经济内容是否与原始凭证相符
- 记账凭证中的借贷方金额是否与原始凭证相符
- 汇总记账凭证与分录记账凭证上的合计数是否相符
- 记账凭证与明细账、日记账及总账是否相符、是否存在矛盾的地方

2. 查询法

查询是指审查人员针对记账凭证中出现的异常或可疑之处，向被查单位的有关操作人员、当事人或者知情人进行询问。询问可以公开、当面进行，也可以秘密进行。查询包括函询，函询又分为积极函询与消极函询两种方式。函询对象通常是出具原始凭证的单位、开具凭证的经办人、被查单位的货主或者客户等。查询中，需查清记账凭证中出现的各种问题，并取得相关问题的证据材料。

3. 审阅法

审阅法审核的内容
- 记账凭证所载的会计分录：审核所运用的会计科目是否正确，能否反映原始凭证所载的经济业务，其对应关系是否明确，指向是否清楚，一级科目、二级科目是否层次分明，所涉金额是否无误
- 记账凭证的外在形式：审核其基本要素是否表达清晰，有无粗糙、模糊的地方，其手续是否完备，填制的经办人与复核人是否签章
- 记账凭证的摘要：审核账簿能否说明经济业务的轮廓和梗概，是否有似是而非之处
- 科目编号：若记账凭证是采用计算机填制的，要对其所采用的科目编号进行查对，审核是否混淆不同会计科目的顺序及其编号，填制凭证的操作程序是否有错误，操作后是否存盘或保留必要的备份

4. 其他方法

审核记账凭证的其他方法
- 使用经验判断法：分析和判断记账凭证错误和舞弊的动因和根源，界定其对相关业务及会计资料的影响
- 采用计算统计法：分析记账凭证发生舞弊的概率，计算出凭证舞弊所涉的金额
- 采用内查外调法：针对在被查单位内部无法查清楚的特殊凭证，向有关单位和个人进行调查寻访，以收集外部审查证据
- 使用比较分析法：对原始凭证和记账凭证填制的时间，业务发生地点，所涉及的数量、金额等进行分析

5．案例分析

【例4-9】2019年3月31日查账时发现已经入账的第24号凭证填制有误，如表4-22所示，需要修改，修改过程如下：

表4-22　错误的记账凭证

记　账　凭　证

2019年3月27日　　　　记字第 24 号

摘要	总账科目	明细科目	借方金额									√	贷方金额									√
			百	十	万	千	百	十	元	角	分		百	十	万	千	百	十	元	角	分	
收到预付货款	银行存款					5	0	0	0	0	0											
	其他应收款	B公司														5	0	0	0	0	0	
合计					¥	5	0	0	0	0	0				¥	5	0	0	0	0	0	

附单据1张

会计主管：　　记账：　　出纳：　　审核：　　制单：王××

①发现错误后，先用红字填制一张和原错误记账凭证内容完全一致的记账凭证，并用红字金额登记入账，冲销原有的错误记录。（注：方框中的数字代表红字。）记账凭证如表4-23所示。

表4-23　冲销错误的记账凭证

记　账　凭　证

2019年3月31日　　　　记字第 35 号

摘要	总账科目	明细科目	借方金额									√	贷方金额									√
			百	十	万	千	百	十	元	角	分		百	十	万	千	百	十	元	角	分	
冲销3月27日第24号凭证	银行存款					5	0	0	0	0	0											
	其他应收款	B公司														5	0	0	0	0	0	
合计					¥	5	0	0	0	0	0				¥	5	0	0	0	0	0	

附单据1张

会计主管：　　记账：　　出纳：　　审核：　　制单：王××

②然后用蓝字编制一张正确的记账凭证，同时登记入账。记账凭证如表4-24所示。

表 4-24　订正的记账凭证

记　账　凭　证

2019 年 3 月 31 日　　　　　　　　　　记字第 36 号

摘要	总账科目	明细科目	借方金额									√	贷方金额									√
			百	十	万	千	百	十	元	角	分		百	十	万	千	百	十	元	角	分	
冲销 3 月 27 日第 24 号凭证	银行存款					5	0	0	0	0	0											
	预计收款	B 公司														5	0	0	0	0	0	
合计					¥	5	0	0	0	0	0				¥	5	0	0	0	0	0	

附单据 1 张

会计主管：　　记账：　　出纳：　　审核：　　制单：王 × ×

第六节　会计凭证的装订与保管

一、会计凭证的整理

会计凭证的整理工作，是指对会计凭证进行排序、粘贴和折叠。

会计凭证的整理

- 对于纸张面积大于记账凭证的原始凭证，可按照记账凭证的面积尺寸，先自右向后，再自下向后两次折叠。折叠后的原始凭证的上下缘不大于记账凭证，注意应把凭证的左上角或左侧面让出来，以便于装订后，还可以展开查阅
- 若原始凭证的纸张面积略小于记账凭证，可先用回形针或大头针别在记账凭证后面，等到装订时再抽去回形针或大头针
- 若遇到纸张面积很小、无法进行装订的原始凭证，可按照一定的顺序和类别，粘贴在“原始凭证粘贴单”上。“粘贴单”的大小、形状和记账凭证相仿、略小为宜。粘贴时对小票分别排列，适当重叠，但要露出数字和编号，以便于计算和复核。同类、同金额的单据应粘贴在一起，既方便计算，又不易搞错，同时还美观。原始凭证粘贴单格式如表4-25所示
- 还有一些原始凭证不但面积大，而且数量多，可以单独装订，如工资单、耗料单等，但在记账凭证上需注明保管地点
- 记账凭证所附原始凭证的顺序，应该先是单张的面积小于记账凭证的，然后是原始凭证粘贴单，最后是折叠过的、纸张较大的原始凭证
- 在装订会计凭证前，还应检查会计凭证及其附件是否齐全，编号从小号到大号是否连续，将填制好的记账凭证按顺序号排列好，以免编号颠倒；制单、记账、稽核等责任者没签字盖章的要补齐并加盖戳印

表 4-25　原始凭证粘贴单

原始单据粘贴单

说明：
1. 粘贴原始单据是从左至右，先粘贴大张的，后粘贴小张的。
2. 把原始单据大小相同，票面金额相同的粘贴在一起。
3. 薄纸型原始单据只粘贴左方的票头，以粘贴牢固为妥。
4. 本粘贴单中说明文字处可以被原始单据粘贴覆盖。

单据名称	
单据张数	
合计价格	

单据名称	
单据张数	
合计价格	

单据名称	
单据张数	
合计价格	

二、会计凭证的装订

1. 装订步骤

会计凭证的装订是指把定期完毕的会计凭证按照编号顺序，外加封面、封底，装订成册，并在装订线上加贴封签。

装订步骤

准备工作：首先要清楚从属物件，如订书针、回形针、大头针；其次以会计凭证的左上侧为准，放齐；另外准备好铁锥、装订机或小手电钻，还有线绳、铁夹、胶水、凭证封皮、包角纸

设计：装订之前，要设计一下，看一个月的记账凭证究竟订成几册较好。每册的厚薄应基本保持一致，一本凭证的厚度以1.5~2.0厘米为宜。不得把几张应属一份记账凭证附件的原始凭证拆开装订在两册之中，要做到既美观大方又方便翻阅

开始装订：准备工作完成，接下来就开始装订了

2．装订方法

（1）顶齐法

顶齐法

- 加具封面：会计凭证装订封面的大小，应根据记账凭证的大小来确定，通常要大于记账凭证。将“记账凭证封面”正面和封底从中间分开，封面正面放在需装订凭证的上面，封底放在需装订凭证的下面
- 加具包角纸：在凭证封面上放上一张包角用的牛皮纸（可以是1/2张的封面或封底，余下部分以后装订时再用）。沿凭证左侧及上侧方向将凭证对齐，随后分别用两个铁夹子夹紧
- 画分角线：用铅笔在凭证包角用牛皮纸的左上角画一条约45°的分角钱
- 确定装订线眼：用铅笔在距左上角约4厘米的分角线上确定装订线眼
- 缝制凭证：用针穿上较粗结实的线绳通过装订线孔穿绕数次，扎紧，如图4–1、图4–2所示
- 制作包角。将包角用的牛皮纸沿左上角反折，使凭证和包角纸互相垂直，裁去多余的包角纸，将剩余的凭证上边的包角纸折向背面，用胶水粘好，装订封签处在加盖财务印章及人名章，如图4–3、图4–4所示
- 封面注释

装订线眼方法

- 在距左上角顶端2~4厘米的范围内的分角线上选择一个点，在这一点的两侧选择两个装订线孔，两个装订线孔和分角线的点成一条直线，两者距离基本相等，但两孔距离不得太近，如图4–5所示
- 用铅笔在距左上角顶端2~4厘米的范围内的分角线上选两个装订线孔。注意两孔距离不得太近，如图4–6所示

封面注释

- 注明单位名称、年度、月份以及起讫日期、本月共几册、本册为第几册、起讫号码、凭证种类等
- 加盖财务负责人和装订人的印章，以明确责任
- 在装订线封签处加盖单位财务印章和装订人签章

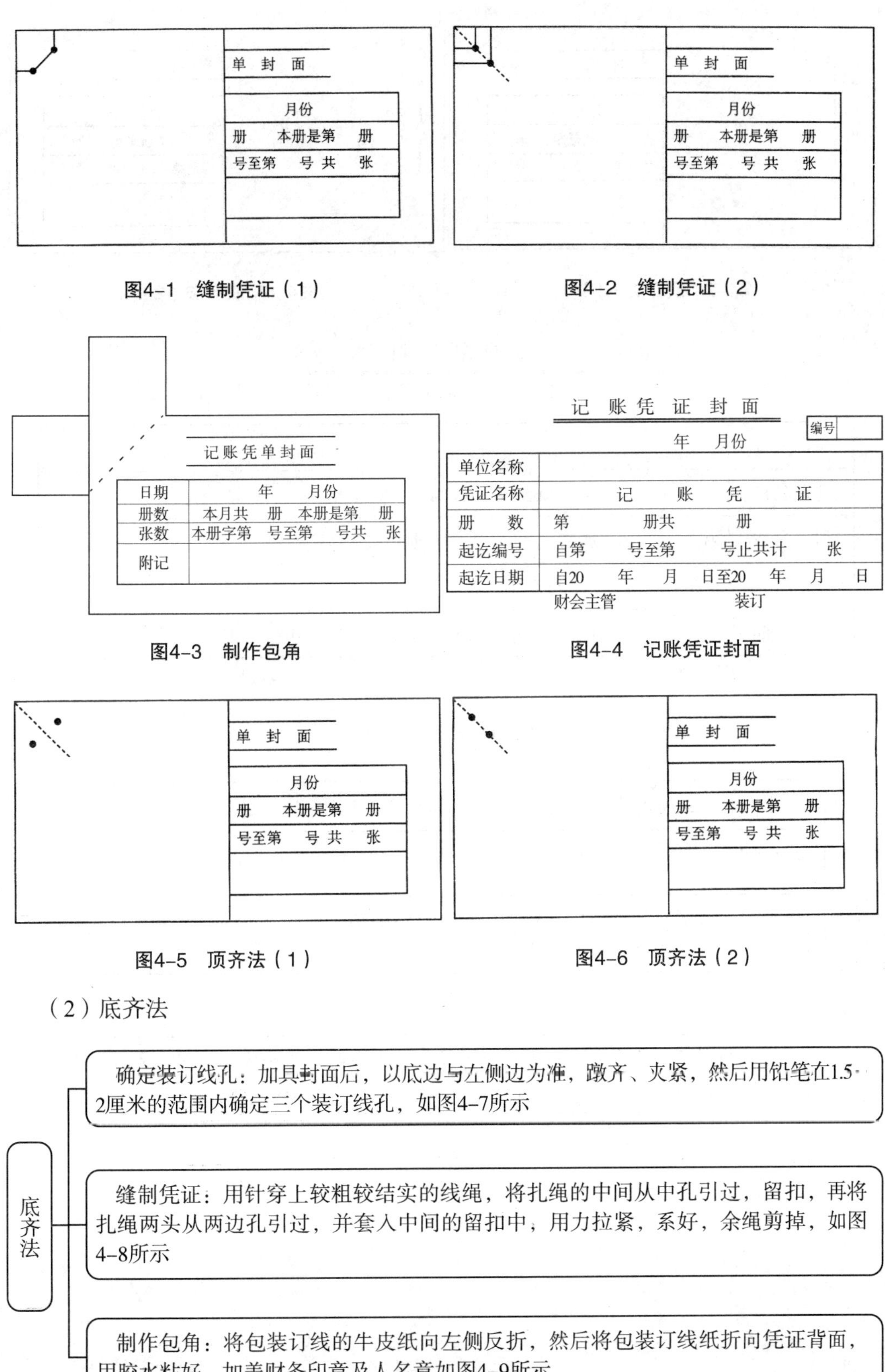

图4–1　缝制凭证（1）

图4–2　缝制凭证（2）

图4–3　制作包角

图4–4　记账凭证封面

图4–5　顶齐法（1）

图4–6　顶齐法（2）

（2）底齐法

底齐法

- 确定装订线孔：加具封面后，以底边与左侧边为准，蹾齐、夹紧，然后用铅笔在1.5–2厘米的范围内确定三个装订线孔，如图4–7所示
- 缝制凭证：用针穿上较粗较结实的线绳，将扎绳的中间从中孔引过，留扣，再将扎绳两头从两边孔引过，并套入中间的留扣中，用力拉紧，系好，余绳剪掉，如图4–8所示
- 制作包角：将包装订线的牛皮纸向左侧反折，然后将包装订线纸折向凭证背面，用胶水粘好，加盖财务印章及人名章如图4–9所示

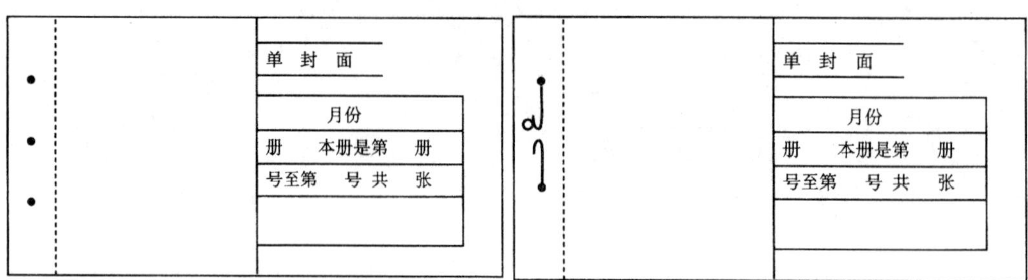

图4-7 底齐法（1）　　图4-8 底齐法（2）

记账凭证封面

年 月 日　　编号

单位名称	
凭证名称	记 账 凭 证
册　　数	第 册共 册
起讫编号	自第 号至第 号止共计 张
起讫日期	自 20 年 月 日至 20 年 月 日

财会主管　　装订

图4-9 记账凭证封面

装订注意事项

- 装订时一定将包角纸与封皮、凭证一起装订，否则包角纸起不到封条的作用
- 装订时在凭证册的背面起针、收针、打线绳结，将包角纸向后折叠，并将侧面和背面的线绳粘牢，否则容易被破坏
- 大功告成后，应由专人负责将会计凭证分类保管，并按规定的程序和时间传送和交接，以便查阅

第七节　会计账簿及凭证中常见错误及其查找

出纳工作中的常见错误

原始凭证中的错误：企业原始凭证的差错是造成会计核算中许多差错的源头。原始凭证的差错一方面是因为别有用心的人出于个人投机的目的或私心而伪造导致的；另一方面也反映了单位内部的管理制度不够严格，形成了漏洞

记账凭证中的错误：记账凭证中容易出现的错误在很多方面与原始凭证的错误有类似之处，有些记账凭证的错误也可以归结于要素方面的错误，例如日期错误、金额错误、计算错误、摘要错误、格式错误、编号错误等。查账时，需注意记账凭证错误的特点，查找其特殊之处

会计账簿中的错误：账簿的错误虽然存在于会计账簿之中，引发错误的原因却分布在会计核算的各个方面，如会计凭证错误、实物盘点错误、财务人员之间交接的错误、会计工作操作错误和作假等

一、原始凭证的常见错误

原始凭证的常见错误

抬头错误：原始凭证接收单位应属于本单位，有些原始凭证会出现张冠李戴，或者将为个人开具的发票计入集体账目、将为其他单位开具的原始凭证计入自己单位

数量及金额错误：原始凭证中的有关数据发生错误，或大写金额和小写金额不一致，会导致账实不符

书写错误：原始凭证的书写不符合相关记账规范要求、乱涂乱改，尤其是对于一些重要的凭证要素，如金额、摘要、单位、价格等，采用挖、补、刮、擦等方法进行涂改

日期错误：原始凭证所记录的日期和报账日期或会计处理日期相距甚远。其发生原因通常可能是由于人为调整企业损益，或是记账发生了错误

二、记账凭证的常见错误

记账凭证的错误大多是原始凭证错误的延续。例如，原始凭证是伪造的，未经过真伪鉴别就按其填制了记账凭证并登记入账；或者填制记账凭证时操作错误，将有关

经济业务的处理（即会计分录）记错，导致其不能正确反映经济业务活动等。

科目运用错误

- 内容错误：将科目所包括的业务内容弄错。例如，混淆了银行支票、汇票和本票，将银行汇票、本票列入银行存款之中，将销售费用列入财务费用或管理费用之中等
- 性质运用错误：例如，将应收账款和应付账款、预收账款和预付账款、应收账款和其他应收款、应付账款和其他应付款混淆等
- 对应关系错误：将科目借方和贷方关系弄错，出现多借多贷或者其他对应关系不明的现象

摘要记录错误

- 摘要过于简单：摘要过于简单，不能清楚地反映经济内容
- 内容和形式不规范：记录反映的内容和形式不规范，不能最低限度地说明经济业务活动的情况
- 用语不准确：用语不准确、容易造成误解，或者文字说明词不达意、与实际情况相去甚远
- 填写不全：凭证有空缺，填写不全，给舞弊者创造可乘之机

附件数量和金额错误

- 附件数量错误：记账凭证所附原始凭证的张数和内容与记账凭证不符
- 金额错误：原始凭证所记金额的合计数与记账凭证不符

凭证使用错误

- 用途不明：收入凭证、支出凭证和转账凭证的用途不明
- 理解错误：例如，很多人认为转账凭证反映的是银行转账业务的一种，因此使用了错误的凭证，这是由于错误的理解；此外，对于从银行提取现金或向银行存入现金，未按规定编制付款凭证，而是分别编制收款与付款凭证，出现重复记账

记账凭证无编号或编号错误

- 无编号：当记账凭证涉及两张及两张以上的原始凭证时，未对原始凭证进行编号，没有用序号区分表示所附的不同的原始凭证
- 编号错误：对于同一份原始凭证需要编制多张记账凭证的，未按规定进行编号

印鉴错误

- 未加盖印章或加盖不全：对已入账记账凭证未加盖有关印章或者加盖不全，使得已入账的凭证与未入账的凭证很难区分
- 印鉴使用混乱：有效的记账凭证与出错作废的凭证很难区分
- 相关人员签章不全：记账凭证中没有记账人员、审核人员的签章等

三、会计账簿的常见错误

引发会计账簿错误的原因分布在会计核算的各个方面，如实物盘点错误、会计凭证错误、财务人员之间的交接错误、会计工作操作错误和作假等。

记账依据错误

- 记账凭证错误：未根据经过审核的记账凭证进行记账业务，或者相关记账凭证不符合会计制度的要求，有关内部制度处于失控状态
- 无记账凭证、凭空记账：无记账凭证或者有凭证而不记账，账簿中所列的业务不是依据经审核无误的原始凭证或记账凭证逐笔记录的，而是虚列业务，将不存在的业务登记入账（或假造记账凭证入账），或者将真实合法的账簿记录采取倒轧的办法，依次推出所需的成本、收入及销售数量，先编制会计报表，然后根据报表数来调节账目、拼凑凭证

记账错误

- 错记：将有关的记账要素，如数目、摘要等记录反映错误，有关账户借贷方向颠倒，数字的位数倒错，小数点错误，计算错误等
- 重记：重复记账，一账两记或多记
- 漏记：将业务记录遗漏未记
- 对应关系错误：有关总账和明细账登记顺序和对应关系错误

账户设置错误

- 与相关制度不相适应：账户的设置不符合企业会计制度的规定，与本单位的会计核算形式、记账方法不相适应
- 应该设置的账户未设置：应该设置的账户未设置，而不应设置的账户却重复设置，有关账簿的组织不科学，有关人员分工关系不明确

- 账簿使用形式、启用及交接错误
  - 使用形式错误：没有使用正式规范的账簿登记业务，而是以表代账、以单代账，或者用其他簿籍代账；记账工具及其记录字体、数据不规范
  - 启用错误：账簿启用和人员交接未办理必要的手续，在账簿扉页上没有标注账簿启用、交接、启用日期、有关人员姓名、账簿页数、使用期限等
  - 交接错误：记账人员交接时无相应记录，造成记账工作衔接不连贯

- 更账、过账错误
  - 更账错误：对发现的错误未按规范的更正方法进行改正，而是采用非法形式，如涂、挖、刮、补、化学药剂褪色等
  - 过账错误：各类账簿启用转记、新页与旧页接转错误，“承上页”“接下页”等页次关系不明确

- 结账错误
  - 结账截止时间错误：结账截止时间错误，提前或者推迟结账
  - 业务登记不全：各账簿未将本期发生的所有业务登记入账
  - 登记错误：有关收益、费用和应摊销或预提的费用未按权责发生制的原则按期计提或摊销后登记入账
  - 未按规定入账：各种收入成本费用账户未按规定在结转本年利润后登记入账

- 账簿保管错误
  - 有关账簿保管不当
  - 会计档案未建或散失
  - 现存账簿查找困难
  - 账簿损坏、残缺、腐烂或丢失等

- 计算机造假
  - 利用计算机知识和经验在系统程序中设置陷阱
  - 通过计算机系统本身制造假数据、篡改数据等

四、原始凭证错误查找

检查原始凭证的主要目的是查堵防漏，防止因原始凭证的问题导致整个系统的错误，也可以用抽查的方法来证实会计报表和账簿检查中发现的疑点。对原始凭证错误的查找方法有顺查法和逆查法。

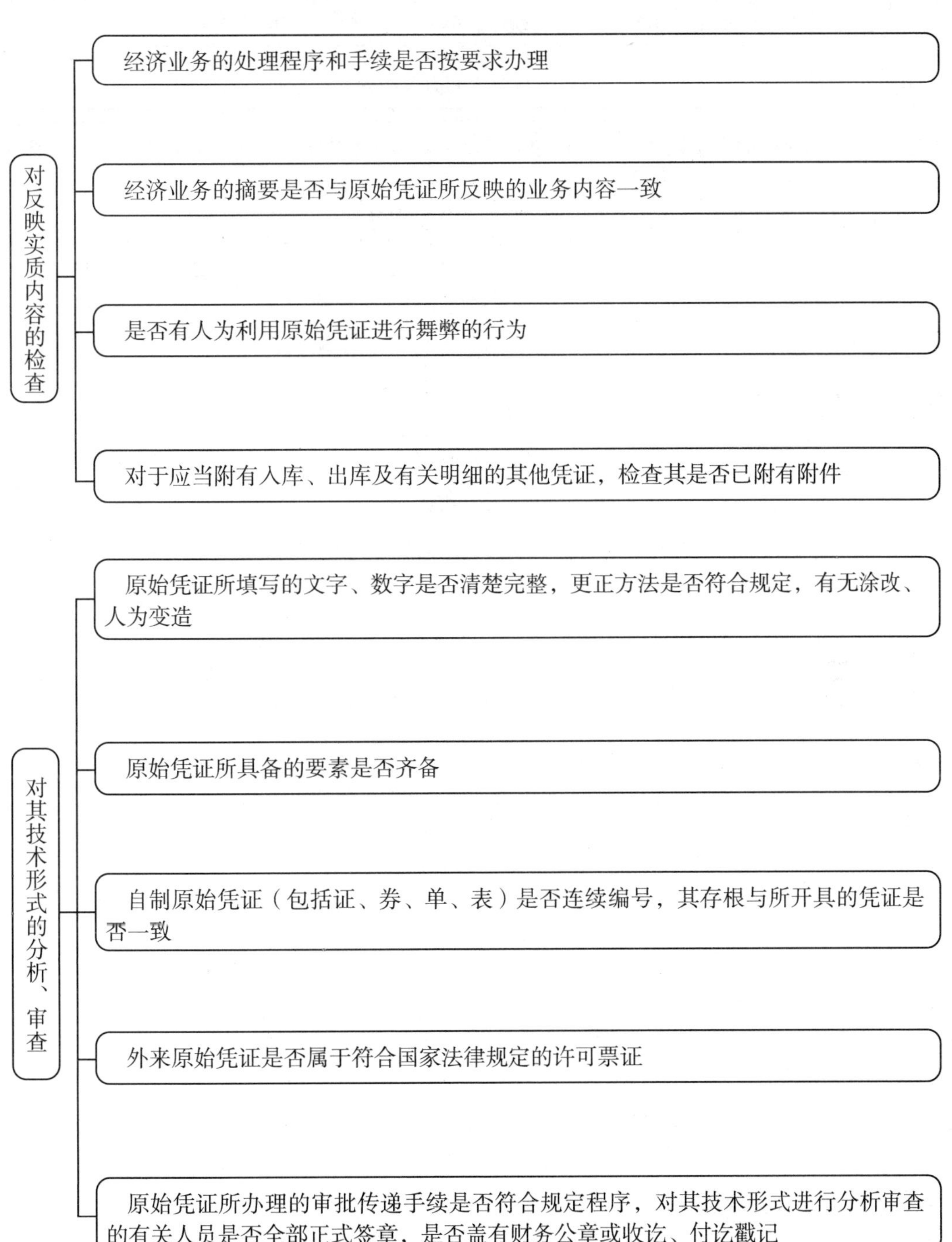

五、记账凭证错误查找

记账凭证错误查找

- 记账凭证的基本要素是否完整，有无缺少或空白
- 检查会计科目的运用是否符合经济业务的性质和内容，是否符合有关财务制度和会计制度的规定，借贷方向与金额是否正确
- 检查记账凭证签章栏内，各级负责人和有关经办人的签章是否齐备
- 与所附的原始凭证核对，检查其数量、金额、摘要等是否一致，是否有证证不符的现象
- 核对记账凭证与对应的账簿记录是否一致，是否有出入和账证不符的情况
- 复核记账凭证的各明细科目金额、合计金额是否正确，是否多计、少计和误计

六、会计账簿错误查找

1．会计账簿错误查找的内容

会计账簿错误查找内容

- 审查账簿的入账登记、过账、调账、结账等操作业务的规范性及合规性，检查账户对应关系的清晰性
- 对有关总账和明细账进行核对分析，确保账账相符
- 复核、验证有关账簿所记载的收、付、存的数额及其小计、合计数的正确性
- 对账簿中记录的业务发生的异常点进行重点检查，并依据异常情况和重要错误的线索，进一步检查相应的会计凭证及实物，查明问题的原因所在
- 将账簿检查过程中发现的问题进行归纳分类、收集相关证据数据。可根据不同的性质将账簿中发现的错误归为一类，将账簿中发现的舞弊归为一类，分别列出其造成的危害及影响，并将有关证据材料附于其后

2．会计账簿错误查找的方法

调节法：调节法是指为了检查账簿中的某些业务，而事先对其中某些因素进行增减调节，以使其相关可比的一种查账方法。

分析法：分析法主要包括账户分析法、比较分析法、比率分析法、相关分析法、平衡分析法、分组分析法、因素分析法、推理分析法、图表分析法、差额分析法、量本利分析法和价值分析法等。

复核法

- 定义：复核法又称复算法，是指采用原始、机械的方法对会计账簿中已发生的历史记录及其合计、小计、差额等进行重新验算，以证实有关金额或数据记录的正确性和准确性
- 要求：它是采用查账人员进行验算核准后的有关数据来检查账面数据的，因此要求查账人员的验算是正确无误的，且其验算的资料数据的计算口径等与被验算的数据具有可比性
- 应用：仅限于会计账簿中已经发生的有关数据资料

审查法

- 定义：审查法是以会计法及会计准则的要求作为判断是非的准绳，检查、分析有关账簿资料的真实性、合法性和合规性，审查其有无差错、疑点或弊端。审查法的适用性较广，在查账工作中经常运用
- 要求：该方法是否运用成功在很大程度上取决于查账人员自身的执法能力、观察能力、分析能力和判断能力，取决于其经验水平，对查账人员的自身素质要求较高
- 检查内容：审阅账簿记录的有关经济业务是否符合会计核算的基本要求，记账内容是否规范，其记账金额是否和记账凭证相符，内容记载是否齐全，账页是否连号，记账是否符合会计制度及记账规则，有无违法（会计法）的现象，有无涂改或其他异常迹象；对明细分类账的记账内容应认真审阅，各科目所列内容是否违反国家有关法律法规的规定，是否有违反财务会计制度乱列名目、擅自支用等现象

核对法

- 定义：核对法是指对账簿记录（包括相关资料）两处或两处以上的同一数值或有关数据进行互相对照，旨在查明账账、账证、账实、账表是否相符，方便证实账簿记录是否正确，有无错账、漏账、重账等行为
- 应用：核对法在查账工作中的运用也非常广泛，查账人员常常利用其来发现疑点、取得证据，为进一步审查提供线索。核对法可由两人合作进行，也可由一人单独进行

核对法的检查内容

- 记录之间的核对：核对凭证与账簿记录、账簿与账簿记录（总账与明细账）、账与报表记录、账与卡、账与实之间的数额是否相符
- 账账之间的核对：核对总分类账借方余额的合计数同贷方余额的合计数是否相符
- 账与账单之间的核对：银行打印的对账单、客户认可的往来清单及函证等，同本单位有关账目的数据是否相符
- 与其他业务部门的原始记录之间的核对：核对销售合同、外加工合同、联营合同等所记载的内容与金额，同有关账簿记录所反映的内容、金额是否相符

核实法

- 定义：核实法是核对法的一种特例，指将账簿资料与实际情况进行对照，用以验证账实之间是否相符，并取得书面证据的一种方法
- 应用：核实法主要用以核对账簿记录，结合采用盘点方法所取得的实物证据，对账簿资料和实物进行对照。核实法重点用于盘存类账户，如现金、原材料等，另外，盘存类账户中银行存款、其他货币资金及其结算类账户中的应收账款、应付账款、暂收账款、暂付账款等，也可以用这种方法进行核对分析

第八节　库存现金日记账的登记与审核

一、库存现金日记账的格式

库存现金日记账的账页格式大致有“三栏式”“多栏式”两种，实际工作中常采用“三栏式”的账页。

库存现金日记账的账页格式

- 三栏式库存现金日记账的格式：三栏式库存现金日记账是现金收入与现金支出同在一张账页上，各个对应科目不另设专栏反映的一种日记账格式，其三栏分别为“借方”“贷方”与“余额”。其格式如表4–26所示
- 多栏式库存现金日记账的格式：多栏式库存现金日记账是将现金收入与现金支出合并在一本账中，如表4–27所示，也可以分别设置现金收入日记账及现金支出日记账，如表4–28和表4–29所示。账中按照现金收付的对应科目分别设置专栏进行序时登记。各单位可根据本单位实际情况选用

表 4-26 库存现金日记账

库 存 现 金 日 记 账

第　　页

年		凭证		摘要	对方科目	借方										贷方										借或贷	余额									
月	日	种类	号数			千	百	十	万	千	百	十	元	角	分	千	百	十	万	千	百	十	元	角	分		千	百	十	万	千	百	十	元	角	分

表 4-27 多栏式库存现金日记账

多栏式库存现金日记账

第　　页

年		凭证		摘要	应借科目																应贷科目																借或贷	余额															
月	日	种类	号数														合计																合计																合计			
					十	元	角	分	十	元	角	分	十	元	角	分	十	元	角	分	十	元	角	分	十	元	角	分	十	元	角	分	十	元	角	分		十	元	角	分	十	元	角	分	十	元	角	分	十	元	角	分

表 4-28 现金收入日记账

现金收入日记账

第　　页

年		凭证		摘要	对方科目	应贷科目												收入合计												余额											
月	日	种类	号数			十	元	角	分	十	元	角	分	十	元	角	分	十	元	角	分	十	元	角	分	十	元	角	分	十	元	角	分	十	元	角	分	十	元	角	分

表 4-29 现金支出日记账

现金支出日记账

第　　页

年		凭证		摘要	应借科目												支出合计						余额							
月	日	种类	号数																											
					十	元	角	分	十	元	角	分	十	元	角	分	千	百	十	元	角	分	万	千	百	十	元	元	角	分

二、库存现金日记账的登记方法

登记库存现金日记账总的要求为：分工明确，专人负责，凭证齐全，内容完整，登记及时，账款相符，数字真实、准确，书写工整，摘要清楚，方便查阅，不重记，不漏记，不错记，日清月结，不拖延积压，若发生记录错误，必须按规定方法更正，从而使账目既能明确经济责任，又整洁美观。

库存现金日记账的登记方法和要求

- 根据审核无误后的记账凭证登记。出纳人员在办理收付款时，应当对反映收款和付款情况的记账凭证进行复核，并以经复核无误的记账凭证及所附原始凭证作为登记库存现金日记账的依据
- 日期一栏中日期要和记账凭证的日期相一致，即与现金实际收付日期一致。凭证字号是指据以登记库存现金日记账的凭证种类和号数。例如库存现金付款凭证10号，即简写为“现付10”，库存现金收款凭证8号，即简写为“现收8”；银行付款凭证5号，即简写为“银付5”等。摘要一栏中应简要说明登记入账的现金收付业务的内容，方便事后查对
- 对方科目。对方科目是指现金收入的来源科目或现金支出的用途科目。例如用库存现金支付购买材料装卸费，其用途科目（对方科目）是“原材料”；从银行提取备用金，其来源科目（对方科目）是“银行存款”。目的在于了解现金收付的来龙去脉
- 借方、贷方和余额栏。借方一栏登记现金的增加即实际收到的现金金额，是根据审核无误的现金收款凭证登记的，尤其要注意的是对于涉及从银行提取现金的业务，为防止重复记账，一般只编制银行存款付款凭证，不编制现金收款凭证。所以，应该根据银行存款的付款凭证进行登记；贷方一栏登记现金的减少即实际支出的现金金额，是根据审核无误的现金付款凭证登记的；每日终了则在“余额”栏根据“本日期初余额+本日收入发生额合计-本日支出发生额合计=本日余额”的公式结出余额，月终应计算出本月现金收付的金额合计，并在“余额”栏结出本月余额，即所谓的“日清月结”。库存现金日记账不能出现贷方余额（或红字余额）

库存现金日记账的登记方法和要求

按规定转页。为方便计算库存现金日记账的累计数额，并使前后账页的数据相互衔接，在每一账页登记完毕结转下页时，应结出本页发生额合计数和余额（即同月1日起至同月本页结束止的发生额合计数和余额），并将这一金额记入本页最后一行及下一页的第一行的相关金额栏内，且在本页的最后一行“摘要”栏注明“转次页”或“过次页”，下一页的第一行“摘要”栏注明“承前页”，以保持账簿记录的连续性，方便对账和结账。如果记账时，刚好记完本月最后一笔时，该过次页，也应该进行“本月合计”，则应在本页最后一行注明“过次页”，下一页的第一行注明“承前页”，然后在第二行再进行“本月合计”

登记时注意连续性，不能跳行、隔页，不得随便更换账簿和撕去账页。库存现金日记账采用的是订本式账簿，其账页禁止以任何理由撕去，作废的账页也需保留在账簿中。在一个会计年度内，账簿尚未使用完的，禁止以任何理由更换账簿或重抄账页；但年度结束，新年开始时，必须启用新的账簿，无论原账簿是否有空页。记账时必须按行次、页次依次顺序登记。如果登记时不慎发生跳行或隔页的，应在空行或空页处用对角线予以注销，并注明“此行空白”或“此页空白”字样，同时由记账人员与会计机构负责人（会计主管人员）在“×”交叉处签章，以示负责

记录发生错误时，必须按规定方法更正。为了提供在法律上有证明效力的核算资料，确保日记账的合法性，账簿记录不能随意涂改，严禁刮、擦、挖、补或使用化学药物清除字迹。发现差错必须依照差错的具体情况采用划线更正法、红字更正法、补充登记等方法更正

文字和数字书写必须规范清楚，准确无误。关于数字和文字的书写规范参照第三章的相关内容

使用规定的笔墨。使用钢笔，以蓝黑墨水或碳素墨水书写或采用财会专用笔书写，禁止使用圆珠笔（银行复写账簿除外）或铅笔书写。红色墨水记账用于以下情况：结账划线、红字更正错账以及统一会计制度规定的其他内容

在登记多栏式库存现金日记账时，由出纳人员依据审核无误后的会计凭证，顺时逐笔登记，并随时结出余额。现金收入应按对应科目的金额记入相关的“贷方科目”栏，并计算“收入合计”栏；现金支出要按照对应科目的金额记入有关的“借方科目”栏，并计算“支出合计”栏。对于分别设置现金收入日记账与现金支出日记账的，每日终了要将现金支出日记账的支出合计数计入现金收入日记账的“支出合计”栏，并结出余额，填入“余额”栏

三、库存现金日记账的核对

库存现金日记账的核对

账证核对：现金日记账和现金收付款凭证相核对
（1）检查时若发生差错，要立即按规定的方法更正
（2）核对账证金额与方向的一致性
（3）复查记账凭证和原始凭证，看两者是否完全相符
（4）核对凭证编号

账账核对：现金日记账和现金总分类账的期末余额相核对
现金日记账是根据收、付款凭证逐笔登记；现金总分类账是根据收付款凭证汇总登记，两者的记账依据相同，记录结果应完全一致

账实核对：现金日记账的余额和实际库存数额相核对
现金管理应做到日清月结，出纳人员在每日下班前应核对账面余额和库存现金，查看当天现金日记账的账面余额与库存现金的实有数是否完全相符，以确保账实相符
在实际工作中，凡是有当天来不及登记的现金收付款凭证，通常是通过库存现金实地盘点法查对，应按“库存现金实有数+未记账的付款凭证金额-未记账的收款凭证金额=现金日记账账存余额”的公式进行核对。清查完成，要编制库存现金盘点表

四、库存现金日记账登记举例

A 公司 2019 年 6 月发生有关现金的业务，出纳人员根据相关原始凭证填制了如下记账凭证，月初库存现金日记账的期初余额为 200 元。

【例 4-10】6 月 2 日，出纳开出现金支票，提取现金 3000 元备用，如表 4-30 所示。

表 4-30　付款凭证

付 款 凭 证

贷方科目：银行存款　　2019 年 6 月 2 日　　付字第 001 号

摘要	借方科目		借或贷	金额										
	总账科目	明细科目		亿	千	百	十	万	千	百	十	元	角	分
提取备用金	库存现金								3	0	0	0	0	0
合计								¥	3	0	0	0	0	0

附单据 1 张

财务主管：　记账：　出纳：　审核：　制单：王 ××

根据财务制度规定，对于发生的长款或短款，必须查明原因，方可处理。

【例 4-11】6 月 5 日销售部张 ×× 出差，预借差旅费 800 元，用现金支付，如表 4-31 所示。

表 4-31 付款凭证

付 款 凭 证

贷方科目：库存现金　　　　2019 年 6 月 5 日　　　　付字第 002 号

摘要	借方科目		借或贷	金额										
	总账科目	明细科目		亿	千	百	十	万	千	百	十	元	角	分
张华预借差旅费	其他应收款	张 ××							8	0	0	0	0	0
合计									¥	8	0	0	0	0

附单据 1 张

财务主管：　　记账：　　出纳：　　审核：　　制单：王 ××

【例 4-12】6 月 8 日销售机器 5 台，每台售价 500 元，价税合计 2825 元，当日收到现金并送存银行，如表 4-32 和表 4-33 所示。

表 4-32 收款凭证

收 款 凭 证

贷方科目：库存现金　　　　2019 年 6 月 8 日　　　　收字第 001 号

摘要	贷方科目		借或贷	金额										
	总账科目	明细科目		亿	千	百	十	万	千	百	十	元	角	分
销售商品	主营业务收入								2	5	0	0	0	0
	应交税费	应交增值税（销项税额）								3	2	5	0	0
合计								¥	2	8	2	5	0	0

附单据 1 张

财务主管：　　记账：　　出纳：　　审核：　　制单：王 ××

表 4-33　付款凭证

付款凭证

贷方科目：库存现金　　2019 年 6 月 8 日　　付字第 003 号

摘要	借方科目		借或贷	金额											
	总账科目	明细科目		亿	千	百	十	万	千	百	十	元	角	分	
将销售款送存银行	银行存款								2	8	2	5	0	0	附单据1张
合计								¥	2	8	2	5	0	0	

财务主管：　记账：　出纳：　审核：　制单：王 ××

【例 4-13】6 月 16 日用现金购买日常办公用品 370 元，交付管理部门使用，如表 4-34 所示。

表 4-34　付款凭证

付款凭证

贷方科目：库存现金　　2019 年 6 月 16 日　　付字第 004 号

摘要	借方科目		借或贷	金额											
	总账科目	明细科目		亿	千	百	十	万	千	百	十	元	角	分	
购买办公用品	管理费用	管理部门								3	7	0	0	0	附单据1张
合计									¥	3	7	0	0	0	

财务主管：　记账：　出纳：　审核：　制单：王 ××

【例 4-14】6 月 23 日用库存现金支付当日购买材料装卸费 150 元，如表 4-35 所示。

表 4-35　付款凭证

付款凭证

贷方科目：库存现金　　2019 年 6 月 23 日　　付字第 005 号

摘要	借方科目		借或贷	金额										
	总账科目	明细科目		亿	千	百	十	万	千	百	十	元	角	分
支付装卸费	原材料									1	5	0	0	0
合计									¥	1	5	0	0	0

附单据 1 张

财务主管：　记账：　出纳：　审核：　制单：王 ××

【例 4-15】6 月 29 日张 ×× 出差回来，报销差旅费后，交回多余现金 65 元，如表 4-36 所示。

表 4-36　收款凭证

收款凭证

借方科目：库存现金　　2019 年 6 月 29 日　　收字第 002 号

摘要	借方科目		借或贷	金额										
	总账科目	明细科目		亿	千	百	十	万	千	百	十	元	角	分
交回多余款项	其他应收款	张 ××									6	5	0	0
合计										¥	6	5	0	0

附单据 1 张

财务主管：　记账：　出纳：　审核：　制单：王 ××

根据上述经济业务的收付记账凭证，登记的日记账如表 4-37、表 4-38 所示，假设在登记业务时需要换页。

表 4-37　库存现金日记账

库 存 现 金 日 记 账

第 1 页

2019 年		凭证		摘要	对方科目	借方										贷方										借或贷	余额									
月	日	种类	号数			千	百	十	万	千	百	十	元	角	分	千	百	十	万	千	百	十	元	角	分		千	百	十	万	千	百	十	元	角	分
6	2			期初余额																						借						2	0	0	0	0
6	2	付	001	提取备用金	银行存款					3	0	0	0	0	0											借					3	2	0	0	0	0
6	5	付	002	预借差旅费	其他应收款																8	0	0	0	0	借					2	4	0	0	0	0
6	8	收	001	销售商品	主营业务书入等					2	8	2	5	0	0											借					5	2	2	5	0	0
6	8	付	003	将销售款送存银行	银行存款															2	8	2	5	0	0	借					2	4	0	0	0	0
				转次页						5	8	2	5	0	0					3	6	2	5	0	0	借					2	4	0	0	0	0

表 4-38　库存现金日记账

库 存 现 金 日 记 账

第 2 页

2019 年		凭证		摘要	对方科目	借方										贷方										借或贷	余额									
月	日	种类	号数			千	百	十	万	千	百	十	元	角	分	千	百	十	万	千	百	十	元	角	分		千	百	十	万	千	百	十	元	角	分
				承前页						5	8	2	5	0	0											借					2	4	0	0	0	0
6	16		004	购买办公用品	管理费用															3	6	2	5	0	0	借					2	0	3	0	0	0
6	23	付	005	支付装卸费	原材料																3	7	0	0	0	借					1	8	8	0	0	0
6	29	付	002	交回多余款项	其他应收款							6	5	0	0						1	5	0	0	0	借					1	9	4	5	0	0
6	30	收		本月发生额及余额						5	8	9	0	0	0					4	1	4	5	0	0	借					1	9	4	5	0	0

表示结账的单红线

第九节　银行存款日记账的登记与审核

一、银行存款日记账的格式

银行存款日记账的账页格式与库存现金日记账的格式相同，在此不赘述，只列示一种样式如表 4-39 所示。

二、银行存款日记账的登记方法

银行存款日记账的登记方法和要求与库存现金日记账的登记方法和要求基本相同，请参照第四章第八节内容。

表 4-39　银行存款日记账

银 行 存 款 日 记 账

第　页

年		凭证		摘要	结算凭证		对方科目	借方										贷方										借或贷	余额									
月	日	种类	号数		种类	号数		千	百	十	万	千	百	十	元	角	分	千	百	十	万	千	百	十	元	角	分		千	百	十	万	千	百	十	元	角	分

三、银行存款日记账的核对

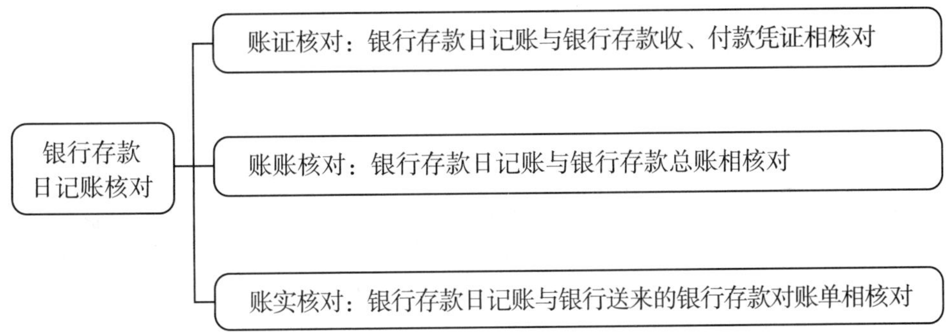

1．账证核对

银行存款日记账的登记根据是收付款凭证，账目与凭证要完全一致。账证核对主要是按照业务发生的先后顺序，对其进行逐笔核对。

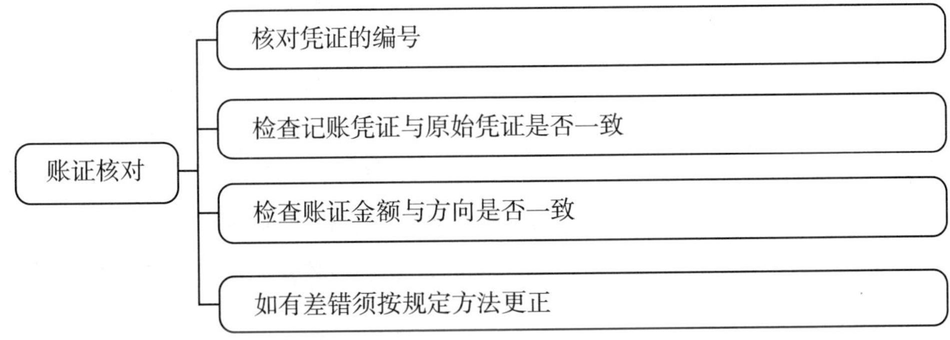

2. 账账核对

银行存款日记账是依据收付凭证逐项登记的，银行存款总账是依据收付凭证汇总登记的，它们的记账依据是相同的，所以记录结果要求一致。出纳人员平时应经常核对两账的余额，每月终了结账时，总账各科目的借方发生额、贷方发生额以及月末余额均已试算平衡后，一定要将其分别同银行存款日记账中的本月收入合计数、支出合计数及余额相互核对。若两者不符，应先查出哪一方出现了错误，若差错在借方，则要及时查找银行存款收款凭证和银行存款收入一方的账目；反之，则应查找银行存款付款凭证和银行存款付出一方的账目。找出差错后应立即予以更正，做到账账相符。

3. 账实核对

一般来讲，银行开出的“银行存款对账单”与“银行存款日记账”记录的发生额和期末余额应该是完全一致的。虽然它们是同一账号存款的记录，但是通过核对，会发现双方的账目有时并不完全一致，其原因主要有下列两个方面。

账目不符原因

- 双方账目发生记录或计算上的错误
  ①企业记账出现漏记
  ②企业记账出现重记
  ③银行对账单串户
- 有“未达账项”：期末银行估算凭证传递时间的差异，会出现银行与开户单位之间一方入账，而另一方尚未入账的情况

未达账项出现原因

- 单位已经入账，但银行尚未入账的收入事项。如单位存入银行的转账支票，银行尚未记入单位账户，因而未增加企业存款
- 单位已经入账，而银行尚未入账的付出事项。如单位签发的支票，单位已经入账，而银行尚未接到办理转账手续，因而未减少企业存款
- 银行已经入账，单位尚未入账的收入事项。如银行代收的票据及利息，银行已转入单位的存款账户，而单位未能及时收到通知，因而并未入账
- 银行已经入账，单位尚未入账的收入事项。如银行代收的票据及利息，银行已转入单位的存款账户，而单位未能及时收到通知，因而并未入账

对于未达款项出现这一原因，当出现第一种与第四种情况时，单位银行存款的账面余额会多于银行对账单的余额；当出现第二种与第三种情况时，单位银行存款的账面余额会低于银行对账单的余额。如果未达账项不及时查对与调整，单位无法对实有存款数“心里有数”，则不利于合理调配使用资金、发挥资金的应有效用，还容易开出“空头支票”，给企业带来不必要的经济损失，带来不必要的麻烦。账实核对的方法如下。

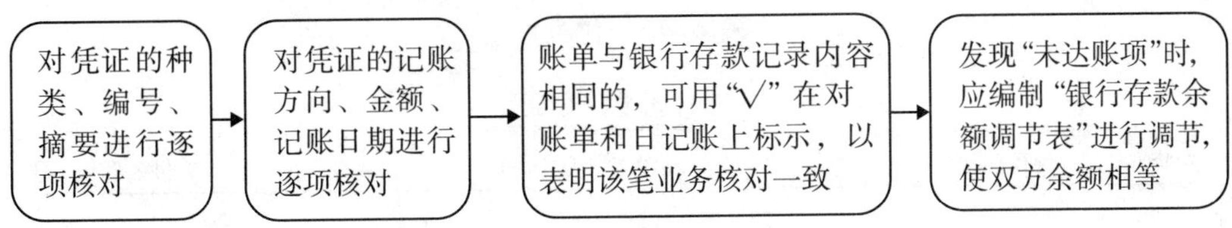

四、银行存款日记账登记举例

A公司2019年5月发生有关银行存款的业务，出纳人员根据相关原始凭证填制了如下记账凭证，月初银行存款日记账的余额为750000元。

【例4–16】5月1日，出纳开出现金支票，提取现金3000元备用，如表4–40所示。

【例4–17】5月8日，用银行存款支付上月水电费32104元，如表4–41所示。

【例4–18】5月15日，用银行存款支付上月职工工资251236.50元，如表4–42所示。

表4–40　付款凭证

付款凭证

贷方科目：银行存款　　2019年5月1日　　付字第001号

摘要	对方科目		借或贷	金额										
	总账科目	明细科目		亿	千	百	十	万	千	百	十	元	角	分
提取备用金	库存现金								3	0	0	0	0	0
合计								¥	3	0	0	0	0	0

附单据1张

财务主管：　　记账：　　出纳：　　审核：　　制单：王××

表4–41　付款凭证

付款凭证

贷方科目：银行存款　　2019年5月8日　　付字第006号

摘要	对方科目		借或贷	金额										
	总账科目	明细科目		亿	千	百	十	万	千	百	十	元	角	分
支付水电费	应付账款							3	2	1	0	4	0	0
合计							¥	3	2	1	0	4	0	0

附单据1张

财务主管：　　记账：　　出纳：　　审核：　　制单：王××

表 4–42 付款凭证

付款凭证

贷方科目：银行存款　　2019 年 5 月 15 日　　付字第 007 号

摘要	对方科目		借或贷	金额										
	总账科目	明细科目		亿	千	百	十	万	千	百	十	元	角	分
支付工人工资	应付职工薪酬						2	5	1	2	3	6	5	0
合计						¥	2	5	1	2	3	6	5	0

附单据 1 张

财务主管：　　记账：　　出纳：　　审核：　　制单：王 ××

【例 4–19】5 月 17 日，将销售款 2340 元送存银行，如表 4–43 所示。

表 4–43 付款凭证

付款凭证

贷方科目：库存现金　　2019 年 5 月 17 日　　付字第 003 号

摘要	对方科目		借或贷	金额										
	总账科目	明细科目		亿	千	百	十	万	千	百	十	元	角	分
将销售款送存银行	银行存款								2	3	4	0	0	0
合计								¥	2	3	4	0	0	0

附单据 1 张

财务主管：　　记账：　　出纳：　　审核：　　制单：王 ××

【例 4–20】5 月 20 日，公司销售电机 100 台，单价 8500 元，总计 850000 元，增值税税率为 13%，货款通过转账存入银行，如表 4–44 所示。

表 4-44　收款凭证

收款凭证

贷方科目：银行存款　　　　2019 年 5 月 20 日　　　　收字第 003 号

摘要	对方科目		借或贷	金额										
	总账科目	明细科目		亿	千	百	十	万	千	百	十	元	角	分
销售商品	主营业务收入	电机					8	5	0	0	0	0	0	0
	应交税费	应交增值税（销项税额）					1	1	0	5	0	0	0	0
合计						¥	9	6	0	5	0	0	0	0

附单据 2 张

财务主管：　　记账：　　出纳：　　审核：　　制单：王 × ×

【例 4-21】5 月 27 日，向 B 精密模具厂购买转子铜 5000 千克，单价为 80 元，材料尚未验收入库，贷款通过银行转账支付，如表 4-45 所示。

表 4-45　付款凭证

付款凭证

贷方科目：银行存款　　　　2019 年 5 月 27 日　　　　收字第 008 号

摘要	对方科目		借或贷	金额										
	总账科目	明细科目		亿	千	百	十	万	千	百	十	元	角	分
购买材料	在途物资	转子铜					4	0	0	0	0	0	0	0
	应交税费	应交增值税（进项税额）						5	2	0	0	0	0	0
合计						¥	4	5	2	0	0	0	0	0

附单据 1 张

财务主管：　　记账：　　出纳：　　审核：　　制单：王 × ×

第十节　结账

结账就是将一定时期（月、季、年）内发生的经济业务全部登记入账后，计算并记录各种账簿的本期发生额及期末余额，进行试算平衡，并结转下期或下年度账簿的一种账务处理方法。

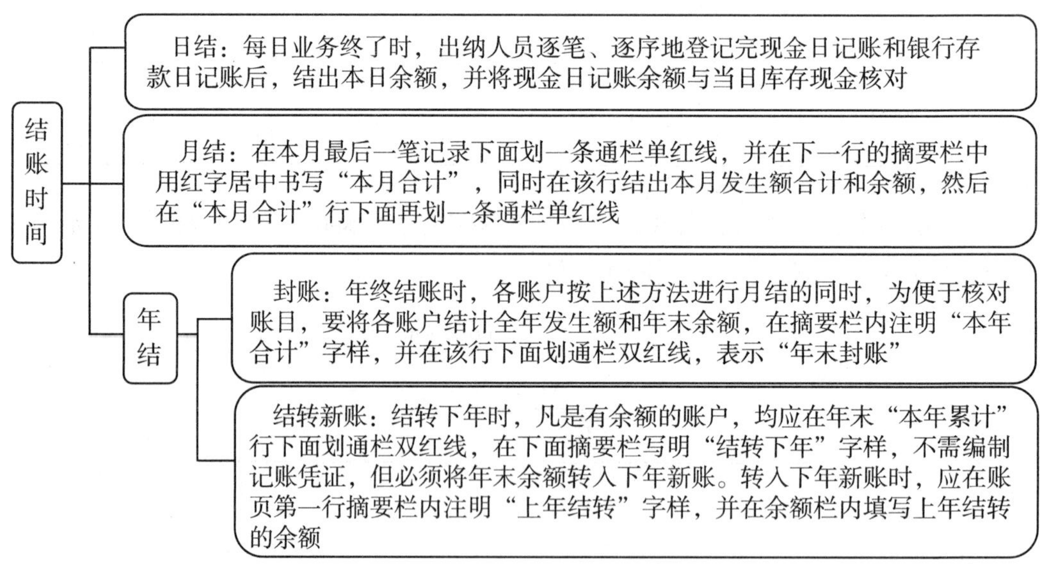

一、结账的工作内容

结账的工作内容

- 结算期内发生的各项经济业务要全部入账，不能提前也不得延时结账
- 对企业已实现而尚未获得的利润、应计提的折旧、应摊销及预提的费用、应交税费等，应按权责发生制原则进行计算，编制会计记账凭证，并记入有关账簿
- 各种费用、收益账户的余额应在有关账户间进行结转，如将“制造费用”账户的期末余额要按照一定的比例分配后转入“生产成本”账户，将“主营业务收入”“主营业务成本”“销售费用”“营业税金及附加”“管理费用”“投资收益”“财务费用”等有关账户的期末余额转入“本年利润”账户
- 对现金日记账、银行存款日记账、总账以及各明细账户应结出本期发生额和期末余额

二、结账的要求

结账的要求

- 结账前：将本期内所发生的各项货币资金收付业务全部登记入账
- 结账时：结出“现金”和“银行存款”账户的本月（年）发生额和期末余额
- 年终结账：将“现金”及“银行存款”账户的余额结转到下一个会计年度，并在摘要栏内写明“结转下年”字样。在下一个会计年度新建的“现金”及“银行存款”日记账的第一页第一行的摘要栏内注明“上年结转”字样，并将金额填入余额栏

三、结账的方法

日结账

- 每日业务终了时，应逐笔、序时地登记现金日记账和银行存款日记账，并结算出本日余额。现金日记账应和当日库存现金进行核对
- 按规定登记“收入日记账”与“支出日记账”，结出当日收入合计数和支出合计数，然后将“支出日记账”中的当日支出合计数转记入“收入日记账”中的当日支出合计栏内，并在这个基础上结出当日账面余额

月结账

- 每月月底，要采用划线结账的方法进行结账，即在各账户的最后一笔账的下一行结出“本期发生额”和“期末余额”，在摘要栏内注明“本月合计”字样
- 月末若无余额，应在“借或贷”一栏中注明“平”，并在“余额”栏中记“0”后划上一条红线。对于需要逐月结算本年累计发生额的账户，应逐月计算自年初至本月止的累计发生额，并且登记在月结的下一行。最后，出纳人员应在“摘要”栏内注明“本月累计”字样

季结账

- 在各账户本季度最后一个月的月结下面划一条通栏红线，表示本季结束，并在红线下结算出本季发生额和季末余额
- 在摘要栏内注明“本季合计”字样
- 在摘要栏下面划一条通栏红线，表示完成季结工作

年结账

- 在年末，将全年的发生额累计登记在12月合计数的下一行，在摘要栏内注明“本年合计”字样，并在下面划双红线
- 对于有余额的账户，应把余额结算至下一年，在年结数的下一行摘要栏内注明“结转下年”字样。在下一年新账页第一行的摘要栏内注明“上年结转”字样，并把上年年末的余额数填写在余额栏内

第十一节　错账的查找与更正

一、错账的原因

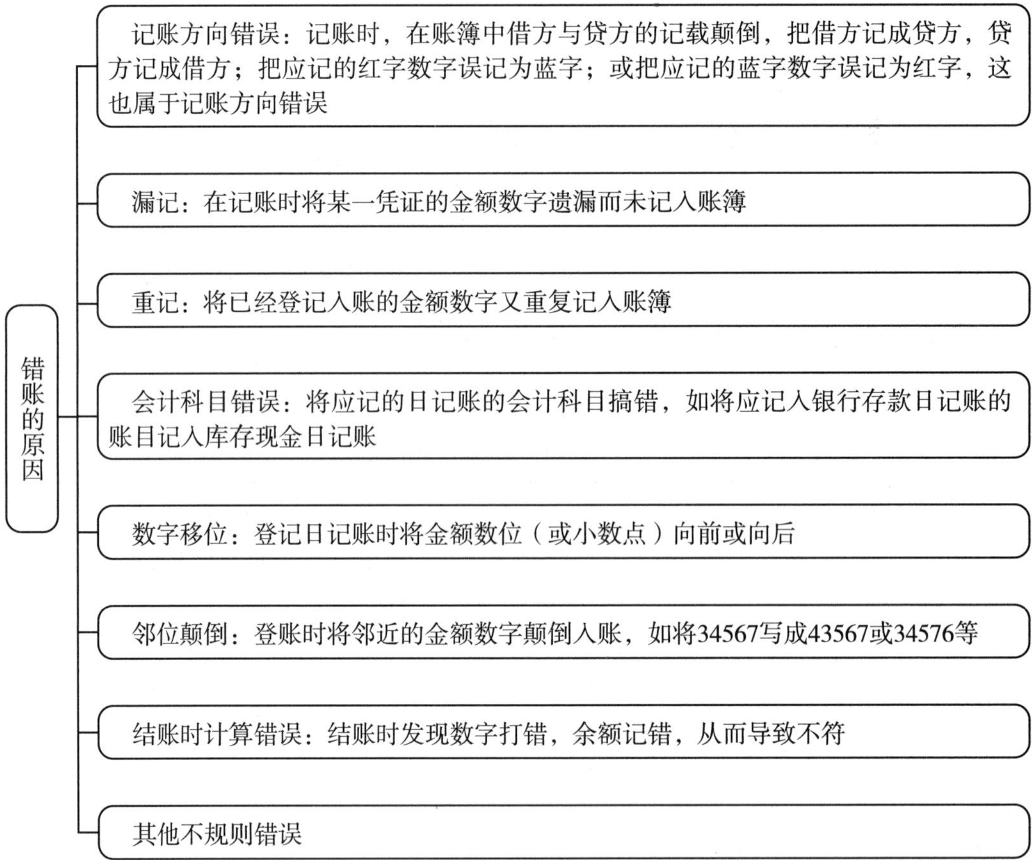

二、错账的查找

试算平衡是会计查错的重要方法之一。在借贷记账法下，“有借必有贷，借贷必相等”决定了总分类账和明细账的发生额及余额必相等。如果出现了两者不平衡，出纳对于日记账上出现的错误可用以下方法进行查找。

错账的查找

差数法：差数法是根据正确金额与错误金额的差数进行查找，以确定错账的方法。主要适用于重记、漏记错误的情况，例如库存现金日记账余额为2530元，实际库存现金2740元，差额为210元，就要查找库存现金日记账中是否有收入重记210元或支出漏记210元的业务

二除法：二除法是根据错账的差数金额除以2的商在日记账中进行查找，以确定错账的方法。主要适用于借贷方向颠倒的情况，这样其差数即为记错了方向数字的一倍。例如差数为50元，其商50÷2=25，则我们应查找日记账是否有一笔25元的经济业务，观察是否借贷颠倒

九除法：九除法是根据错账的差数金额被9除尽的商在日记账中进行查找，以确定错账的方法。其主要适用于数位错误即数字移位或邻位颠倒错误的查找。

（1）数字移位。若移位是1位，误差9倍，差数除以9就可以得到正确数或错误数；若移位2位，误差99倍，差数除以99，则得到正确数或错误数；若移位3位，误差999倍，差数除以999，则得到正确数或错误数，以此类推。

（2）邻位数字颠倒。可以通过邻位数字颠倒表查表进行查找，如表4-46所示

顺查法：顺查法是从收付凭证、账簿到余额逐笔进行检查的方法。其适用于全面核对及不规则错误的查找。若上述错误是交叉的，我们用单个方法是查不出来的，这时，我们就得采用顺查法找出错误

表 4-46　邻位数字颠倒表

大数颠倒为小数									差	小数颠倒为大数								
89	78	67	56	45	34	23	12	01	9	10	21	32	43	54	65	76	87	98
	79	68	57	46	35	24	13	02	18	20	31	42	53	64	75	86	97	
		69	58	47	36	25	14	03	27	30	41	52	63	74	85	96		
			59	48	37	26	15	04	36	40	51	62	73	84	95			
				49	38	27	16	05	45	50	61	72	83	94				
					39	28	17	06	54	60	71	82	93					
						29	18	07	63	70	81	92						
							19	08	72	80	91							
								09	81	90								

三、错账的更正

错账更正有三种更正方法：划线更正法、补充登记法和红字更正法。

1．划线更正法

划线更正法
- 适用范围：适用于在结账前发生账簿记录有文字或数字错误，而记账凭证没有错误的情况
- 更正方法：在账簿中出现错误的文字或数字上划一红线以表示注销，然后在错误的文字或数字的上方空白处用蓝字或黑字写上正确的文字或数字，并由记账和相关人员在更正处盖章以示负责
- 重点注意事项：划线时必须将错误数字全部划销掉，而不能只划其中错误的文字或数字，并要保持原有错误记录仍可辨认，以备查考

【例 4–22】2019 年 5 月 17 日，出纳过账时误将金额 2340 元在账簿中记为 2430 元，应做如表 4–47 所示的更正。

表 4–47　银行存款日记账

银 行 存 款 日 记 账

第 1 页

2019 年		凭证		摘要	结算凭证		对方科目	借方										贷方										借或贷	余额									
月	日	种类	号数		种类	号数		千	百	十	万	千	百	十	元	角	分	千	百	十	万	千	百	十	元	角	分		千	百	十	万	千	百	十	元	角	分
5	1			期初余额	略	略																						借			7	5	0	0	0	0	0	0
5	1	付	001	提取备用金			库存现金															3	0	0	0	0	0	借			7	4	7	0	0	0	0	0
5	8	付	006	支付水电费			应付账款														3	2	1	0	4	0	0	借			7	1	4	8	9	6	0	0
5	15	付	007	支付工人工资			应付职工薪酬													2	5	1	2	3	6	5	0	借			4 4	6 6	3 5	6 9	5 9	9 9	5 5	0 0
5	17	付	003	将销售款送存银行			库存现金		王××			2 ~~2~~	3 ~~4~~	4 ~~3~~	0 ~~0~~	0 ~~0~~	0 ~~0~~											借	王××		~~4~~	~~6~~	~~6~~	~~0~~	~~8~~	~~9~~	~~5~~	~~0~~

如果将正确的数字误认为是错误的加以更正了，后经检查发现此类情况，就应将错误数字划销，用红笔在正确的数字两旁各划“△”表示正确，并在错误处盖章。

2．补充登记法

补充登记法
- 适用范围：适用于出纳人员记账后发现记账凭证的会计科目无误，只是实记金额小于应记金额时的情况
- 更正方法：填制一张和原记账凭证应借贷科目完全相同的记账凭证，金额为少计的金额，在“摘要”栏写明“更正××凭证”，并用蓝字登记账簿。这样就补记了少记的金额，使全部金额符合实际

【例 4–23】5 月 17 日送存银行存款 2340 元，制单人员填写记账凭证时误将金额填为 234 元，并已登记入账。其错误凭证如表 4–48 所示。

在此笔业务中，制单人员少计 2106 元，在 5 月 18 日发现此错，及时更正时，应用蓝字填制一张与原错误记账凭证所记的会计科目、记账方向相同的记账凭证，金额为 2106 元，并据以用蓝字登记入账，用以补充原少记的金额。如表 4–49 所示。

对上述凭证登记入账如表 4–50 所示。

表 4–48　付款凭证

付 款 凭 证

贷方科目：库存现金　　　　2019 年 5 月 17 日　　　　收字第 003 号

摘要	对方科目		借或贷	金额										
	总账科目	明细科目		亿	千	百	十	万	千	百	十	元	角	分
将销售款送存银行	银行存款									2	3	4	0	0
合计								¥	2	2	3	4	0	0

附单据 1 张

财务主管：　　记账：　　出纳：　　审核：　　制单：王 × ×

表 4–49　付款凭证

付 款 凭 证

贷方科目：库存现金　　　　2019 年 5 月 18 日　　　　收字第 008 号

摘要	对方科目		借或贷	金额										
	总账科目	明细科目		亿	千	百	十	万	千	百	十	元	角	分
更正付 –003 凭证	银行存款								2	1	0	6	0	0
合计								¥	2	1	0	6	0	0

附单据 0 张

财务主管：　　记账：　　出纳：　　审核：　　制单：王 × ×

表 4–50 银行存款日记账

银行存款日记账

第 1 页

2019年		凭证		摘要	结算凭证		对方科目	借方										贷方										借或贷	余额									
月	日	种类	号数		种类	号数		千	百	十	万	千	百	十	元	角	分	千	百	十	万	千	百	十	元	角	分		千	百	十	万	千	百	十	元	角	分
5	1			期初余额																											7	5	0	0	0	0	0	0
5	1	付	001	提取备用金			库存现金															3	0	0	0	0	0	借			7	4	7	0	0	0	0	0
5	8	付	006	支付水电费			应付账款														3	2	1	0	4	0	0	借			7	1	4	8	9	6	0	0
5	15	付	007	支付工人工资			应付职工薪酬													2	5	1	2	3	6	5	0	借			4	6	3	6	5	9	5	0
5	17	付	003	将销售款送存银行			库存现金						2	3	4	0	0											借			4	6	3	8	9	3	5	0
5	18	付	008	更正付 -003 凭证			库存现金					2	1	0	6	0	0											借			4	6	5	9	9	9	5	0

3．红字更正法

该方法一般适用于以下两种情况。

第一种情况

- 适用范围：记账后在当年内发现记账凭证会计科目无误而所记金额大于应记金额，从而引起记账错误
- 更正方法：用红字（金额用红字）将多记的金额填制一张应借应贷会计科目与原错误凭证相同的记账凭证，在“摘要”栏内注明“冲销××凭证多记金额”，并据以用红字登记入账，以冲销多记的金额

【例 4–24】5 月 17 日送存银行存款 2340 元，在填制记账凭证时，制单人员误将金额填为 2430 元，并已登记入账。其错误凭证如表 4–51 所示。

表 4–51 付款凭证

付款凭证

贷方科目：库存现金　　　　2019 年 5 月 17 日　　　　付字第 003 号

摘要	对方科目		借或贷	金额										
	总账科目	明细科目		亿	千	百	十	万	千	百	十	元	角	分
将销售款送存银行	银行存款								2	4	3	0	0	0
合计								¥	2	4	3	0	0	0

附单据 1 张

财务主管：　　记账：　　出纳：　　审核：　　制单：王××

从以上可知，上述凭证多计 90 元，为了更正，我们的做法是，用红字填制一张（方框内数字代表红字）记账凭证如表 4–52 所示。

表 4–52　付款凭证

付 款 凭 证

贷方科目：库存现金　　　　　　2019 年 5 月 17 日　　　　　　付字第 008 号

摘要	对方科目		借或贷	金额										
	总账科目	明细科目		亿	千	百	十	万	千	百	十	元	角	分
冲销付 -003 多记金额	银行存款										9	0	0	0
合计										¥	9	0	0	0

附单据 1 张

财务主管：　　　记账：　　　出纳：　　　审核：　　　制单：王 × ×

将上述更正错误的记录登记入账后，则有关账户中的原错误记录即得到更正。有关账簿记录如表 4–53 所示。

表 4–53　银行存款日记账

银 行 存 款 日 记 账

第 1 页

2019 年		凭证		摘要	结算凭证		对方科目	借方										贷方										借或贷	余额									
月	日	种类	号数		种类	号数		千	百	十	万	千	百	十	元	角	分	千	百	十	万	千	百	十	元	角	分		千	百	十	万	千	百	十	元	角	分
5	1			期初余额																											7	5	0	0	0	0	0	0
5	1	付	001	提取备用金			库存现金															3	0	0	0	0	0	借			7	4	7	0	0	0	0	0
5	8	付	006	支付水电费			应付账款														3	2	1	0	4	0	0	借			7	1	4	8	9	6	0	0
5	15	付	007	支付工人工资			应付职工薪酬													2	5	1	2	3	6	5	0	借			4	6	3	6	5	9	5	0
5	17	付	003	将销售款送存银行			库存现金					2	4	3	0	0	0											借			4	6	6	0	8	9	5	0
5	17	付	008	冲销付 –003 多记金额			库存现金							9	0	0	0											借			4	6	5	9	9	9	5	0

第二种情况

适用范围：记账后在当年内发现记账凭证所记的金额正确，会计科目错误，从而引起记账错误

更正方法：先用红字（金额用红字）填制一张和原错误凭证相同的记账凭证，“摘要”栏注明“冲销 × × 凭证”，并据以用红字登记入账，从而冲销原来的错误记录，再用蓝字填制一张正确的记账凭证，“摘要”栏内注明“更正 × × 凭证”，并以蓝字据以登记入账

【例 4–25】5 月 27 日，向 B 精密模具厂购买转子铜 5000 千克，单价为 80 元，材料尚未验收入库，贷款通过银行转账支付。填制记账凭证时，误将“在途物资”科目填为“原材料”，并已登记入账。其错误凭证如表 4–54 所示。

表 4–54　付款凭证

付 款 凭 证

贷方科目：银行存款　　　　2019 年 5 月 27 日　　　　付字第 008 号

摘要	对方科目		借或贷	金额										
	总账科目	明细科目		亿	千	百	十	万	千	百	十	元	角	分
购买材料	原材料	转子铜					4	0	0	0	0	0	0	0
	应交税费	应交增税（进项税额）						5	2	0	0	0	0	0
合计						¥	4	5	2	0	0	0	0	0

附单据 1 张

财务主管：　　记账：　　出纳：　　审核：　　制单：王 × ×

发现这种错误时，应先用红字填制一张记账凭证（金额用红字）并用红字（金额）登记入账，如表 4–55 所示。

表 4–55　付款凭证

付 款 凭 证

贷方科目：银行存款　　　　2019 年 5 月 27 日　　　　付字第 009 号

摘要	对方科目		借或贷	金额										
	总账科目	明细科目		亿	千	百	十	万	千	百	十	元	角	分
冲销付 –008 凭证	原材料	转子铜					4	0	0	0	0	0	0	0
	应交税费	应交增税（进项税额）						5	2	0	0	0	0	0
合计						¥	4	5	2	0	0	0	0	0

附单据 1 张

财务主管：　　记账：　　出纳：　　审核：　　制单：王 × ×

这样，就冲销了错误记录。同时，再用蓝字填制一张正确的记账凭证，并以蓝字登记入账，如表 4–56 所示。

表 4–56　付款凭证

付 款 凭 证

贷方科目：银行存款　　　　2019 年 5 月 27 日　　　　付字第 010 号

摘要	对方科目		借或贷	金额										
	总账科目	明细科目		亿	千	百	十	万	千	百	十	元	角	分
更正付 –008 凭证	在途物资	转子铜					4	0	0	0	0	0	0	0
	应交税费	应交增税（进项税额）						5	2	0	0	0	0	0
合计						¥	4	5	2	0	0	0	0	0

附单据 1 张

财务主管：　　　　记账：　　　　出纳：　　　　审核：　　　　制单：王 × ×

将上述更正错误的记录记人有关账户后，则有关账户的错误记录得到更正，有关账簿记录如表 4–57~ 表 4–60 所示。

表 4–57　银行存款日记账

银 行 存 款 日 记 账

第 1 页

2019 年		凭证		摘要	结算凭证		对方科目	借方										贷方										借或贷	余额									
月	日	种类	号数		种类	号数		千	百	十	万	千	百	十	元	角	分	千	百	十	万	千	百	十	元	角	分		千	百	十	万	千	百	十	元	角	分
5	1			期初余额																											7	5	0	0	0	0	0	0
5	1	付	001	提取备用金			库存现金															3	0	0	0	0	0	借			7	4	7	0	0	0	0	0
5	8	付	006	支付水电费			应付账款														3	2	1	0	4	0	0	借			7	1	4	8	9	6	0	0
5	15	付	007	支付工人工资			应付职工薪酬													2	5	1	2	3	6	5	0	借			4	6	3	6	5	9	5	0
5	17	付	003	将销售款送存银行			库存现金						2	3	4	0	0											借			4	6	5	9	9	9	5	0
5	20	收	003	销售商品			主营业务收入等			9	9	4	5	0	0	0	0											借		1	4	6	0	4	9	9	5	0
5	27	付	008	购买材料			原材料等													4	5	2	0	0	0	0	0	借		1	0	0	8	4	9	9	5	0
5	27	付	009	冲销付 –008 凭证			原材料等													【4	5	2	0	0	0	0	0】	借		1	4	6	0	4	9	9	5	0
5	27	付	010	更正付 –008 凭证			原材料等													4	5	2	0	0	0	0	0	借		1	0	0	8	4	9	9	5	0

表 4-58　原材料明细账

原材料明细账　　（乙）

最高储量
最低储量　　　　　　　　　　　　　　　　　　　　　　　　　单位：千克　　名称：转子铜
编号　　　　　规格

2019年 月	日	凭证 种类	号数	摘要	借方 数量	借方 单价	借方 金额（千百十万千百十元角分）	贷方 数量	贷方 单价	贷方 金额（千百十万千百十元角分）	借或贷	结存 数量	结存 单价	结存 金额（千百十万千百十元角分）
5	1			期初余额							借			
5	27	付	008	购买材料	5000	80	40000000				借	5000	80	40000000
5	27	付	009	冲销付 -008 凭证	5000	80	[40000000]				借	5000	80	44000000
														4000000

表 4-59　应交税费（增值税）明细账

应交税费（增值税）明细账

2019年 月	日	凭证 种类	号数	摘要	借方 合计	借方 进项税额	借方 已交税额	借方 转出转交增值税	贷方 合计	贷方 销项税额	贷方 出口类税	贷方 进项税额转出	借或贷	余额（千百十万千百十元角分）
5	28	付	8	购进材料		5200000							贷	5200000
5	28	付	9	冲销付 -008 凭证		[5200000]							平	000
5	28	付	10	更正付 -008 凭证		5200000							借	5200000

表 4-60　在途物资明细账

在途物资明细账

科目明称__________

产品名称 转子铜

2019年		凭证		摘要	借方				贷方	借或贷	余额
					买给	运杂费	其他	合计			
					千百十万千百十元角分	千百十万千百十元角分	千百十万千百十元角分	千百十万千百十元角分	千百十万千百十元角分		千百十万千百十元角分
月	日	种类	号数							借	000
5	1			期初余额						借	40000000
5	28	付	010	更正付 -008 凭证	40000000						

第五章　出纳对现金业务的管理

本章导读

作为出纳，每天都要经手大量的现金，有进有出。出纳要严格遵循国家有关的现金管理的规定，建立企业内部关于现金管理的制度，制定企业管理现金活动的标准。现金管理是出纳的一项重要工作。从最基本的点钞开始，到现金的收支业务，都要熟悉掌握。哪块业务不过关，都可能出现工作失误，造成不良影响。现金管理看似简单，可实际操作并非想象那样，很多细节地方都需要特别留心。本章重点介绍现金管理。

第一节 现金管理知识

会计中的现金又称库存现金，是指存放在企业并由出纳人员保管的现钞，包括库存的人民币和各种外币。现金是企业流动性最大的一种货币资金，可以随时用来购买所需物资、支付日常零星开支、偿还债务等。现金在理论上有广义和狭义之分。

现金

狭义上：企业所拥有的硬币、纸币，即由企业出纳人员保管、作为零星业务开支之用的库存现款。我国所采用的是狭义的现金概念

广义上：包括库存现款和视同现金的各种银行存款、流通证券等

一、现金管理的内容

1．办理现金收付结算业务

办理现金收付结算业务

严格按照国家有关现金管理的规定，根据稽核人员审核签章的收付款凭证进行复核，办理款项收付

对于重大开支项目，必须经过会计主管人员、总会计师或单位领导审核签章后，方可支付；收付款后，要在收付款凭证上签章，并加盖“收讫”“付讫”戳记

库存现金不得超过银行核定的限额，超过部分要及时存入银行，不得以白条冲抵库存，更不得随意挪用

2．登记现金日记账

登记现金日记账

- 根据已经办理完毕的收付款凭证，逐一登记现金日记账。对于当日的收支款项，当日必须入账，并结出余额。每日终了，现金的账面余额要与实际库存现金核对相符；如有差错，要及时查询处理
- 出纳人员不得兼管收入、费用、债权、债务账簿的登记工作和会计档案保管工作
- 保管库存现金和各种有价证券：对于现金和各种有价证券，要保证其安全和完整无缺，若有短缺，出纳人员要负赔偿责任。出纳人员要保守保险柜密码，保管好钥匙，不能随意转交他人
- 保管有关印章、空白收据
①出纳人员应妥善保管印章，严格按照规定用途使用。
②对于空白收据，必须严格管理，专设登记簿登记，认真办理领用、注销手续

二、严格遵守国家现金管理的相关规定

1．遵守现金使用范围的规定

按照国务院发布的《现金管理暂行条例》规定，开户单位可以在以下范围内使用现金。

开户单位现金使用范围

- 职工工资、津贴：是指企业、事业单位和机关、团体、部队支付给职工的工资和工资性津贴
- 个人劳务报酬：是指由于个人向企业、事业单位和机关、团体、部队等提供劳务而由企业、事业单位和机关、团体、部队等向个人支付的劳务报酬。它涵盖了新闻出版单位支付给作者的稿费，各种学校、培训机构支付给外聘教师的讲课费，以及设计费、装潢费、安装费、制图费、化验费、测试费、咨询费、医疗费、技术服务费、介绍服务费、经纪服务费、代办服务费、各种演出与表演费，以及其他劳务费用
- 根据国家规定颁发给个人的科学技术、文化艺术、体育等各种奖金
- 各种劳保、福利费用以及国家规定的对个人的其他支出：如退休金、抚恤金、学生助学金、职工困难生活补助
- 收购单位向个人收购农副产品和其他物资的价款：如金银、工艺品、废旧物资的价款
- 出差人员必须随身携带的差旅费
- 结算起点以下的零星支出
- 中国人民银行确定需要支付现金的其他支出

除上述5和6两项外，其他各项在支付给个人的款项中，支付现金每人不能超过1000元，超过限额的部分根据提款人的要求，在指定的银行转存为储蓄存款或以支票、银行本票予以支付。企业和其他单位的经济往来除规定的范围可以使用现金外，应当通过开户银行进行转账结算。

2．遵守库存现金限额的规定

库存现金限额

- 定义：是指为了保证各单位日常零星支付按规定允许保留现金的最高额度
- 核定原则：既要保证单位日常零星现金支付的合理需要，又要尽量减少现金的使用
- 规定：库存现金限额由开户银行及开户单位根据具体情况商定。凡在银行开户的单位，银行根据实际需要核定3～5天的日常零星开支数额作为该单位的库存现金限额。边远地区以及交通不便地区的开户单位，其库存现金限额的核定天数可以适当放宽在5天以上，但最多不能超过15天的日常零星开支的需要量

3．遵守现金管理的“八不准”规定

遵守现金管理的『八不准』规定

- 不准用不符合财务制度的凭证顶替库存现金
- 不准谎报用途套取现金：企业在国家规定的现金使用范围和限额内需要现金，应从开户银行提取，提取时应写明用途，不得编造用途套取现金
- 不准单位间相互借用现金
- 不准利用银行账户代其他单位和个人存入或支取资金，逃避国家金融监督
- 不准将单位收入的现金以个人储蓄名义存入银行
- 不准保留账外公款（即小金库）
- 不准发行变相货币，不准以任何内部票据代替人民币在社会上流通
- 不准擅自坐支现金：即从本单位的现金收入中直接支出。因为特殊情况确实需要“坐支”现金的，应当事先报经开户银行审查批准，由开户银行核定“坐支”的范围及限额。企业应定期向银行报送“坐支”金额和使用情况

三、现金管理的具体办法

现金管理的具体办法

- 现金日记账应及时逐笔登记
- 应根据收付款凭证办理现金收付业务，并及时登记入账
- 企业库存现金一律实行限额管理，其限额一般应以企业3~5天零星开支的现金需要量为准。特殊情况下，现金需要量可依据企业的实际情况适当放宽，但最多不能超过15天
- 所需现金在使用范围和限额内的，应从开户银行提取。提取现金时，须写明用途，不得编造用途套取现金
- 现金收入应于当天送存开户银行。若当天送存确有困难，应在开户银行规定的时间内尽早送存银行
- 不得擅自坐支现金
- 不允许白条抵库，不允许公款私存，不允许私设“小金库”
- 现金须日清月结，如有出入，应及时查明原因，做到账实相符、账账相符
- 须严格按照国家规定的开支范围使用现金，结算金额超过起点的，不得使用现金

四、出纳人员应遵守的现金管理制度

钱账分管制度：出纳人员应遵循“管钱不管账，管账不管钱”的原则，只负责办理现金收付业务和现金保管业务，不兼管稽核、会计档案保管和收入、支出、债权债务账簿的登记工作。

现金开支审批制度

- 明确现金开支范围
- 制定报销凭证，规范报销手续及流程
- 确定现金支出审批条件

日清月结制度
- 清理各种现金收付款凭证，检查单证是否相符，同时检查每张单证是否已经盖齐“收讫”“付讫”的戳记
- 登记和清理日记账：将当日发生的所有现金收付业务全部登记入账，在此基础上，查看账证是否相符，即现金日记账所登记的内容与金额和收付款凭证的内容和金额是否一致。清理完毕后，结出现金日记账的当日库存现金账面余额
- 现金盘点：出纳人员应按券别分别清点其数量，然后加总，即可得出当日现金的实存数；将盘存得出的实存数和账面余额进行核对，看两者是否相符
- 检查库存现金是否超过规定的现金限额：如果实际库存现金超过规定库存限额，则出纳人员应将超过部分及时送存银行；如果实际库存现金低于库存限额，则应及时补提现金

现金保管制度
- 除工作时间需要的小量备用金可存放于出纳人员的抽屉内外，其余现金则应放入出纳专用的保险柜内，不得随意存放
- 出纳人员应对库存现金按照票面和币面金额进行分类保管
- 钱币应按金额捆绑铺平存放
- 超过库存限额以外的现金下班前应送存银行，限额内的现金可存放于保险柜内
- 企业库存现金不准以个人名义存入银行，以防止有关人员利用公款形成账外“小金库”

第二节　现金收入的管理

现金收入是企业在生产经营或非生产经营性业务中取得的收入，主要有销售商品、提供劳务、提供非经营服务取得的收入。

一、现金收入的管理

1．现金收入管理的原则

现金收入管理的原则
- 要求工作人员不得对收入进行瞒报、满报、少报和误报
- 出纳人员要将工作按时间分段进行处理和总结

其中防止工作人员对收入进行瞒报、满报、少报和误报应采取的措施主要如下。

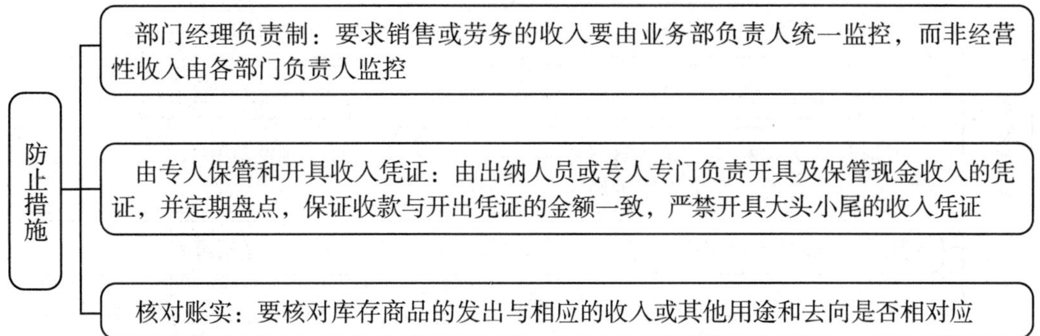

2．收入手续的办理

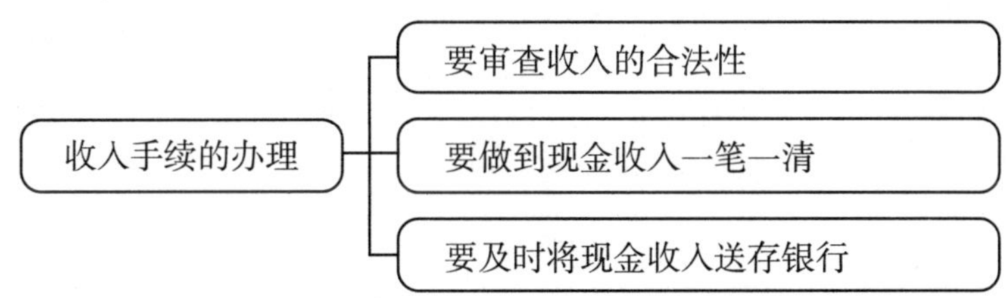

二、现金收入处理程序

企业现金收入主要包括出纳人员直接收款、从银行提取现金和收款员、营业员收款后交由出纳员 3 种情况，其在处理程序上存在着差异。

1．出纳人员直接收款

该收款方式是交款人将持有的现金直接交给出纳部门，由出纳人员根据相关收款凭据办理收款事宜，一般程序如下。

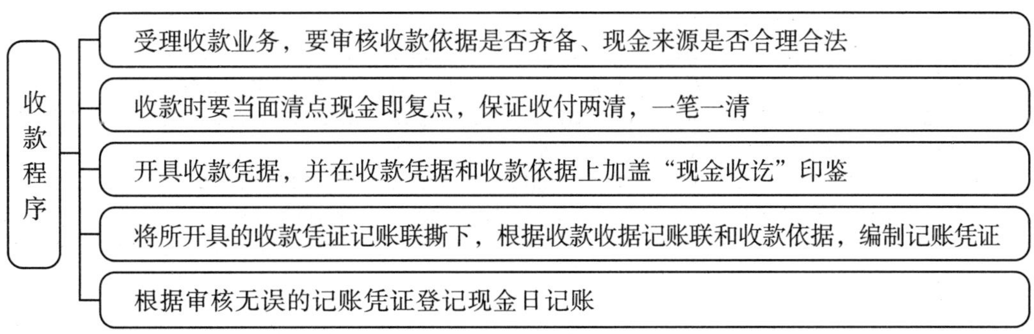

2．从银行提取现金

现金的提取是由出纳人员填写现金支票后到银行提取的。企业现金的提取有下列步骤：签发现金支票——取款——记账。

（1）签发现金支票

签发现金支票

- 填写支票时必须使用碳素墨水或蓝黑墨水并按支票排定的号码顺序填写
- 日期的填写：签发日期应填写实际出票日期，不得补填或预填日期
- 所填收款人名称应与预留印鉴名称保持一致、大小写金额必须按规定书写，如有错误，不得更改，必须作废重填
- 用途栏应填明真实用途；签章不能缺漏，必须与银行预留印鉴相符
- 支票背面要由取款单位或取款人背书（即签章），在核对无误后再交给银行结算

（2）取款

取款人持出纳人员签发的现金支票到银行取款时要按以下步骤进行。

取款步骤

- 先将现金支票交给银行有关人员进行审核，待审核无误后将支票交给经办本单位的结算业务的银行经办出纳人员，等待取款
- 银行经办出纳人员对支票进行密码核对，并办理付款手续
- 手续齐备后呼叫取款单位名称，取款人回答银行经办人员取款的数量，无误后支付票款

若所取款项是用于发放工资需要零钱的，在取款时需将所要的各类券别的数量开具清单交给银行经办人员。取得款项后要当面点清现金数量，无误后方可离开柜台。数量太大的，可当面核对清楚大捆大把的数额，将散把及零张钞票清点清楚，回单位后进一步清点。清点时要注意下列几点。

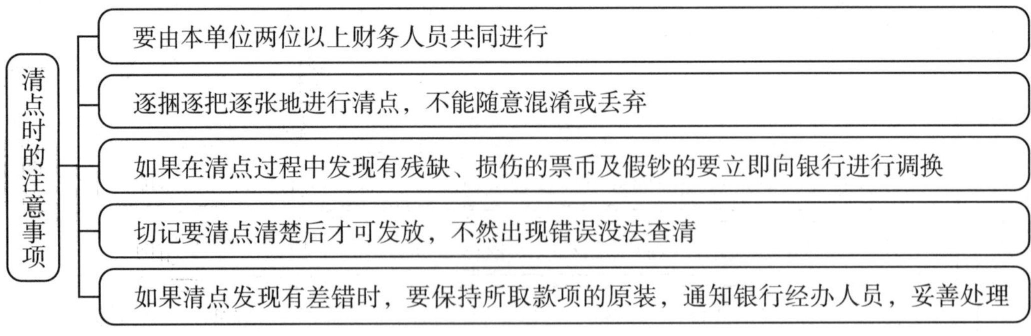

（3）记账

取款人员将现金取回来后，应根据支票存根编制银行存款付款凭证，其登记内容如下：

借：库存现金

　　贷：银行存款

3. 收款员、营业员收款后交出纳人员

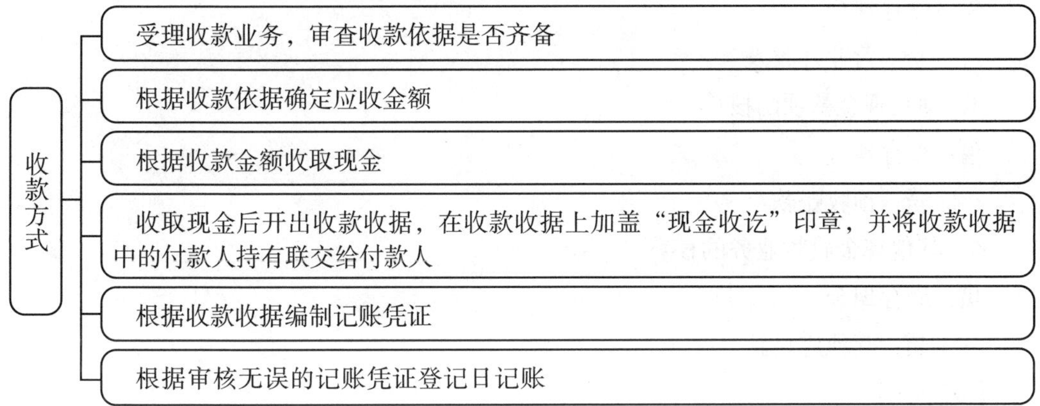

三、现金收入的审核

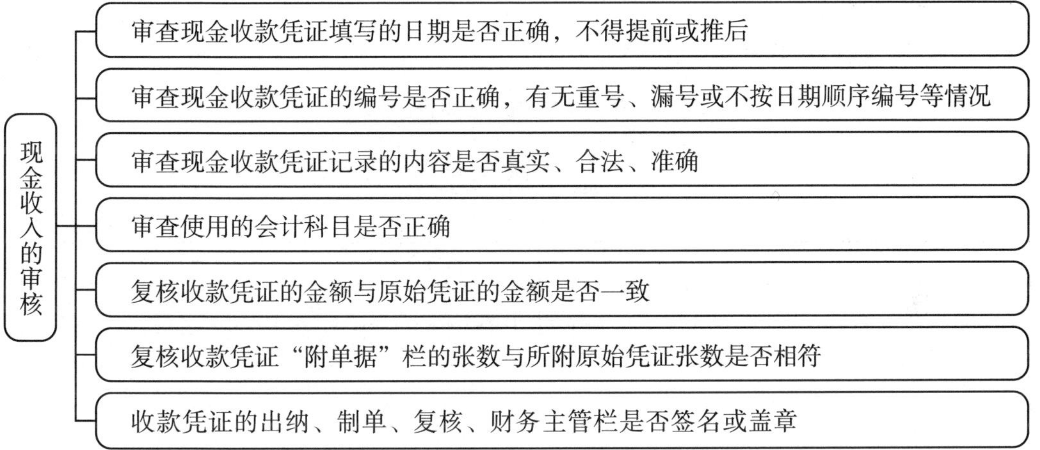

四、现金收款业务的核算

1. 从银行提取现金

借：库存现金

　　贷：银行存款

2. 经营业务收入的核算

借：库存现金

　　贷：主营业务收入

　　　　其他业务收入

　　　　应交税费——应交增值税（销项税额）

3．非经营业务收入的核算

借：库存现金

贷：营业外收入

4．预收现金款项的核算

借：库存现金

贷：预收账款

5．其他现金收款业务的核算

借：库存现金

贷：其他应付款

【例 5–1】

（1）从银行提取现金

某公司 2019 年 3 月 1 日，从银行提取现金 20000 元用于支付工资，财务部门根据现金支票存根联记账，如表 5–1 所示。

借：库存现金　20000

贷：银行存款　20000

表 5–1　记账凭证

记账凭证

2019 年 3 月 1 日　　记字第____号

摘要	总账科目	明细科目	借方金额									√	贷方金额									√
			百	十	万	千	百	十	元	角	分		百	十	万	千	百	十	元	角	分	
提取现金	库存现金				2	0	0	0	0	0	0											
															2	0	0	0	0	0	0	
合计				¥	2	0	0	0	0	0	0			¥	2	0	0	0	0	0	0	

附单据 1 张

财务主管：　记账：　出纳：　审核：　制单：王 ××

（2）经营业务收入的核算

某公司 2019 年 4 月 10 日销售一批价款为 847.5 元的小商品，已收到现金并开具普通发票，财务部门根据普通发票进行价税分离记账，如表 5–2 所示。

借：库存现金　847.5

贷：主营业务收入　750

应交税费——应交增值税（销项税额）　97.5

表 5-2　记账凭证

记 账 凭 证

2019 年 4 月 10 日　　　　　　　　　　　　　　记字第____号

摘要	总账科目	明细科目	借方金额									√	贷方金额									√
			百	十	万	千	百	十	元	角	分		百	十	万	千	百	十	元	角	分	
销售小商品	库存现金						8	4	7	5	0											
	主营业务收入																7	5	0	0	0	
	应交税费	应交增值税（销项税额）																9	7	5	0	
合计				¥			8	4	7	5	0					¥	8	4	7	5	0	

附单据 1 张

财务主管:　　　记账:　　　出纳:　　　审核:　　　制单：王 × ×

某公司 2019 年 4 月 15 日出售剩余材料一批，货款 678 元已收到现金。财务部门根据开具的普通发票进行价税分离记账，如表 5-3 所示。

借：库存现金　　　　678

　　贷：其他业务收入　　　　600

　　　　应交税费——应交增值税（销项税额）　　　　78

表 5-3　记账凭证

记 账 凭 证

2019 年 4 月 15 日　　　　　　　　　　　　　　记字第____号

摘要	总账科目	明细科目	借方金额									√	贷方金额									√
			百	十	万	千	百	十	元	角	分		百	十	万	千	百	十	元	角	分	
销售剩余材料	库存现金						6	7	8	0	0											
	其他业务收入																6	0	0	0	0	
	应交税费	应交增值税（销项税额）																7	8	0	0	
合计						¥	6	7	8	0	0					¥	6	7	8	0	0	

附单据 1 张

财务主管:　　　记账:　　　出纳:　　　审核:　　　制单：王 × ×

（3）非经营收入业务的核算

某企业 2019 年 4 月 19 日，收到职工李 × 违反劳动合同罚款的现金 800 元，财务部门根据开具的收据记账，如表 5-4 所示。

借：库存现金　　　　800

　　贷：营业外收入　　　　800

表 5-4 记账凭证

记 账 凭 证

2019 年 4 月 19 日　　　　记字第____号

摘要	总账科目	明细科目	借方金额									√	贷方金额									√
			百	十	万	千	百	十	元	角	分		百	十	万	千	百	十	元	角	分	
收到职工李 × 的罚款	库存现金						8	0	0	0	0											
	营业外收入																8	0	0	0	0	
合计						¥	8	0	0	0	0					¥	8	0	0	0	0	

附单据 1 张

财务主管:　　记账:　　出纳:　　审核:　　制单: 王 × ×

（4）预收现金款项的核算

某公司 2019 年 4 月 20 日收到张 × 交来现金 850 元作为购买产品的定金，财务部门根据开具的收款收据记账，如表 5-5 所示。

借: 库存现金　　850

　贷: 预收账款　　850

表 5-5 记账凭证

记 账 凭 证

2019 年 4 月 20 日　　　　记字第____号

摘要	总账科目	明细科目	借方金额									√	贷方金额									√
			百	十	万	千	百	十	元	角	分		百	十	万	千	百	十	元	角	分	
收到定金	库存现金						8	5	0	0	0											
	预计账款																8	5	0	0	0	
合计						¥	8	5	0	0	0					¥	8	5	0	0	0	

附单据 1 张

财务主管:　　记账:　　出纳:　　审核:　　制单: 王 × ×

（5）其他现金收款业务的核算

某公司收到 A 公司交来包装物押金 500 元，财务部门根据开具的收款收据记账，如表 5-6 所示。

借：库存现金　500

　　贷：其他应付款——A 公司　500

表 5-6　记账凭证

记 账 凭 证

年　月　日　　　　记字第___号

摘要	总账科目	明细科目	借方金额									√	贷方金额									√
			百	十	万	千	百	十	元	角	分		百	十	万	千	百	十	元	角	分	
收到包装物	库存现金						5	0	0	0	0											
押金	其他应付款	A 公司															5	0	0	0	0	
合计						¥	5	0	0	0	0					¥	5	0	0	0	0	

附单据 1 张

财务主管：　记账：　出纳：　审核：　制单：王 × ×

第三节　现金支出的管理

一、现金支付的原则

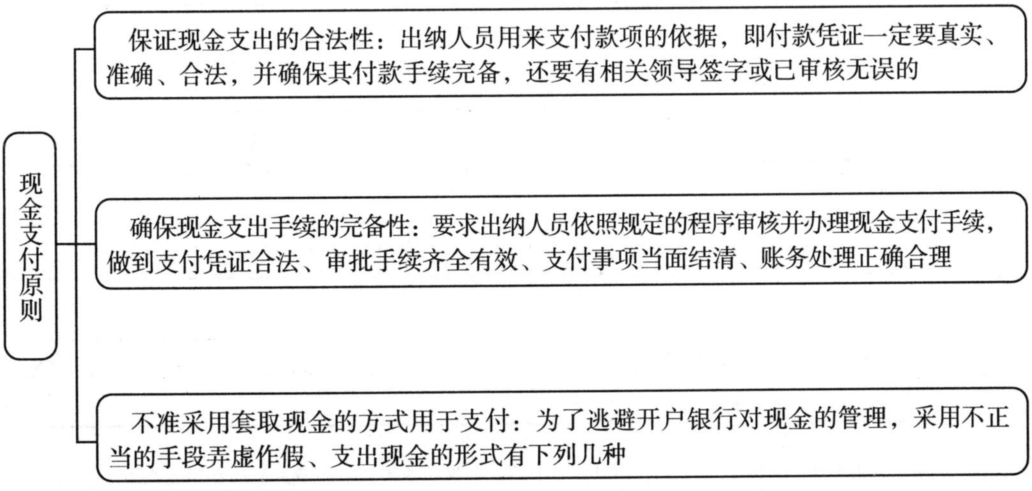

现金支付原则

- 保证现金支出的合法性：出纳人员用来支付款项的依据，即付款凭证一定要真实、准确、合法，并确保其付款手续完备，还要有相关领导签字或已审核无误的
- 确保现金支出手续的完备性：要求出纳人员依照规定的程序审核并办理现金支付手续，做到支付凭证合法、审批手续齐全有效、支付事项当面结清、账务处理正确合理
- 不准采用套取现金的方式用于支付：为了逃避开户银行对现金的管理，采用不正当的手段弄虚作假、支出现金的形式有下列几种

弄虚作假、支出现金的形式

- 编造合理用途超限额支取现金的行为
- 利用私人或其他单位的账户支取现金的行为
- 将公款转存个人储蓄的行为
- 用转账方式通过银行或邮局汇兑、异地支取现金
- 用转账凭证换取现金
- 虚报冒领工资、奖金和津贴补助

二、现金支付的程序

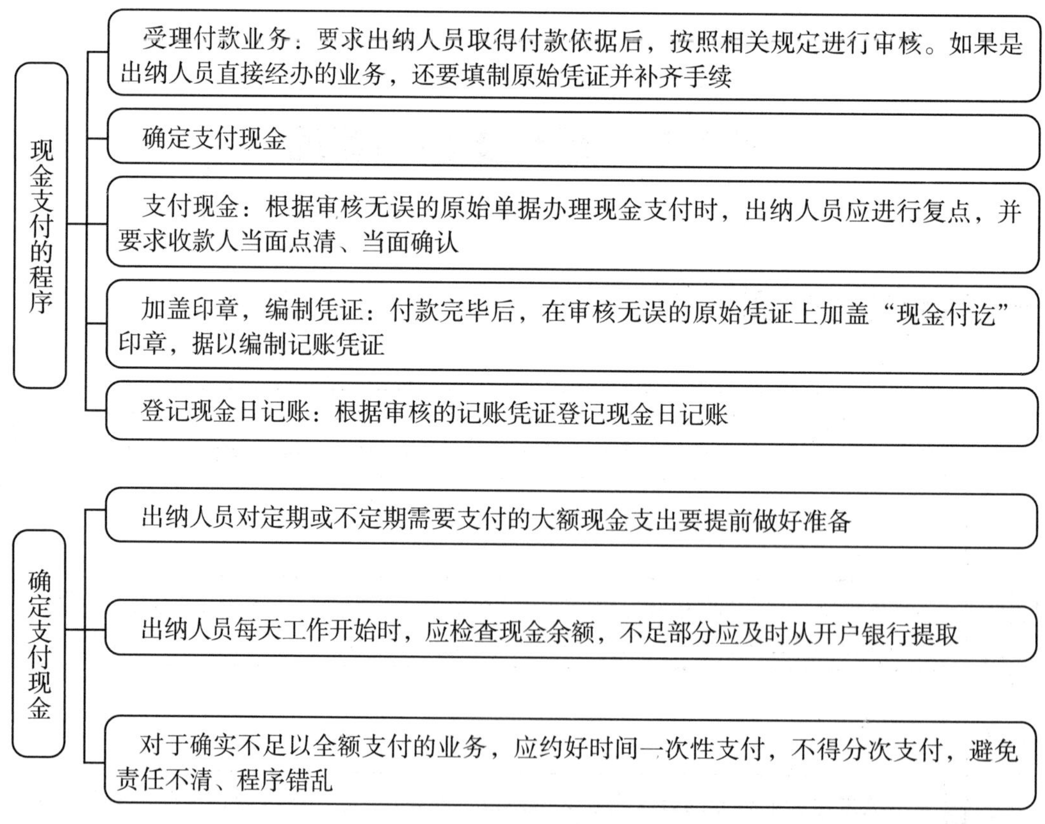

注：如果是由收款人直接领取现金的，由其本人签收；如果是他人代为领款的，应在得到当事人的确认后，方可由代领人签收，并注明“×××代×××领款”字样，以明确双方责任。

三、现金支付范围

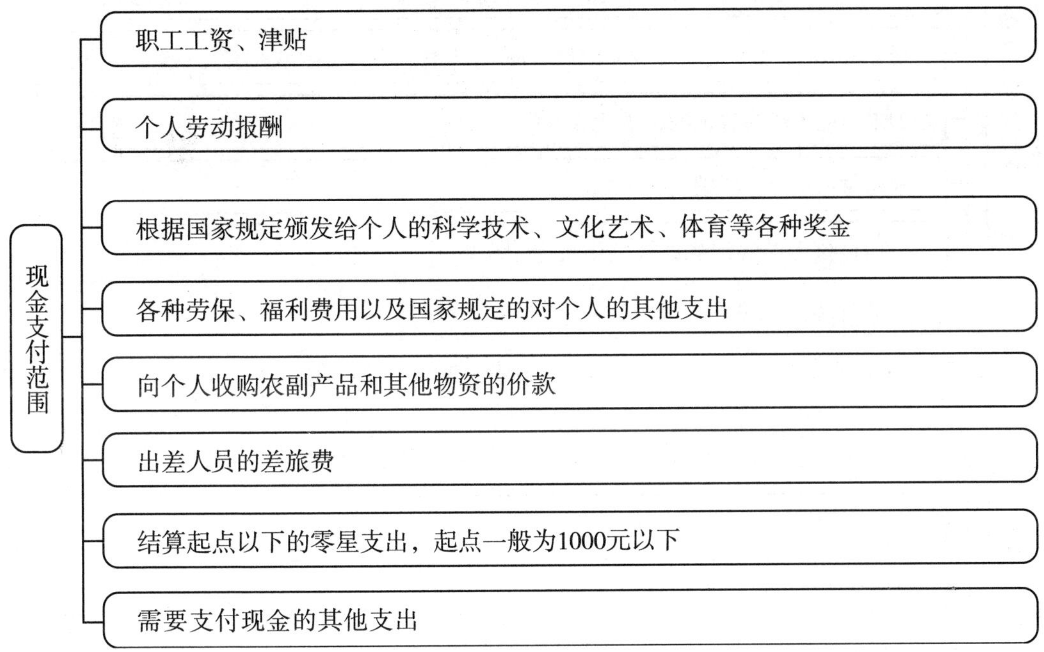

注：企业遇到特殊问题，如采购地点不确定、交通不便利等，无法及时办理转账结算的，可以经过银行审核批准，用现金支付。

四、坐支

《现金管理暂行条例》中规定，企业支付现金时只能从库存现金限额中支付或者从开户银行提取，不得有坐支的现象。但是如果有特殊情况的，需要事先报经开户银行审查批准，由开户银行核定坐支范围和限额。

坐支现金本身是一种违规行为，它是直接从收入的现金中用作现金的支付。有坐支情况的企业应当定期向开户银行报送坐支金额和使用情况，由于这关系到企业的会计核算和国家对企业经营状况的监督，若收入不入账就直接作为现金支付了，国家就很难对企业进行有效的监督。

五、现金支出处理程序

1．主动支付现金业务

主动支付是出纳部门发放工资、奖金、薪金、津贴以及福利等主动将现金付给收款单位或个人的现金支出。主动支付现金业务所涉及的原始凭证大部分属于自制凭证，如工资结算汇总表、支付证明单等。

主动支付处理程序
- 根据有关的资料编制付款单，并计算出付款金额
- 根据付款金额清点现金（不足部分应从银行提取），按单位或个人分别装袋
- 现金发放时，如果是直接发放给收款人，要当面清点并由收款人签收（签字或盖章）
- 如果是他人代为收款的，由代收人签收
- 根据付款单等资料编制记账凭证
- 根据审核无误的记账凭证登记现金日记账

2．被动支付现金业务

被动支付是收款单位或个人持有关凭据到出纳部门领报现金。

被动支付处理程序
- 受理原始凭证，如报销单据、借据、其他单位和个人的收款收据等
- 审核原始凭证
- 在审核无误的付款凭证上加盖“现金付讫”印章
- 支付现金并进行复点，要求收款人当面点清、当面确认
- 根据原始凭证编制记账凭证
- 根据审核无误的记账凭证登记现金日记账

3．向银行送存现金业务

企业每日收到的现金除了相关规定可以坐支的现金和非业务性零星收入取得的现金可以弥补库存现金限额的不足外，其他业务收取的现金均应及时送存银行。送存现金的基本程序为：现金的整理——填写现金送款簿——送交存款——记账。

（1）现金的整理

现金的整理
- 先由出纳人员清点票币，并将同面额的纸币摆放在一起，按照每一百张为一把整理好，不够整把的，按从大到小的票额顺放
- 将同额硬币放在一起，对于壹元、伍角、壹角硬币，每五十枚用纸卷成一卷，分币每一百枚用纸卷成一卷，不足一卷的通常不送存银行，留作找零用
- 款项清点整齐核对无误后，由出纳人员根据清点情况填写现金解款单并将现金送存银行

（2）填写现金解款单

现金解款单为一式三联，第一联为回单，此联由银行盖章后退回存款单位，格式如表 5–7 所示：

表 5–7　×× 银行解款单（回单）

科目：　　　　　　　　年　　月　　日　　　　　　　　对方科目：

<table>
<tr><td colspan="2">款项来源</td><td colspan="7"></td><td rowspan="2">收款人</td><td>全称</td><td colspan="7"></td></tr>
<tr><td colspan="2">解款部门</td><td colspan="7"></td><td>账号</td><td colspan="7"></td></tr>
<tr><td colspan="11" rowspan="2">人民币（大写）：</td><td>万</td><td>千</td><td>百</td><td>十</td><td>元</td><td>角</td><td>分</td></tr>
<tr><td></td><td></td><td></td><td></td><td></td><td></td><td></td></tr>
<tr><td>票面</td><td>张数</td><td>票面</td><td>张数</td><td>种类</td><td>百</td><td>十</td><td>元</td><td>角</td><td>分</td><td colspan="8" rowspan="4">（收款银行盖章）</td></tr>
<tr><td>一百元</td><td></td><td>五元</td><td></td><td>角票</td><td></td><td></td><td></td><td></td><td></td></tr>
<tr><td>五十元</td><td></td><td>二元</td><td></td><td>分币</td><td></td><td></td><td></td><td></td><td></td></tr>
<tr><td>十元</td><td></td><td>一元</td><td></td><td>封包</td><td></td><td></td><td></td><td></td><td></td></tr>
</table>

此联由银行盖章后退回单位

第二联为收入凭证，此联由收款人开户银行作贷方凭证，格式如表 5–8 所示：

表 5–8　×× 银行解款单（收入凭证）

总　字　　第　号
现金日记账顺序　记

年　　月　　日

<table>
<tr><td colspan="2">款项来源</td><td colspan="8"></td><td rowspan="2">收款人</td><td>全称</td><td colspan="7"></td></tr>
<tr><td colspan="2">解款部门</td><td colspan="8"></td><td>账号</td><td colspan="7"></td></tr>
<tr><td colspan="12" rowspan="2">人民币（大写）：</td><td>万</td><td>千</td><td>百</td><td>十</td><td>元</td><td>角</td><td>分</td></tr>
<tr><td></td><td></td><td></td><td></td><td></td><td></td><td></td></tr>
<tr><td>票面</td><td>张数</td><td>票面</td><td>张数</td><td>种类</td><td>百</td><td>十</td><td>元</td><td>角</td><td>分</td><td rowspan="4">（收款银行盖章）</td><td colspan="8" rowspan="4">会计分录：
（贷）________
对方科目：（借）________
会计　记账
复核　出纳</td></tr>
<tr><td>一百元</td><td></td><td>五元</td><td></td><td>角票</td><td></td><td></td><td></td><td></td><td></td></tr>
<tr><td>五十元</td><td></td><td>二元</td><td></td><td>分币</td><td></td><td></td><td></td><td></td><td></td></tr>
<tr><td>十元</td><td></td><td>一元</td><td></td><td>封包</td><td></td><td></td><td></td><td></td><td></td></tr>
</table>

附件　　张

第三联为附联，作附件，是银行出纳留底联，格式如表 5–9 所示：

表 5-9　××银行解款单（附联）

科目：　　　　　　　年　　月　　日　　　　　　　　　对方科目：

<table>
<tr><td colspan="2">款项来源</td><td colspan="8"></td><td rowspan="2">收款人</td><td>全称</td><td colspan="7"></td></tr>
<tr><td colspan="2">解款部门</td><td colspan="8"></td><td>账号</td><td colspan="7"></td></tr>
<tr><td colspan="12" rowspan="2">人民币（大写）：</td><td>万</td><td>千</td><td>百</td><td>十</td><td>元</td><td>角</td><td>分</td></tr>
<tr><td></td><td></td><td></td><td></td><td></td><td></td><td></td></tr>
<tr><td>票面</td><td>张数</td><td>票面</td><td>张数</td><td>种类</td><td>百</td><td>十</td><td>元</td><td>角</td><td>分</td><td colspan="2" rowspan="4">（收款银行盖章）</td><td colspan="7" rowspan="4">会计分录：
（贷）______
对方科目：（借）______
会计　　记账
复核　　出纳</td></tr>
<tr><td>一百元</td><td></td><td>五元</td><td></td><td>角票</td><td></td><td></td><td></td><td></td><td></td></tr>
<tr><td>五十元</td><td></td><td>二元</td><td></td><td>分币</td><td></td><td></td><td></td><td></td><td></td></tr>
<tr><td>十元</td><td></td><td>一元</td><td></td><td>封包</td><td></td><td></td><td></td><td></td><td></td></tr>
</table>

作附件

出纳人员在填制以上解款单时应注意以下几点。

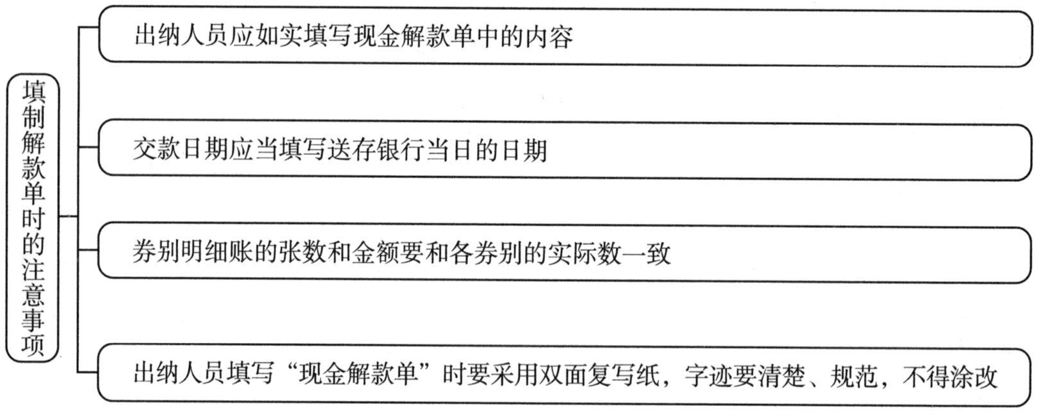

4. 送存交款

填写完解款单后，将款项同解款单一起交送银行，送款人应和银行柜台收款员当面交接清点。经柜台收款员清点无误后，银行按照规定在“现金解款单”上加盖印章，并将“回单联”退还给送款人，送款人在接到“回单联”后应当立刻进行检查，确认为本单位交款回单，确定银行有关手续均已办妥方可离开柜台。

5. 记账

交款人将现金送存银行后取回“现金解款单”的第一联（回单）交财务部门，财务人员可根据“回单联”填制现金付款凭证，其会计记录为：

借：银行存款

　　贷：库存现金

六、现金付款凭证的复核

现金付款凭证的复核

- 从银行提取现金或以现金存入银行，为了避免重复，只按收付业务涉及的贷方科目编制付款凭证
- 现金付款凭证如出现红字时，表示现金收入的增加。处理时为了避免混淆，出纳人员在凭证上加盖的印章应仍为现金付讫章，以表示原经济业务付出的款项已全部退回
- 发生销货退回，如数量较少或退款金额在转账起点以下，需用现金退款时，必须取得对方的收款收据，不得以退货发票代替收据编制付款凭证
- 从外单位取得的原始凭证，若发生遗失，应从原签发单位取得盖有公章的证明，并注明原始凭证的名称、金额、经济内容等，经单位负责人批准，才能代替原始凭证；若不能取得证明的，则由当事人写出详细情况，由同行人证明，并经主管领导和财务负责人批准，才能代替原始凭证
- 填制付款凭证的依据为“原始凭证分割单”，不过要出纳人员对原始凭证分割进行审查

“原始凭证分割单”的格式如表 5-10 所示：

表 5-10　原始凭证分割单

原始凭证分割单

凭证分割名称：　　　　分割日期：　　　　单位：元

填制凭单位名称				接受分割单位名称				
序号	分割类别	经济业务内容	分割前总额	单位	分割量	单位	分割金额	备注
1								
2								
3								
4								
5	合计							
	大写							

填制人：　　　　经办人：　　　　接受人：

七、现金付款业务的核算

出纳对现金付款业务的核算主要包括费用的预借和报销的核算、工资发放的核算、其他支付业务的核算。其会计处理如下：

1. 费用的预借和报销的核算

借：其他应收款

　　管理费用

销售费用

贷：库存现金

2．其他费用支付的核算

借：管理费用

制造费用

贷：库存现金

3．工资发放的核算

借：应付职工薪酬

贷：库存现金

【例 5-2】某公司的出纳，在 2019 年 5 月 1 日将 40000 元现金存入银行，如表 5-11 所示。

借：银行存款　40000

贷：库存现金　40000

表 5-11　记账凭证

记 账 凭 证

年　月　日　　记字第____号

摘要	总账科目	明细科目	借方金额									√	贷方金额									√
			百	十	万	千	百	十	元	角	分		百	十	万	千	百	十	元	角	分	
支付部门活动费	管理费用	员工活动			4	0	0	0	0	0	0											
	库存现金														4	0	0	0	0	0	0	
合计				¥	4	0	0	0	0	0	0			¥	4	0	0	0	0	0	0	

附单据 1 张

财务主管：　记账：　出纳：　审核：　制单：王 ××

某公司刘经理出差预借费用 3000 元，经审核后出纳以现金支付，如表 5-12 所示。

借：其他应收款——刘经理　3000

贷：库存现金　3000

表 5-12　记账凭证

记 账 凭 证

年　　月　　日　　　　　　　　　　　　　　　　记字第____号

摘要	总账科目	明细科目	借方金额									√	贷方金额									√
			百	十	万	千	百	十	元	角	分		百	十	万	千	百	十	元	角	分	
预借差旅费	其他应收款					3	0	0	0	0	0											
	库存现金															3	0	0	0	0	0	
合计					¥	3	0	0	0	0	0				¥	3	0	0	0	0	0	

附单据1张

财务主管：　　记账：　　出纳：　　审核：　　制单：王 × ×

某公司行政部员工来财务报销交通费 300 元，通讯费 100 元。出纳支付员工（王某）400 元，如表 5-13 所示。

借：管理费用——交通费　　300

　　　　　　——通信费　　100

　贷：库存现金　　400

表 5-13　记账凭证

记 账 凭 证

年　　月　　日　　　　　　　　　　　　　　　　记字第____号

摘要	总账科目	明细科目	借方金额									√	贷方金额									√
			百	十	万	千	百	十	元	角	分		百	十	万	千	百	十	元	角	分	
行政人员报销交通费、通讯费	管理费用	交通费					3	0	0	0	0											
		通讯费					1	0	0	0	0											
	库存现金																4	0	0	0	0	
合计						¥	4	0	0	0	0					¥	4	0	0	0	0	

附单据1张

财务主管：　　记账：　　出纳：　　审核：　　制单：王 × ×

某公司出纳支付给房东租赁费 10000 元，支付给物业公司水电费 3000 元，如表 5-14 所示。

借：管理费用——水电费　　3000

　　　　　　——房屋租赁费　　10000

　贷：库存现金　　13000

表 5-14 记账凭证

记账凭证

年 月 日 记字第____号

摘要	总账科目	明细科目	借方金额									√	贷方金额									√
			百	十	万	千	百	十	元	角	分		百	十	万	千	百	十	元	角	分	
支付租赁、水电费	管理费用	水电费				3	0	0	0	0	0											
		租赁费			1	0	0	0	0	0	0											
	库存现金														1	3	0	0	0	0	0	
合计				¥	1	3	0	0	0	0	0			¥	1	3	0	0	0	0	0	

附单据1张

财务主管： 记账： 出纳： 审核： 制单：王 ××

某公司为了提高职工素质，组织了部门活动，期间通过现金支付了 6000 元的活动费，并已记账，如表 5-15 所示。

借：管理费用——员工活动 6000

贷：库存现金 6000

表 5-15 记账凭证

记账凭证

年 月 日 记字第____号

摘要	总账科目	明细科目	借方金额									√	贷方金额									√
			百	十	万	千	百	十	元	角	分		百	十	万	千	百	十	元	角	分	
支付部门活动费	管理费用	员工活动				6	0	0	0	0	0											
	库存现金															6	0	0	0	0	0	
合计					¥	6	0	0	0	0	0				¥	6	0	0	0	0	0	

附单据1张

财务主管： 记账： 出纳： 审核： 制单：王 ××

某公司以现金支付企业购买邮票款 50 元，如表 5-16 所示。

借：管理费用 50

贷：库存现金 50

表 5-16　记账凭证

记账凭证

年　月　日　　　　　　记字第____号

摘要	总账科目	明细科目	借方金额									√	贷方金额									√
			百	十	万	千	百	十	元	角	分		百	十	万	千	百	十	元	角	分	
支付邮票款	管理费用							5	0	0	0											
	库存现金																	5	0	0	0	
合计							¥	5	0	0	0						¥	5	0	0	0	

附单据1张

财务主管：　　记账：　　出纳：　　审核：　　制单：王××

第四节　现金复核及收付款的管理

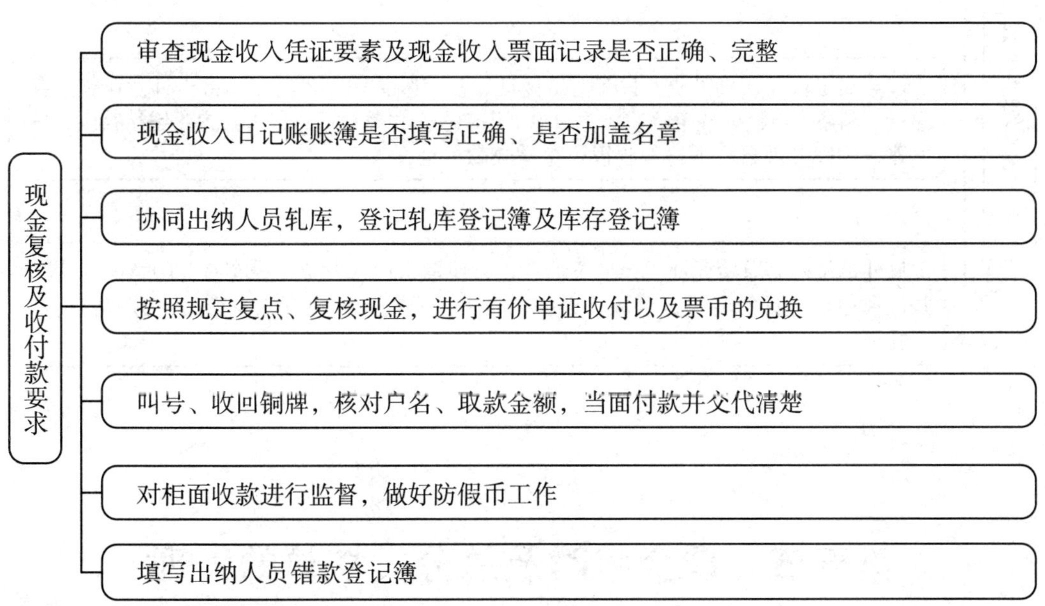

一、复核现金收款凭证

复核内容

- 日期：现金收款凭证的填写日期是否相符，是否有提前或推后的现象
- 编号：有无重号、漏号或不按日期顺序编号等情况
- 内容：摘要栏的内容与原始凭证反映的经济业务内容是否相符，内容记载是否真实、合法、准确
- 证证是否相符：收款凭证的金额与原始凭证的金额是否一致、大小写金额是否相符
- 附件：收款凭证“附单据”栏的张数与所附原始凭证的张数是否相符
- 手续：手续是否齐全，收款凭证的制单、复核、财务主管栏目是否已签名或盖章

二、现金付款凭证复核

现金付款注意事项

- 当发生销货退回需用现金退款时，应取得对方的收款收据，以此作为原始凭证，不得以退货发货票代替收据编制付款凭证
- 现金和银行存款收付业务只有付款凭证，没有收款凭证。例如，将当日营业款送存银行，制单人员根据现金解款单（回单）编制现金付款凭证，借方账户为银行存款，贷方账户为库存现金，不再编制银行存款收款凭证
- 从外单位取得原始凭证后，如不慎遗失，应取得原签发单位盖有有关印章的证明，并注明原始凭证的名称、金额、经济内容等，且经企业负责人批准后，方可作为原始凭证

第五节　现金序时及总分类核算的管理

为了全面、连续、序时、逐笔地反映与监督现金的收入、支出和结存情况，避免现金收支差错及舞弊行为的发生，企业需设置“现金日记账”，进行序时核算。对于有库存外币现金的企业，应区分各种外币分别设置“现金日记账”。

现金日记账

- 由会计部门的出纳人员根据审核无误的现金收、付款凭证及从银行提取现金时填制的银行存付款凭证，按照业务发生的先后顺序，逐日逐笔地登记
- 每日终了，应计算出当日现金收入合计数、现金支出合计数和结余数，并与库存现金的实际数进行核对，做到账实相符
- 月份终了，应将“现金日记账”的余额与“库存现金”总账的余额进行核对；如果不符，应及时查明原因，以明确责任
- 企业应严禁以“白条”冲抵现金

一、现金日记账的基本格式

（1）三栏式现金日记账的格式如表 5-17 所示

表 5-17　三栏式现金日记账

年		凭证		摘要	对方科目	收入	支出	结余
月	日	字	号					
				合计				

（2）多栏式现金日记账的格式如表 5-18 所示

表 5-18　多栏式现金日记账

年		凭证		摘要	应付科目			收入	支出	结余
月	日	字	号		银行存款	销售收入	其他应收款			
				合计						

二、现金总分类核算

为了总体核算和监督库存现金的收入、支出和结存情况，企业应设立“库存现金”科目。该科目属于资产类，其借方反映库存现金的增加，其贷方反映库存现金的减少，期末余额在借方，反映企业实际持有的库存现金。企业若有外币现金的收付，则应在

现金科目中分别按照不同的币种开设现金明细科目，进行明细核算。

三、现金序时及总分类核算实例

月末，当企业收到现金时，借记“库存现金”科目，贷记有关科目。当企业支付现金时，借记相关科目，贷记“库存现金”科目。存在外币业务的企业，应分别按“人民币”与“外币”设置“现金日记账”，进行明细核算。

【例 5–3】2019 年 3 月 9 日，某公司给材料采购员王 ×× 开出一张支票，支取现金 20000 元，用于到外地采购原材料。会计分录为：

借：库存现金　　20000

　　贷：银行存款　　20000

当天，王 ×× 预支差旅费 300 元。会计分录为：

借：其他应收款　　300

　　贷：库存现金　　300

3 月 12 日，王 ×× 凭发票单报销差旅费 360 元，不足部分用现金支付。会计分录为：

借：管理费用　　360

　　贷：其他应收款　　300

　　　　库存现金　　60

3 月 14 日，该公司以现金 500 元购买办公用品。会计分录为：

借：管理费用　　500

　　贷：库存现金　　500

3 月 16 日，该企业将现金 10000 元存入银行。会计分录为：

借：银行存款　　10000

　　贷：库存现金　　10000

第六节　现金的清查

现金清查是通过实地盘点、核对、查询，确定各项财产物资、货币资金、往来款项的实际结存数，并与账存数核对，以确保账实相符的一种会计核算的专门方法。

一、现金清查的种类

1. 按照清查对象和范围分类

- 按照清查对象和范围分类
  - 全面清查：对属于本单位或存放在本单位的所有财产物资、货币资金和债权债务进行全面盘点和核对
  - 局部清查：根据管理需要或依据有关规定，对部分财产物资、货币资金和债权债务进行盘点和核对

- 全面清查
  - 现金、银行存款、各种有价证券、其他货币资金以及银行借款等货币资金
  - 所有的固定资产、未完工程、原材料、在产品、产成品及其他物资
  - 各项在途材料、在途商品和在途物资
  - 各项债权、债务等结算资金
  - 租入使用、受托加工保管或代销的财产物资
  - 出租使用、委托其他单位加工保管或代销的财产物资等

- 局部清查
  - 对现金的清查
  - 对于银行存款和银行借款，应由出纳人员每月与银行进行核对
  - 对于材料、在产品和产成品，除年度清查外，应有计划地每月重点抽查；对于贵重的财产物资，应每月清查盘点一次
  - 对于债权债务，应在年度内至少核对一次，有问题应及时核对、及时解决

2. 按照清查的时间分类

- 按照清查的时间分类
  - 定期清查：按预先计划安排或根据管理规定的时间，对财产物资、货币资金和债权债务进行的盘点和核对
  - 不定期清查：事先不规定清查时间，而是根据实际情况的需要对财产物资、货币资金和债权债务进行的临时性的盘点和核对

不定期清查

- 更换出纳人员时对现金、银行存款进行的清查
- 更换保管员时对其所保管的财产物资进行的清查
- 上级机关、审计部门和金融部门根据工作需要对企业会计或业务进行审查时，根据审查的要求和范围对财产物资进行的清查
- 兼并、重组、清算、迁移以及改变隶属关系等时进行的清查

3．按照清查的执行系统分类

按照清查的执行系统分类

- 内部清查：由本单位内部自行组织清查工作小组所进行的现金清查工作
- 外部清查：由上级主管部门、审计部门、司法部门、注册会计师根据国家有关规定或实际情况需要而对本单位进行的现金清查

二、现金清查的方法

现金清查的方法

- 实地盘点法：对各项实物通过逐一清点或用计量器具确定其实存数量。适用范围较广，大部分财产物资都可采用这种方法，如现金等
- 查询法：通过调查征询的方式，取得必要资料，以查明其实际情况。查询法分为面询法和函询法
- 核对法：将两种或两种以上的书面资料相互对照，以验证其内容是否一致。适用于银行存款的清查
- 账单核对法：把本单位的账簿记录或单证与对方的账、证进行核对，并据以确定资产实有数。主要适用于银行存款和应收项目的清查
- 技术推算法：对被清查的实物，通过计量其体积，然后用一定技术加以推算，以确定其实际数量。适用于数量多、体积大或难以逐一清点的实物

三、货币资金的清查

货币资金通常包括库存现金、银行存款和其他货币资金。下面主要介绍库存现金的清查和银行存款的清查。

1．库存现金的清查

库存现金的清查应由清查人员联合现金出纳人员共同负责，通过实地盘点的方法，确定库存现金的实有数，再和现金日记账的账面余额进行核对，以查明余缺情况。库存现金的盘点应注意下列三个问题。

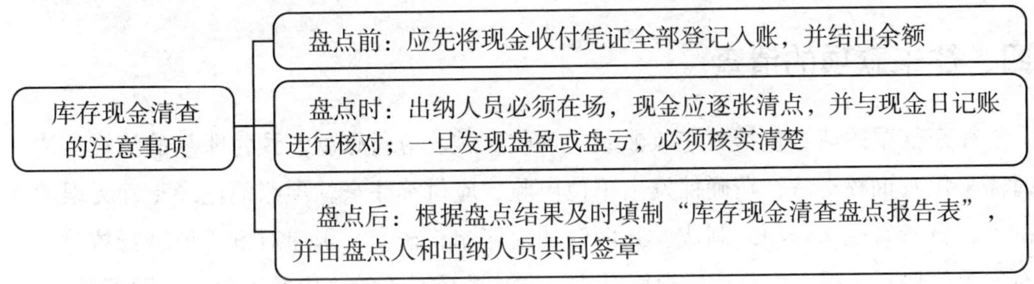

“库存现金清查盘点报告表”的格式如表 5-19 所示，供读者参考。

表 5-19　库存现金清查盘点报告表

单位名称：　　　　　　　　　　　　____年__月__日

账面余额	实存金额	清查结果	说明
		盘盈	
		盘亏	
财务负责人：	出纳：	监盘人：	盘点人：

2．银行存款的清查

银行存款的清查采用核对法，即将开户银行定期送来的对账单和本单位的银行存款日记账逐一进行核对，以查明银行存款收入、支出及结存是否正确相符。在与银行对账以前，应先检查本单位的银行存款日记账的正确性与完整性。

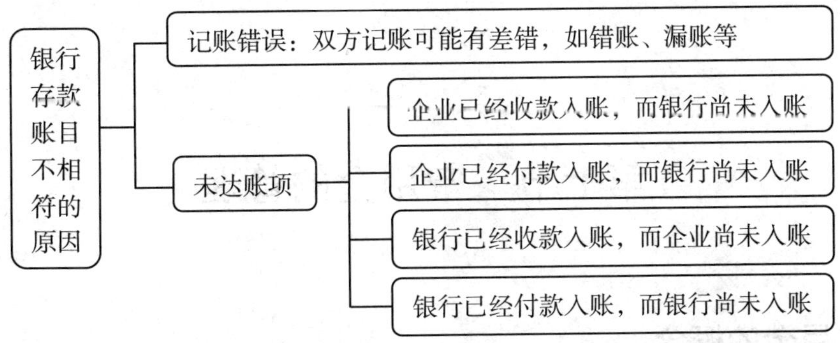

发生上述任何一种情况，均会使企业与银行的银行存款账面余额不相等。因此，企业在接到银行转来的对账单时，应及早与银行存款日记账核对，找出未达账项，并据以编制“银行存款余额调节表”，清除未达账项的影响，方便检查双方记账有无差

错，并确定企业银行存款实有数。

“银行存款余额调节表”的编制是在银行对账单的余额及企业银行存款日记账余额的基础上，各自分别加上对方已收款入账而己方尚未入账的数额，减去对方已付款入账而己方尚未入账的数额，而后核对双方余额是否一致。

四、往来款项的清查

往来款项的清查包括对应收账款、预收账款、应付账款、预付账款的清查。清查时需采用查询核对法，在确保发出单位应收、应付等往来款项账面记录正确无误的基础上，将所有往来账项编制成一式两联的对账单，送交、函递对方单位进行核对。若对方单位核对无误，应盖章后退回其中一联；若核对不符，应在回单上注明不符原因，盖章退回发出单位，方便继续查实。发出单位收到对方的回单后，对错误的账目应立即查明原因，并按规定的手续和方法加以更正。同时，发出单位应根据对方单位的反馈情况编制“往来款项清查表”，如表 5-20 所示。

表 5-20　往来款项清查表

总账科目：　　　　　　　　　　____年__月__日

明细科目	账面结存余额	对方核实数额	不符数额	项目					备注
				未达账项	拖付款项	争执款项	坏账	其他	

记账员：（签章）　　　　　　　　　　清查人员：（签章）

第七节　备用金的管理

一、备用金的概念

备用金（国际上也称暂定金额）是企业、机关、事业单位或其他经济组织等拨付给非独立核算的内部单位或工作人员备作差旅费、零星采购、零星开支等用的款项。

备用金应指定专人负责管理，按照规定用途使用，禁止转借给他人或挪作他用。预支备作差旅费、零星采购等用的备用金，通常按估计需用数额领取，支用后一次报销，多退少补。前账未清，不能继续预支。

二、备用金的管理

备用金的管理分为定额管理和非定额管理两种办法。

备用金的管理

定额管理：定额管理是指按用款部门的实际需要，核定备用金定额，并按定额拨付现金的管理办法。用款部门按照规定的开支范围支用备用金后，应根据各种费用凭证编制费用明细表，定期向财会部门报销，领回所支用的备用金，使备用金仍和定额保持一致。在实行定额备用金制度的单位，除了拨付、增加或减少备用金定额时通过“备用金”科目核算外，日常支用报销补足定额时，均无须通过该科目而将支用数直接记入相关成本类科目、费用类科目。通常对用于费用开支的小额备用金，实行定额管理的办法；对用作销售找零用的备用金，按营业柜组核定定额，并拨发现金。各柜组可从销货款中经常保留核定的找零款，不存在支出和报销的问题

非定额管理：非定额管理是指用款部门根据实际需要向财会部门领款的管理办法。在凭有关支出凭证向财会部门报销时，作为减少备用金处理，直至用完。如需补充备用金，再另行办理拨款与领款手续。对用于收购农副产品的备用金，在集中收购旺季时通常采用非定额管理的办法，在淡季零星收购时则采用定额管理的办法，进行交货补款

第六章　出纳对银行结算业务的管理

本章导读

作为一名出纳，去的最多的地方就是银行，对银行结算业务的管理是出纳除现金管理外的另一项重要工作。一家公司在银行可以开立很多账户，但是每类账户都有特殊规定。在实际工作中，有三类票据使用频率相当频繁：支票、本票、汇票，几乎每个出纳都会接触到它们。此外，汇兑、信用卡、委托收款、托收承付以及信用证等银行结算方式，它们都各具特色，各有各的优势和劣势，也是非常重要的，作为出纳也需熟练掌握。本章重点介绍了银行账户的开立、管理以及相关法律法规，详细且深入讲述了各银行结算方式的具体操作方法和适用范围等问题，对实际操作有很强的指导意义。

第一节　银行结算知识

一、银行结算原则

出纳人员应遵循的结算原则

- 谁的钱进谁的账，由谁支配原则：根据结算制度规定，收、付双方实现商品交易或完成劳务服务后，主债权人有权决定应收款项进入谁的账户，其合法收入他人不能干涉。对付款者来说，一不应拖欠付款项，二不应强行扣款或代别人扣款
- 维护银行不垫款原则：当收款单位委托银行代收款项时，在款项尚未收妥以前绝不可提前支用；而付款单位委托银行办理支付款项时，付款单位存款账户内必须具有足够余额，严禁签发空头支票或空头汇票。银行是向社会提供金融服务，例如结算服务的机构。各个事业单位在银行存款，委托银行办理结算业务，单位需依照规定约束自己的行为
- 恪守信用，履行付款原则：各种结算凭证和票据的当事人、关系人均必须守信用，严格履行规定的经济承诺及应尽的义务。收款者，必须以提供商定的劳务或商品为前提，按约定予以提供，收取款项，不许套取银行信用；付款者，则必须按规定的付款条件及时清偿债务，给付款项

二、银行结算纪律

出纳人员应遵守的结算纪律

- 不准出租、出借银行账户：所谓出租银行账户，主要是指在银行开设账户的单位或个人，以取得租金（租赁费）为目的，替别的单位或个人办理结算业务。所谓出借银行账户，是指在银行开设账户的单位或个人，出于人情等原因，用自己的银行账户为别的单位或个人办理款项收付业务。出租、出借银行账户，违反了“谁的钱进谁的账，由谁支配”的结算原则，一经银行发现，除责令其立刻纠正外，还要按账户出租、出借发生的金额处以5%但不低于1000元的罚款，并没收出租银行账户的全部非法所得
- 不准签发空头支票：所谓空头支票，是指付款人所签发的支票金额超过其银行存款账户上的余额，从而形成银行存款透支。这一条明显违反了“银行不垫款”的结算原则。银行经账证核对，发现客户签发的是空头支票，除当即将支票作废外，还应按票面金额处以5%但不低于1000元的罚款。对屡次签发空头支票的，根据情节轻重，给予警告、通报批评，直到停止签发支票。所谓远期支票，是指签发了签发日之后日期（如3月2日签发了3月3日或之后日期）的支票。这种支付日期推后的危害，一是容易成为空头支票，二是打乱了支票编号顺序，容易发生舞弊行为
- 不准套取银行信用：所谓不准套取银行信用，是指违法利用银行某种信用工具，达到骗取银行信用的目的。例如签发空头支票和远期支票，签发用途不实的支票，伪造、涂改、变造票据，假借用途取得银行贷款等。银行一旦发现，除了要进行必要的处罚措施之外，还需追究这些企业或者个人的经济责任以及刑事责任

三、银行结算起点

按照《现金管理暂行条例》的规定办理每笔银行转账结算业务的最低金额为 1000 元。如果不足结算起点金额的款项支付，要使用现金结算。

注：各种具体的银行结算方式的结算起点是不同的，如银行汇票汇款金额起点为 500 元，银行本票不定额的金额起点为 100 元等。

四、银行结算办理要求

银行结算的办理要求

- 除了国家规定的可以使用现金以外的经济业务，其他的各项经济业务的往来都要办理转账结算
- 使用银行结算时要保证账户内有足够的现金用来支付
- 使用银行结算的票据和结算凭证要按照统一的规定，填写时也要按照规定的要求
- 要遵守银行不垫款原则，即谁的钱进谁的账、由谁支配
- 不准银行结算使用者签发空头支票，套取银行信用
- 明确责任制，企业办理结算时，如果是填写结算凭证有误而影响资金使用或票据和印章丢失而造成资金损失的，由其自行负责

五、银行结算方式的选择

1．根据结算规定选择结算方式

根据结算规定选择结算方式

- 不同的付款期限，结算方式不同：
  如需即期收款，可选择信用卡、支票、银行本票、银行汇票等结算方式
  如需约期收款，可选择银行承兑汇票、商业承兑汇票、国内信用证等结算方式
- 根据不同的付款信用度选择结算方式：
  若销货方对购货方缺乏信任，可选银行本票、银行汇票、银行承兑汇票和国内信用证等结算方式
  若销货方对购货方有所了解，知道其无不良记录，可选除上述方式以外的方式，如支票结算方式
  若销货方对购货方的信任度很高，则还可考虑商业承兑汇票、托收承付、委托收款等结算方式
- 根据票据的转让选择结算方式：
  若收款人能再次背书转让票据，可选汇票、本票、支票等结算方式
  若收款人不能再次背书转让票据，可选国内信用证、信用卡、汇兑、委托收款、托收承付等结算方式
- 根据能否从银行融通资金的要求选择结算方式：
  若持票人要凭票从商业银行取得贷款，可选银行承兑汇票、商业承兑汇票、国内信用证等结算方式
  若持票人不要凭票从商业银行取得贷款，则选其他结算方式

2．根据企业购销情况选择结算方式

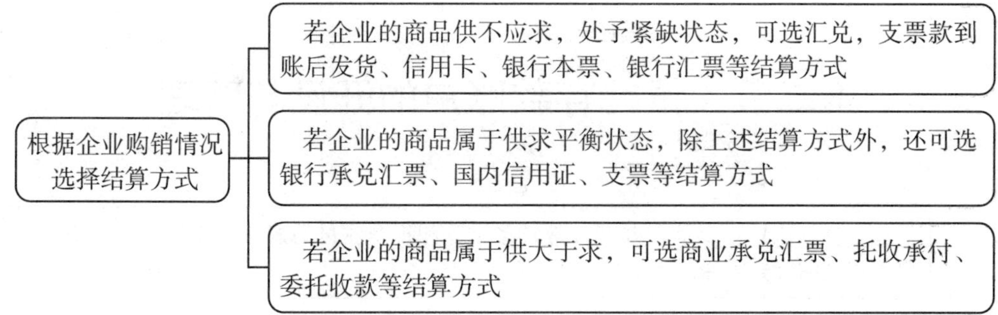

六、银行结算凭证的内容

七、银行结算凭证的填写

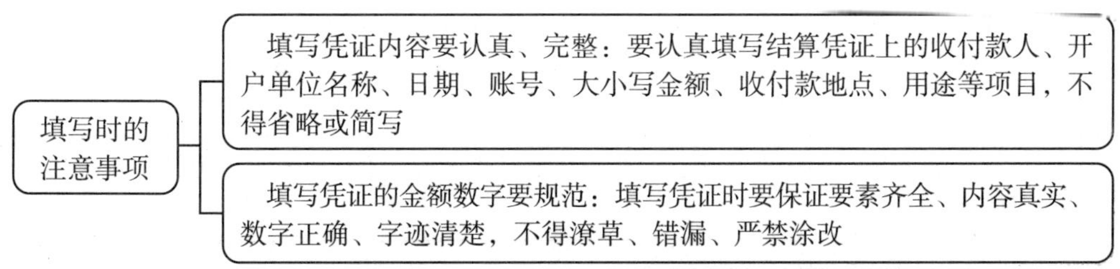

注：单位和银行的名称必须用全称，异地结算的还要冠以省（自治区、直辖市）、县（市）字样，金额的大小写一定要规范，否则银行不予受理。如果是军队一类保密单位使用的银行结算凭证可免写用途。

第二节 银行存款账户的开设与管理

银行存款账户分类

- 基本存款账户：存款人办理日常转账结算和现金收付的账户。存款人的工资、奖金等现金的支取需通过本账户办理
- 一般存款账户：办理基本存款账户之外的银行借款转存。与企业的基本存款账户不在同一地点的附属非独立核算企业，可申请开设一般存款账户。企业可以通过此账户办理转账结算和现金交存，但不得办理现金支取
- 临时存款账户：存款人因特定用途需要，依据当地工商行政机关核发的临时执照或当地有关部门同意设立外来临时机构的批件开立的账户
- 专用存款账户：企业因特定用途需要开立的账户。特定用途如基本建设、更新改造等

一、银行存款账户的使用

银行存款账户的使用规定

- 认真贯彻执行国家的政策、法令，遵守银行信贷结算和现金管理规定。银行检查时，单位应提供账户使用情况的有关资料
- 单位在银行开立的账户，只供本单位业务经营范围内的资金收付，不许出租、出借或转让给其他单位或个人使用
- 各种收付款凭证，必须如实填明款项来源或用途，不得巧立名目、弄虚作假；不得套取现金、套购物资。严禁利用账户搞非法活动
- 各单位在银行的账户必须有足够的资金保证支付，不准签发空头的付款凭证和远期的支付凭证
- 各单位应及时、正确地记载银行往来账务，并及时与银行寄送的对账单进行核对；若发现不符，应尽快查对清楚

二、银行存款账户的管理原则

银行存款账户的管理原则

- 一个基本账户原则：存款人只能在银行开立一个基本存款账户，不能开立多头基本存款账户。存款人在银行开立基本存款账户前，须由中国人民银行当地分支机构核发开户许可证
- 自愿选择原则：存款人可以自主选择银行开立账户，银行也可以自愿选择存款人开立账户。任何单位和个人不得强制干预存款人和银行开立或使用账户
- 存款保密原则：银行必须依法为存款人保密，维护存款人资金的自主支配权。除国家法律规定和国务院授权中国人民银行总行监督的项目外，银行不能代任何单位和个人查询、冻结、扣划存款人账户内的存款

三、开户

1．开立银行的选择

根据现行《银行账户管理办法》的规定：“存款人可以自主地选择银行，银行也可以自愿选择存款人开立账户。”企业应根据以下因素选择开立银行。

开立银行的选择

- 企业与银行的距离如何，交通是否便利
- 银行服务设施及项目是否先进、齐全
- 银行能否直接办理异地快速结算
- 银行信贷资金是否雄厚，能否在企业困难时期提供一定的贷款支持

2．开立基本存款账户

开户的基本条件

- 企业和个体工商户要有当地工商行政管理部门核发的“企业法人执照”或“营业执照”正本
- 机关、事业单位要有中央或地方编制委员会、人事、民政等部门的批文
- 以上述证件为凭证，经公安部门批准，刻制与营业执照或文件中名称完全相同的公章与财务章
- 企业法人名章、财务主管人名章以及负责办理银行业务的财务人员名章

银行基本存款账户的开立程序

- 除个体工商户外，所有企业、单位都要向当地计量部门办理代码证，有的地方还要求向当地税务部门领取税务证
- 持上述证件向银行（或信用社）申请开户，填写开户申请书（或申请表）
- 持开户行签注的“同意在我行（社）开户”的申请书（或申请表）与印章、营业执照正本或文件、代码证、税务证等，到当地人民银行领取“开户许可证”
- 将领取的“开户许可证”副本送交开户银行，银行据此立户，并按银行要求在备查印鉴卡上预留印鉴
- 向开户银行购买一定数量的转账支票与现金支票
- 按银行要求，在开立的账户内转入或存入一定数量的资金以备使用。至此，企业便可合法使用新开立的银行账户了

3．开立一般存款账户

存款人可以通过本账户办理转账结算和现金缴存，但不能办理现金支取。

一般存款账户的开立要求与程序

- 一般存款账户设置条件：在基本存款账户以外的银行取得借款的单位和个人可以申请开立该账户，并需向开户银行出具借款合同或借款借据
- 所需证明文件：与基本存款账户的存款人不在同一地点的附属非独立核算单位可以申请开立该账户，同时需向开户银行出具基本存款账户的存款人同意其附属非独立核算单位开户的证明
- 一般存款账户设置程序：存款人申请开立一般存款账户的，应填制开户申请书，提供相应的证明文件，送交盖有存款人印章的印鉴卡片，经银行审核同意后，即可开立该账户

4．开立临时存款账户

临时存款账户是指存款人因临时经营活动的需要而开立的账户。存款人可以通过该账户办理转账结算，以及按照国家现金管理规定办理现金收付。

临时存款账户的开立要求与程序

- 临时存款账户设置条件：外地临时机构可以申请开立该账户，并须出具当地工商行政管理机关核发的临时执照
- 所需证明文件：有临时经营活动需要的单位和个人可以申请开立该账户，并须出具当地有权部门同意设立外来临时机构的批件
- 临时存款账户设置程序：存款人申请开立临时存款账户，应填制开户申请书，提供相应的证明文件，送交盖有存款人印章的印鉴卡片，经银行审核同意后，即可开设此账户

5．开立专用存款账户

专用存款账户是指存款人因特定用途需要开立的账户。

专用存款账户的开立要求与程序

- 专用存款账户设置条件：根据《银行账户管理办法》的规定，存款人对特定用途的资金，由存款人向开户银行出具相应证明即可开立该账户。特定用途的资金范围包括基本建设资金、更新改造资金以及其他特定用途、需要专户管理的资金
- 所需证明文件：经有关部门批准立项的文件、国家有关文件的规定
- 专用存款账户设置程序：存款人申请开立专用存款账户，应填制开户申请书，提供相应的证明文件，送交盖有存款人印章的印鉴卡片，经银行审核同意后开立账户

四、更户

更户是指更换银行账户的名称，分为以下两种情况。

更户

- 在单位或个体经营户的资金来源或所有制性质未发生变化的前提下变更账户名称，不需变更账号。但是，营业执照的名称必须变，印章名称也应变更。出纳应持新变更的营业执照与印章去开户银行要回“开户许可证”副本，连同保存的正本一同带到当地银行，银行即可更改“开户许可证”名称。然后，将更改后的副本送交开户银行，并以此预留新印鉴
- 单位资金来源或性质发生变化、所有制也随之变更时（如某些事业单位变成了企业，某些个体经营户经过联合变成了合伙经营户），不但要变更账户名称，还需变更账号，银行需撤销原账户，重新开立新账户，为其编列账号。开户及销户的程序应按有关规定进行

五、并户

并户是指开户单位向银行申请合并其相同资金来源和相同资金性质的账户，或是两个单位合并后随之合并银行存款账户。

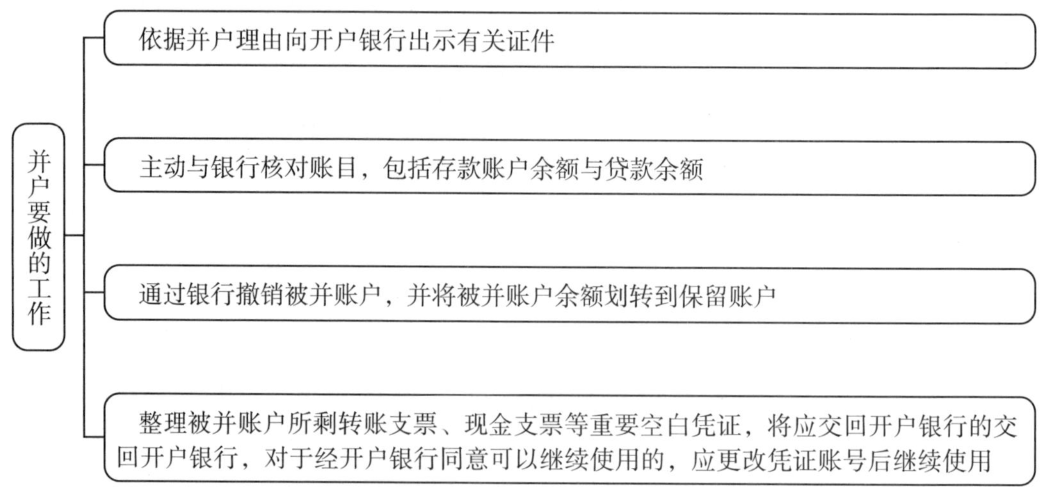

六、迁户

迁户是指开户单位因地址迁移等原因，向原开户银行提出申请，要求将账号迁往异地或他行。

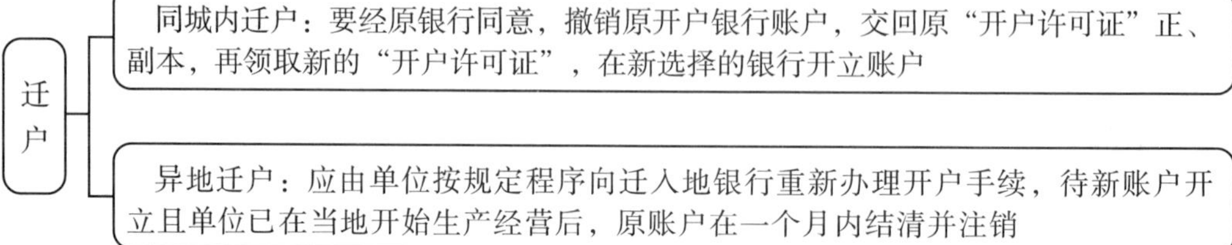

七、销户

销户是指开户单位因关、停、并、转等原因，向银行提出撤销账户申请。销户申请经银行审查，并核对其存、贷款账户后，可以办理销户手续。开户银行应在企业提出撤销账户申请之日起7日内向当地人民银行申报，同时收回销户者的“开户许可证”正、副本。现行《银行账户管理办法》还规定：“开户银行对一年（按对月对日计算）未发生收付活动的账户，应通知存款人自发出通知之日起30日内来行办理销户手续，逾期视同自愿销户。”

销户

- 企业撤销银行结算账户时，必须与开户银行核对银行结算账户存款余额，交回各种重要空白票据、结算凭证和开户登记证，经银行核对无误后，方可办理销户手续
- 存款人未按规定交回各种重要空白票据及结算凭证的，应出示有关证明，造成损失的，由其自行承担
- 企业被合并的，其账户应按规定撤销，将其资金余额转入合并企业的同类账户。合并企业应监督被合并企业撤销其账户，并负责按照《银行账户管理办法》的规定办理备案手续
- 由不同企业合并组建的新企业，其原有账户应按规定全部撤销，重新开立银行账户，并办理备案手续

第三节　银行收付款业务的管理

一、银行收款业务的管理

1. 银行收款业务的内容

银行收款业务的内容

- 制造业银行存款收入所涉及的业务内容主要包括：产品销售业务、对外投资业务、固定资产清理业务、应收业务、借款业务、外币业务等
- 商品流通企业银行存款收入所涉及的业务内容主要包括：商品销售业务、接受投资业务、接受捐赠业务、借入款项业务、出租商品业务、对外出租出借包装物以及出售材料物资业务、对外投资业务、固定资产清理业务、利息收入、其他收入业务等
- 事业单位银行存款收入所涉及的业务内容主要包括：拨款业务、上级补助收入业务、教育事业收入业务、科研事业收入业务、其他收入业务、附属单位缴款业务、经营收入业务、专用基金收入业务、代管款业务、固定资产业务等

2．银行收款业务处理程序

银行收款业务处理程序

根据出纳和会计分工不同，可由出纳人员直接根据银行存款收付原始凭证登记银行存款日记账，也可由会计人员先根据收付凭证编制银行存款记账凭证后传递给出纳人员，出纳人员再登记银行存款日记账

如果企业的会计和出纳是分开办公的，则发生银行存款收付业务时，由出纳人员严格审核有关凭证后再收款。在下班前1小时，出纳人员直接依据这些业务的原始凭证登记现金日记账后，再将这些原始凭证传递给会计人员，使得他们编制银行存款收付记账凭证及登记银行存款总账

如果该单位的会计和出纳是一起办公的，则发生银行收款业务时，由会计人员严格审核有关凭证后，编制银行存款收付记账凭证，交给出纳人员，出纳人员审核无误后再付款或收款，当日下班前，根据这些记账凭证登记银行存款日记账后，再将这些记账凭证传递给会计人员，方便他们登记银行存款总账

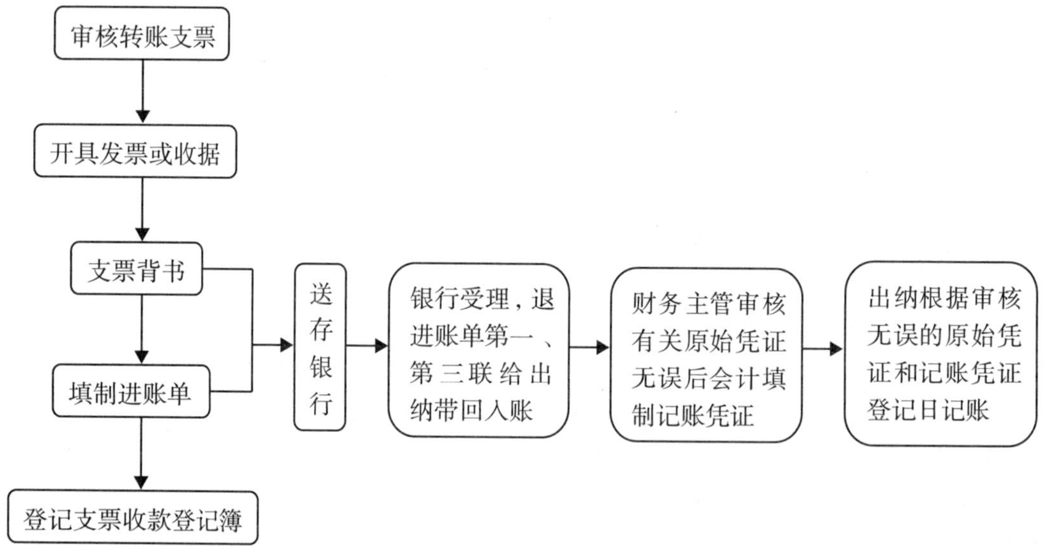

3．银行收款业务凭证的填制与审核

（1）银行收款业务原始凭证的填制

银行收款业务的原始凭证包括：普通发票、增值税专用发票、银行进账单、现金缴款单、贷款收账通知单、存款利息凭证等，这些凭证填制的方法请参照第四章的内容。

（2）银行收款业务原始凭证的审核

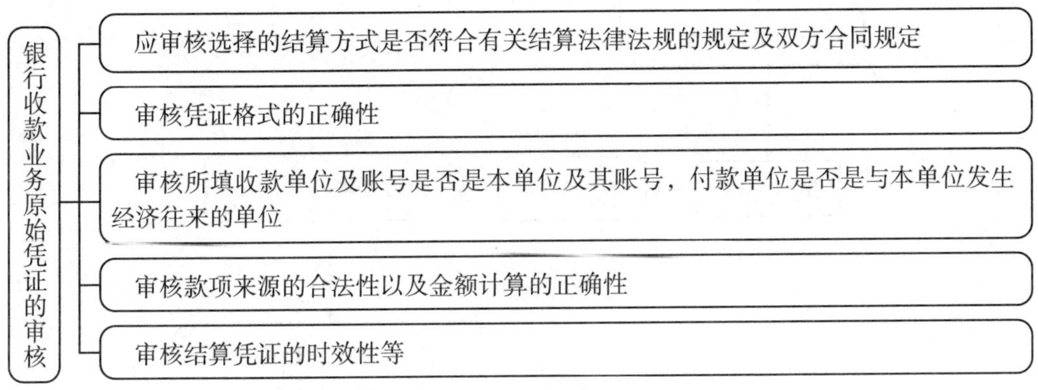

【例6-1】2019年1月20日，某公司收回A公司前欠货款5000元，存入银行，收到银行进账单（收款通知），应当编制的银行存款收款凭证的总号是9号，如表6-1所示。

表6-1　收款凭证

收 款 凭 证

贷方科目：银行存款　　　　2019年1月20日　　　　付字第009号

摘要	对方科目		借或贷	金额										
	总账科目	明细科目		亿	千	百	十	万	千	百	十	元	角	分
收回A公司前欠款	应收帐款	A公司							5	0	0	0	0	0
合计								¥	5	0	0	0	0	0

附单据1张

财务主管：　　记账：　　出纳：　　审核：　　制单：王××

二、银行付款业务的管理

1．银行付款业务的内容

银行付款业务的内容

- 制造业银行存款付出所涉及的业务种类：材料采购业务，应付款业务，对外投资业务，固定资产取得、安装、建造业务，无形资产取得业务，费用和税金支付业务等
- 商品流通企业银行存款付出所涉及的业务种类：商品购销及出租业务，应付款业务，材料物资、包装物、低值易耗品等购进业务，固定资产取得业务，对外投资业务，费用及税金支付业务等
- 事业单位银行存款付出所涉及的业务种类：事业收支业务，经营支出业务，专用基金支出业务，固定资产核算业务，应付款业务，代管款项业务，对外投资业务等

2．银行付款业务处理程序

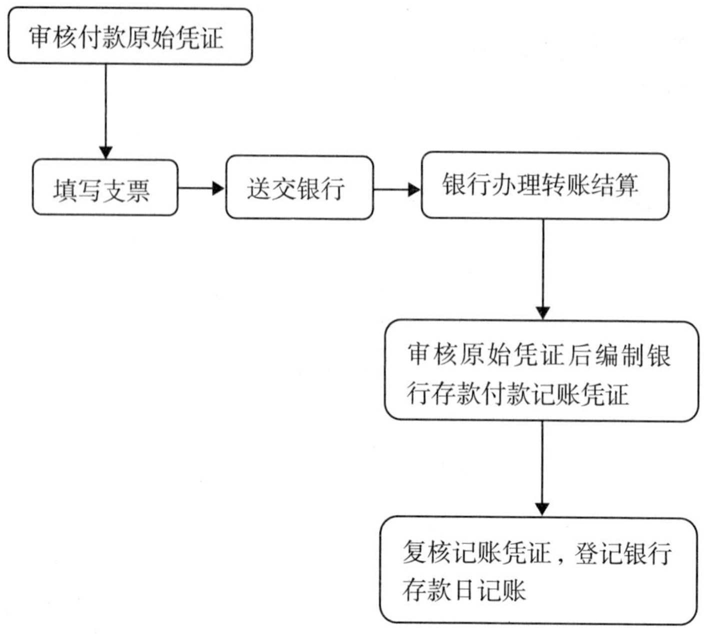

3．银行付款业务凭证的填制与审核

（1）银行付款业务凭证的填制

银行付款业务的原始凭证有：普通发票、增值税专用发票、银行进账单、税收缴款单等，这些凭证填制的方法请参照第四章的内容。

（2）银行付款业务原始凭证的审核

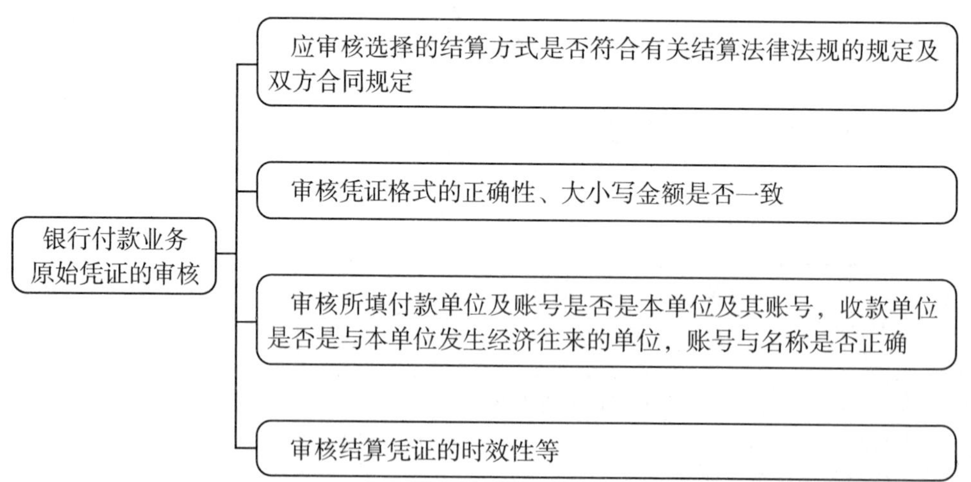

【例 6–2】某公司 2019 年 3 月 25 日从 W 公司购买乙材料 500 千克，单价 100 元，价款计 50000 元，增值税 6500 元，用银行存款付讫，材料未到，附有增值税发票和支票存根各一张。应当编制的银行存款付款凭证的总号是 6 号，如表 6–2 所示。

表 6-2　付款凭证

付 款 凭 证

贷方科目：银行存款　　　　2019 年 3 月 25 日　　　　付字第 006 号

摘要	对方科目		借或贷	金额										
	总账科目	明细科目		亿	千	百	十	万	千	百	十	元	角	分
从 W 公司购买乙材料	原材料	乙材料						5	0	0	0	0	0	0
	应交税费	应交增值税							6	5	0	0	0	0
合计							¥	5	6	5	0	0	0	0

附单据 2 张

财务主管：　　记账：　　出纳：　　审核：　　制单：王 ××

第四节　支票结算业务的管理

支票属于票据的一种，是以银行为付款人的即期汇票。支票通常分为现金支票、转账支票和普通支票 3 种，它们之间的关系如下：

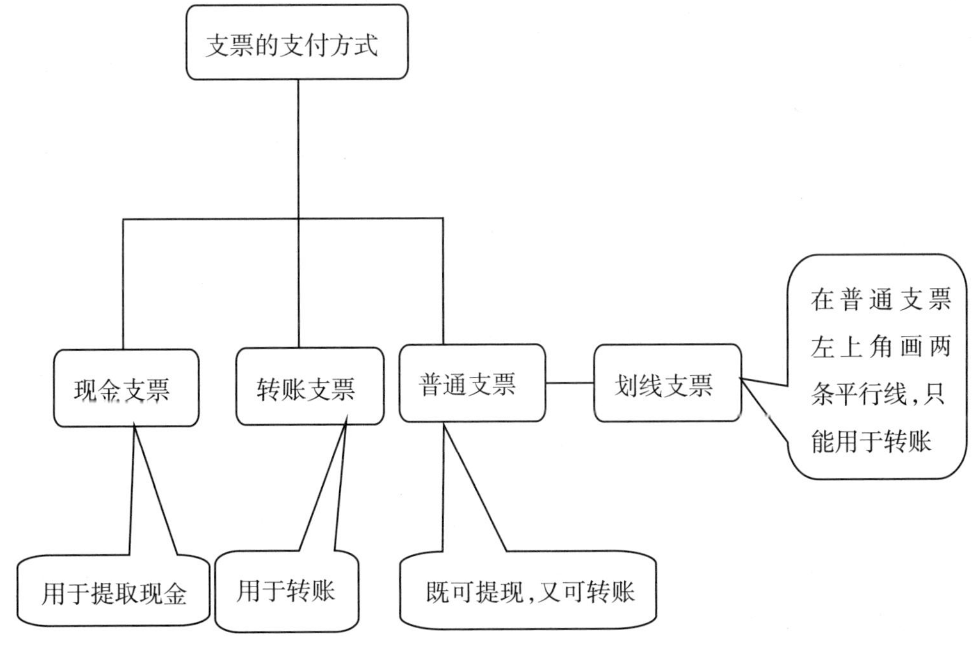

一、支票的结算要求

支票的结算要求

- 支票金额的起点为100元
- 支票的提示付款期限为自出票日起10日内，中国人民银行另有规定的除外。超过提示付款期限的，持票人开户银行不予受理，付款人不予付款。转账支票根据需要在票据交换区域内背书转让
- 存款人领购支票，必须填写“票据和结算凭证领用单”并加盖预留银行印鉴
- 企业财会部门在签发支票之前。出纳人员应该认真查明银行存款的账面结余数额，以免签发超过存款余额的空头支票。若签了空头支票，银行除退票外，还按票面金额处以5%但不低于1000元的罚款。持票人有权要求出票人赔偿支票金额2%的赔偿金
- 支票不能用于出租或出借
- 将已签发的现金支票遗失，可向银行申请挂失；若挂失前已支付的，银行不予受理；若已签发的转账支票遗失，银行不受理挂失，但能请收款单位协助防范

二、支票的结算程序

1．现金支票的结算程序

企业需要提取现金的，由出纳人员签发现金支票，并加盖银行预留印鉴后，到开户银行提取现金。

向外单位支付现金

- 由付款单位出纳人员签发现金支票，并加盖银行预留印鉴和注明收款人后交收款人
- 由收款人持现金支票到付款单位开户银行提取现金，并按照银行的要求交验有关证件

2．转账支票的结算程序

转账支票是用来转账的，签发转账支票时。应在支票收款人栏里填好收款人的全称，然后到出票人的开户行填写三联进账单。进账单上应填好收款人和付款人的全称、账号、开户行行号或名称、金额、款项用途等。

用转账支票结算的程序如下：

（1）由签发人交收款人办理结算的程序。

- 由签发人交收款人办理结算的程序
  - 由签发人签发转账支票，交给收款人
  - 收款人持转账支票到银行填写进账单办理入账手续
  - 收款人开户银行受理，办理相关手续，将款项从签发人银行账户转入收款人账户
  - 收款人收到开户银行发来的收款通知

（2）由签发人交其开户银行办理结算的程序

- 由签发人交其开户银行办理结算的程序
  - 签发人持转账支票到开户银行填写进账单办理入账
  - 开户行受理，将款项划入收款人开户银行的账户
  - 收款人收到开户行发来的收款通知

三、使用支票结算的注意事项

- 使用支票结算的注意事项
  - 到银行购买支票时，可以根据企业业务量的大小适当放宽政策，通常只准一次一本
  - 领取支票时，存款人必须向开户银行填写“支票领用单”并加盖预留银行的印鉴
  - 企业采购人员外出采购时不得携带空白支票
  - 企业收到欠款单位交来的付款支票时，要严格审核支票的内容
  - 如果来采购的人员使用的是支票，必须要对采购人的身份进行核对，验证其相关证件

四、支票结算的账务处理

1．用现金支票提取现金时

借：库存现金

　　贷：银行存款

2. 用转账支票结算发生的业务时

借：库存商品

　　原材料

　　在建工程

　　管理费用

　　贷：银行存款

3. 收到转账支票并存入银行

借：银行存款

　　贷：应收账款等

第五节　银行本票结算业务的管理

银行本票适用于同城范围内的所有商品交易、劳务供应以及其他款项的结算。收款单位与个人持银行本票可以办理转账结算、支取现金以及背书转让。银行本票见票即付，结算迅速。

银行本票的内容包括表明"银行本票"的字样、无条件支付的承诺、确定的金额、收款人名称、出票日期和出票人签章。

一、银行本票的分类

银行本票的分类

- 我国《票据法》规定，本票仅限于银行本票，且分为记名式本票和即期本票
- 根据《支付结算办法》的规定，我国银行本票一般分为定额银行本票和不定额银行本票。定额银行本票一式一联，由中国人民银行总行统一规定票面规格、颜色和格式并统一印制，一式两联；第一联在签发银行结算本票时作为付出传票，第二联由签发银行留存，在结算本票时作为传票附件。定额本票的面额一般为1000元、5000元、10000元和50000元。不定额本票只有一联，其具体规格、颜色和格式由中国人民银行各分行在其所辖范围内作统一规定，并由各银行印制，由签发银行盖章后，申请人用以办理转账结算或取现。不定额本票的金额起点为100元

二、银行本票结算的基本规定

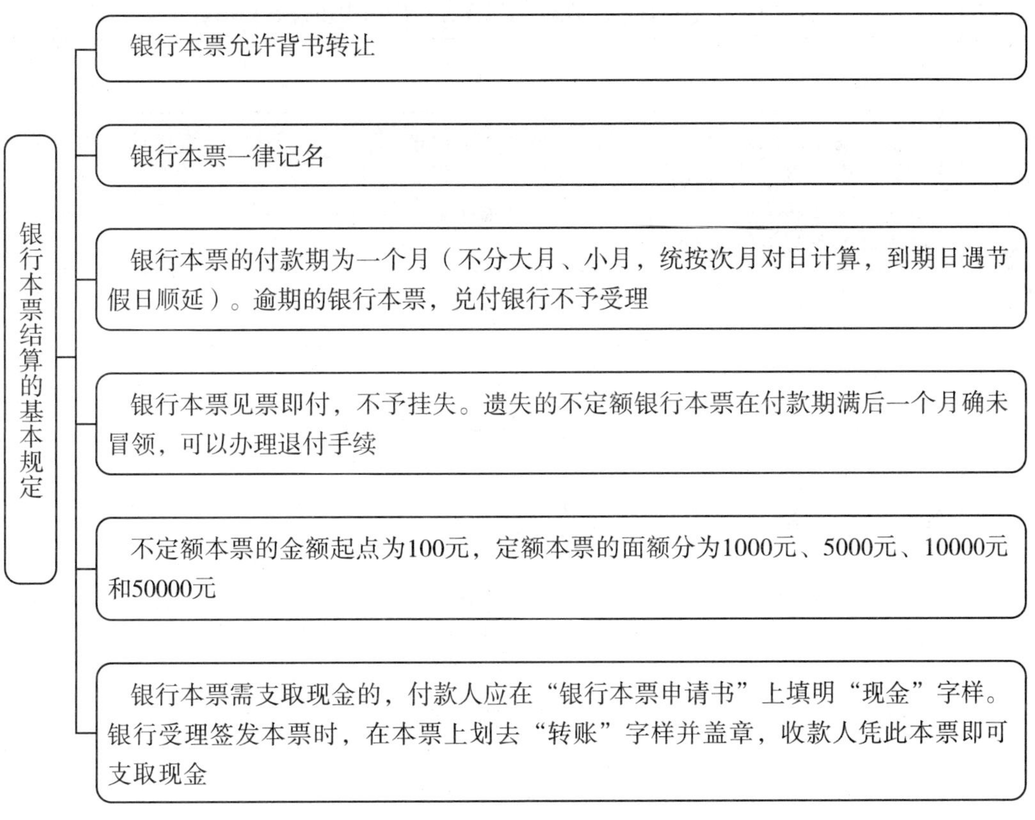

三、银行本票的结算程序

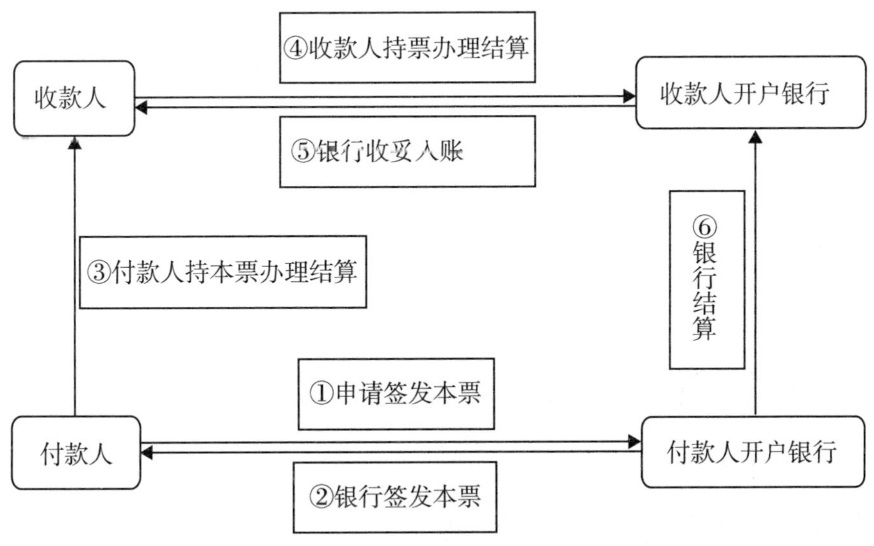

银行本票结算程序说明

- 申请签发本票。付款人使用银行本票，需填写“银行本票申请书”（见表6-3），详细填明收款人名称、金额、日期等内容，同时加盖银行印鉴。如果个体经济户和个人需要支取现金，还应注明“现金”字样，然后送本单位开户银行
- 银行签发本票。出票银行受理“银行本票申请书”后，需认真审查申请书填写的内容是否正确。审查无误后，收妥款项，签发银行本票。需要支付现金的，签发银行应在银行本票上划去“转账”字样，加盖印章；不定额银行本票用压数机压印金额，将银行本票交给申请人
- 付款人持本票办理结算。付款人持银行本票可以向填明的收款单位或个体经济户办理结算
- 收款人持票办理结算。收款人收到付款人交来的银行本票，经过审查后，填写一式两联的进账单，连同收到的银行本票交本单位开户银行办理收款入账手续。收款人是个人的，也可以持转账的银行本票经背书向被背书人的单位或个体经济户办理结算，持有“现金”字样的银行本票，可以向银行支取现金

表 6-3　银行本票申请书

银行本票申请书（存根）　①　　NO：

申请日期：　　年　月　日

申请人		收款人											
账号或住址		账号或住址											
用　途		代理付款行											
款项金额	人民币（大写）		万	千	百	十	万	千	百	十	元	角	分
备注：		科目______ 对方科目______ 财务主管：　复核：　经办：											

此联申请人留存

四、银行本票的受理与退款

1．银行本票的受理

受理银行本票指的是接受本票付款。

受理时应审查的事项
- 收款人或被背书人是否的确为本收款人
- 背书是否连续
- 银行本票付款期是否在规定的付款期内
- 签发的内容是否符合规定、有无涂改，印章是否清晰、有效
- 不定额本票是否有压数机压印的金额
- 持票人身份查验，摘录身份查验，摘录身份证号码

2. 银行本票退款

银行本票退款
- 申请人因银行本票超过付款期或其他原因未使用，可要求退款
- 要求退款时，可持银行本票到签发银行办理退款手续
- 在银行开立存款账户的持票人，还应填写一式两联的进账单，一并交给银行
- 等到银行办妥退款手续后，凭银行退回的进账单进行账务处理；未在银行开立账户的持票人，应在未用的银行本票背面签章，并提交相关证件，经银行审核没有问题后方予退款

五、银行本票背书转让的规定

银行本票一律记名，允许背书转让。

银行本票背书转让的规定
- 银行本票的持有人转让本票，需在本票背面“背书”栏内背书，加盖本单位预留银行印鉴，写明背书日期，在“被背书人”栏内填写受票单位名称，随后将银行本票直接交给被背书单位，同时向被背书单位交验相关证件，以便被背书单位查验
- 被背书单位对收受的银行本票应认真进行审查，其审查内容与收款单位审查内容相同
- 银行本票的背书必须连续，也就是说银行本票上的任意一个被背书人与紧随其后的背书人要连续不断
- 如果本票的签发人在本票的正面注有“不准转让”字样，则该本票不得背书转让
- 背书人也可以在背书时注明“不准转让”，以禁止本票背书转让后再被转让

六、银行本票的账务处理

付款单位收到银行本票与银行退回的“银行本票申请书”存根联后，财务部门根据“银行本票申请书”存根联编制银行存款付款凭证。其会计分录为：

借：其他货币资金——银行本票存款

　　贷：银行存款

对于银行按规定收取的办理银行本票手续费，付款单位应根据银行的相应收费单据，编制银行存款或现金付款凭证，其会计分录为：

借：财务费用——银行手续费

　　贷：银行存款或现金

收款方收到付款方交来的票据时，其会计分录为：

借：银行存款

　　贷：主营业务收入

　　　　应交税费——应交增值税

说明：注意收款方和付款方拿到票据时的不同，收款方增加“银行存款”，而付款方计入“其他货币资金”。

七、银行本票背书转让的账务处理

①若收款单位收受银行本票之后不准备立刻到银行办理进账手续，而是准备背书转让，用来支付款项或偿还债务，则应在得到银行本票时编制转账凭证，其会计分录为：

借：其他货币资金——银行本票

　　贷：主营业务收入

　　　　应交税费——应交增值税（销项税额）

②收款单位将收受的银行本票背书转让给其他单位时，应根据相关原始凭证编制转账凭证。若用收受的银行本票购买物资，则按发票账单等原始凭证编制转账凭证，其会计分录为：

借：材料采购（或商品采购等）

　　贷：其他货币资金——银行本票

　　　　应交税费——应交增值税（进项税额）

八、用收受的银行本票偿还债务的账务处理

用收受的银行本票偿还债务的账务处理，其会计分录为：

借：应付账款

　　贷：其他货币资金——银行本票

第六节　银行汇票结算业务的管理

银行汇票可以用来转账，填明“现金”字样的银行汇票也可用于支取现金。单位及个人在异地、同城或统一票据交换区域进行各种款项结算，包括商品交易、劳务供应以及其他经济活动及债权、债务等各种款项的结算，都可使用银行汇票。

一、银行汇票结算要求

银行汇票结算要求

签发和解付：银行汇票的签发和解付，仅能由中国人民银行和商业银行等参加“全国联行往来”的银行机构办理。跨系统银行签发的转账银行汇票的解付，需通过同城票据交换，将银行汇票和解讫通知提交同城的相关银行审核支付后抵用。省、自治区、直辖市内和跨省、市的经济区域内，按照相关规定办理。在不能签发银行汇票的银行开户的汇款人需要使用银行汇票时，需将款项转交附近能签发银行汇票的银行办理

银行汇票一律记名：记名是指在汇票中指定某一特定人为收款人，其他任何人均无权领款。若指定收款人以背书方式将领款权转让给其指定的收款人，其指定的收款人具有领款权。记名所填的内容包括兑付地点、收款人名称、账号、用途等内容

金额起点：银行汇票的汇票金额起点为500元，对于500元以下的款项，银行不办理银行汇票结算

付款期限：银行汇票的付款期为一个月。付款期，是指从签发之日起到办理兑付之日止。一个月，是指从签发日开始，不论月大月小，统一到下月对应日期止的一个月。例如，签发日为2月5日，则付款期到3月5日止。若到期遇节假日可以顺延。对于逾期的汇票，兑付银行将不予办理

办理手续：

（1）汇款人申请办理银行汇票时，应根据需要确定是否支付现金和允许转汇。如果需要支取现金，可在填写“银行汇票委托书”时，在大写金额前写明“现金”字样，银行受理后，签发带有“现金”字样的银行汇票；如明确不能转汇，可在“银行汇票委托书”的备注栏内写明“不得转汇”字样，银行将根据要求在签发的银行汇票用途栏内注明“不得转汇”字样，汇票就不能办理转汇

（2）汇款人持银行汇票可向填明的收款单位或个体经营户直接办理结算；收款人为个人的，也可以持转账的银行汇票（经背书）向兑付地的单位或个体经营户办理结算

（3）在银行开立账户的收款人或被背书人受理银行汇票后，在汇票背面加盖预留银行印鉴，连同解讫通知、进账单一起送交开户银行办理转账

银行汇票结算要求

- 审核内容：收款人受理银行汇票时，应审核收款人或被背书人是否确为本收款人，银行汇票是否在付款期内，日期、金额是否填写正确，印章是否清晰，是否有用压数机压印的金额，银行汇票与解讫通知是否齐全、是否相符，汇款人与背书人的证明或证件是否真实、是否与背书相符
- 未在银行开立账户：未在银行开立账户的收款人持银行汇票向银行支取款项时，必须交验本人身份证或兑付地有关单位能够证实收款人身份的证明，并在银行汇票背面盖章或签字，注明证件名称、号码、发证机关后，方可办理支取手续
- 现金支取的规定：收款人需要在兑付地支取现金的，汇款人在填写“银行汇票委托书”时，须在“汇款金额”大写金额栏内填写“现金”字样，然后填写汇款金额
- 分次支取的规定：收款人持银行汇票向银行支取款项时，如需分次支取，应以收款人的姓名开立临时存款账户来办理支付；该账户只付不收，付完后清户，期间不计任何利息
- 转汇的规定：银行汇票可以转汇，可委托兑付银行重新签发银行汇票，但转汇的收款人和用途不能变，必须是原收款人和用途，兑付银行必须在银行汇票上加盖“转汇”字样的戳记。已经转汇的银行汇票，必须全额兑付
- 退汇规定：汇款人因在银行汇票超过付款期或因其他原因要求退款时，可持银行汇票或解讫通知到签发银行办理退汇
- 挂失规定：持票人若遗失了填明“现金”字样的银行汇票，持票人应及时向兑付银行或签发银行请求挂失。在银行受理挂失之前（包括对方行收到挂失通知前），钱款被冒领，银行概不负责。若遗失了已经填明收款单位或个体经济户名称的汇票，银行不予以挂失，遗失单位可通知收款单位或个体经济户、兑付银行、签发银行协助防范。遗失的银行汇票在付款期满后一个月内确未冒领的，可以办理退汇手续

二、银行汇票的结算程序

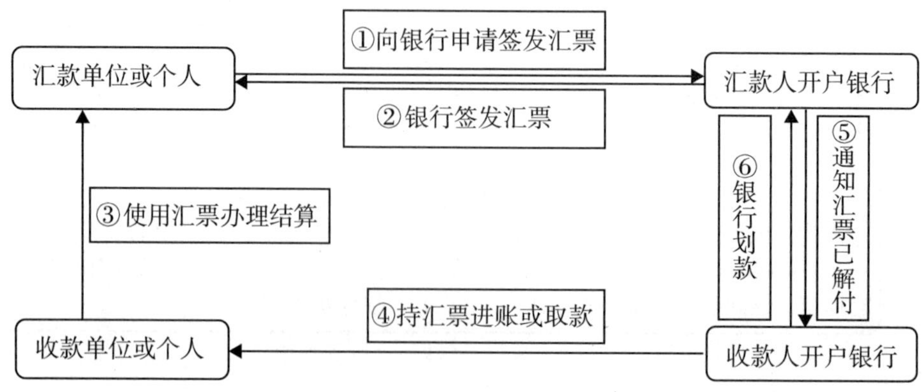

三、银行汇票的申请

企业在使用银行汇票时需填写银行汇票请领单，注明领用银行汇票的部门、经办人、汇款用途、收款单位名称、开户银行、账号等，由请领人签章，并且经单位领导审批同意后，由财务部门具体办理银行汇票手续。

1. 银行汇票请领单的基本格式

银行汇票请领单的基本格式如表 6–4 所示。

表 6–4　银行汇票请领单

_____年__月__日

<table>
<tr><td>收款人</td><td></td><td>开户银行</td><td></td><td>账号</td><td></td></tr>
<tr><td>汇款用途</td><td colspan="5"></td></tr>
<tr><td>汇款金额</td><td>人民币
（大写）</td><td colspan="4">¥</td></tr>
<tr><td colspan="2">部门负责人意见</td><td colspan="2">单位领导审批意见</td><td colspan="2">请领人签章</td></tr>
</table>

2. 银行汇票的使用

使用银行汇票办理结算业务的企业，财务部门应按照规定向签发银行提交“银行汇票委托书”，逐项写明汇款人名称及账号、收款人名称及账号、兑付地点、汇款金额、汇款用途（军工产品可免填）等内容，并且在“汇款委托书”上加盖汇款人预留银行的印鉴，由银行审查后签发银行汇票。若汇款人未在银行开立存款账户，则可以交存现金办理汇票。

汇款人办理银行汇票时，如果能确定收款人的，须详细填明单位、个体经济户名称或个人姓名；如果确定不了，应填写汇款人指定人员的姓名。

对于交存现金办理的汇票，或需要在汇入银行支取现金的，汇款人需在汇票委托书上的“汇款金额”大写栏内先填写“现金”字样，然后填写汇款金额。这样，银行可签发现金汇票，以便汇款人在兑付银行支取现金。企事业单位办理的汇票，如需要在兑付银行支取现金的，由兑付银行按照现金管理有关规定审查支付现金。

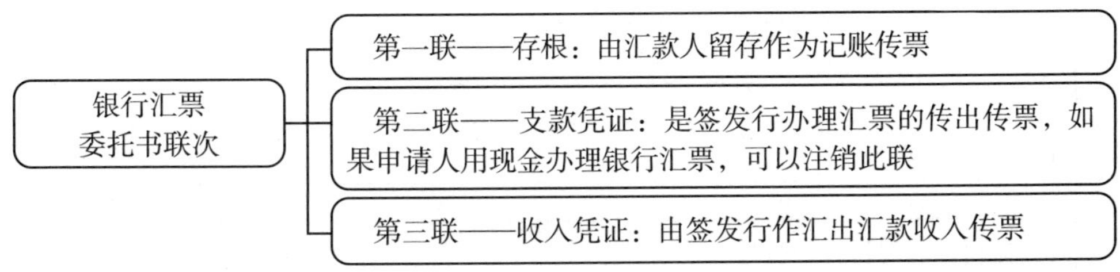

3. 银行汇票委托书样式

银行汇票委托书的样式如表 6–5 所示。

表 6–5　中国 ×× 银行汇票委托书

<table>
<tr><td>收款人</td><td colspan="3"></td><td>汇款人</td><td colspan="9"></td></tr>
<tr><td>账号
或住址</td><td colspan="3"></td><td>账号
或住址</td><td colspan="9"></td></tr>
<tr><td>兑付地点</td><td>省</td><td>市
县</td><td></td><td>汇款用途</td><td colspan="9"></td></tr>
<tr><td rowspan="2">汇款金额</td><td colspan="2" rowspan="2">人民币
（大写）</td><td colspan="2" rowspan="2"></td><td>百</td><td>十</td><td>万</td><td>千</td><td>百</td><td>十</td><td>元</td><td>角</td><td>分</td></tr>
<tr><td></td><td></td><td></td><td></td><td></td><td></td><td></td><td></td><td></td></tr>
<tr><td colspan="4">备注</td><td colspan="10">科　　目________
对方科目________
财务主管：　　　　复核：　　　　经办：</td></tr>
</table>

四、银行汇票的签发

签发银行受理“银行汇票委托书”，通过验对“银行汇票委托书”的内容和印鉴，并在办妥转账或收妥现金以后，即可向汇款人签发转账或支取现金的银行汇票。例如个体经济户和个人需要支取现金的，应在汇票“汇款金额”栏先注明“现金”字样，后填写汇款金额，再加盖印章，并用压数机压印汇款金额，将汇票与解讫通知交汇款人。

1．银行汇票的主要内容

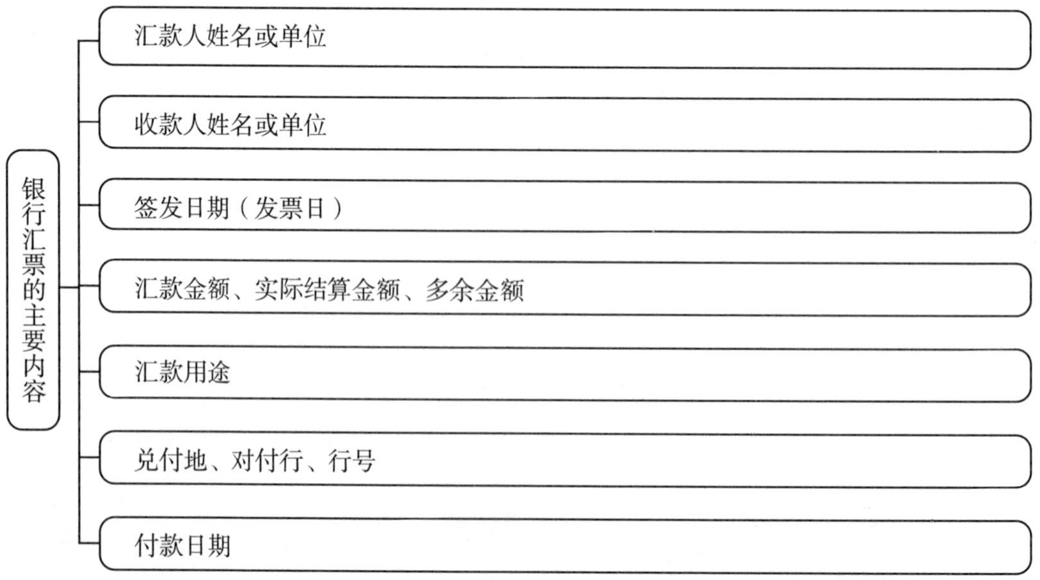

2．银行汇票一式四联

银行汇票一式四联

- 第一联为卡片，由签发行结清汇票时作为汇出汇款付出传票
- 第二联为银行汇票，与第三联解讫通知一并由汇款人自带，在兑付行兑付汇票后，此联作为联行往来账付出传票
- 第三联是解讫通知，在兑付行兑付后随报单寄往签发行，由签发行作为余款收入传票
- 第四联是多余款通知，在签发行结清后交汇款人

3．银行汇票的基本格式

银行汇票的基本格式如表 6–6 所示。

表 6–6　× × 银行汇票

付款期：壹个月　　　　　　　　　　　　汇票号码：第　号

<table>
<tr><td>签发日期
（大写）</td><td colspan="2">____年__月__日</td><td colspan="9">兑付地点：　　　兑付行：　　　行号：</td></tr>
<tr><td colspan="12">收款人：　　　　　　　　账号或住址：</td></tr>
<tr><td colspan="12">汇款金额：　　　　　　人民币（大写）</td></tr>
<tr><td colspan="2" rowspan="2">实际结算金额人民币（大写）</td><td>千</td><td>百</td><td>十</td><td>万</td><td>千</td><td>百</td><td>十</td><td>元</td><td>角</td><td>分</td></tr>
<tr><td></td><td></td><td></td><td></td><td></td><td></td><td></td><td></td><td></td><td></td></tr>
</table>

<table>
<tr><td rowspan="4">汇款人：
发行人：
行号：
汇款用途：
签发行盖章</td><td colspan="10">账号或住址：</td></tr>
<tr><td colspan="9">多余金额</td><td rowspan="3">科目（付）________
对方科目（收）________
兑付日期___年___月___日
复核：　　　记账：</td></tr>
<tr><td>百</td><td>十</td><td>万</td><td>千</td><td>百</td><td>十</td><td>元</td><td>角</td><td>分</td></tr>
<tr><td></td><td></td><td></td><td></td><td></td><td></td><td></td><td></td><td></td></tr>
</table>

4．银行汇票登记簿

出纳人员收到银行签发的银行汇票并将其交给请领人时，应按照规定登记“银行汇票登记簿”，将银行汇票的相关内容，如签发日期、收款单位名称、开户银行、账

号，持票人部门、姓名，汇款用途等进行逐一登记，以备日后查对。银行汇票登记簿的基本格式如表 6–7 所示。

表 6–7　银行汇票登记簿

<table>
<tr><th rowspan="2">签发日期</th><th colspan="3">收款人</th><th colspan="2">持票人</th><th rowspan="2">汇款用途</th><th rowspan="2">汇款金额</th><th rowspan="2">使用日期</th><th rowspan="2">实际结算金额</th><th rowspan="2">退回多余金额</th></tr>
<tr><th>名称</th><th>开户银行</th><th>账号</th><th>部门</th><th>姓名</th></tr>
<tr><td></td><td></td><td></td><td></td><td></td><td></td><td></td><td></td><td></td><td></td><td></td></tr>
<tr><td></td><td></td><td></td><td></td><td></td><td></td><td></td><td></td><td></td><td></td><td></td></tr>
</table>

五、汇款企业的账务处理

汇款企业财务部门收到签发银行签发的“银行汇票联”与“解讫通知联”后，根据银行盖章退回的“银行汇票委托书”第一联，即存根联，编制银行存款付款凭证。账务处理如下：

借：其他货币资金——银行汇票

　　贷：银行存款

若汇款企业用现金办理银行汇票，则财务部门在收到银行签发的银行汇票后，依据“银行汇票委托书”第一联，即存根联，编制现金付款凭证。账务处理如下：

借：其他货币资金——银行汇票

　　贷：库存现金

银行按照规定收取手续费和邮电费，汇款企业应根据银行出具的收费收据作出相应处理。对用现金支付的，编制现金付款凭证；对从其账户中扣收的，编制银行存款付款凭证。账务处理如下：

借：财务费用

　　贷：库存现金 / 银行存款

汇款企业在用银行汇票购买货物并且办理结算后，应等到签发银行转来的银行汇票第四联，即“多余款收账通知联”后，依据其“实际结算金额”栏的实际结算金额与供应部门转来的发票账单等原始凭证上的实际结算金额进行核对，核对相符后编制记账凭证。账务处理如下：

借：材料采购——× × 材料等

　　贷：其他货币资金——银行汇票

银行汇票实际结算金额少于银行汇票汇款金额的差额时，即产生多余款，汇款企业财务部门需根据签发银行转来的银行汇票第四联，即“多余款收账通知联”中写明的“多余金额”数编制银行存款收款凭证。账务处理如下：

借：银行存款

　　贷：其他货币资金——银行汇票

六、收款单位账务处理

收款单位将“银行汇票联”“解讫通知联”及进账单送开户银行办理收款手续，财务部门根据银行退回的进账单第一联（收账通知）中列出的实际结算金额和发票存根联等原始凭证，编制银行存款收款凭证。账务处理如下：

借：银行存款

　　贷：产品销售收入等

【例 6-3】A 公司需要到某市采购商品。4 月 20 日，向开户银行申请用银行存款办理往某市的转账汇票 500000 元。据银行退回的“银行汇票委托书”存根联编制银行存款付款凭证，其会计分录为：

借：其他货币资金——银行汇票　　500000

　　贷：银行存款　　500000

如果汇款单位用现金办理银行汇票，则财务部门在收到银行签发的银行汇票后，根据“银行汇票委托书”第一联存根联编制现金付款凭证，其会计分录为：

借：其他货币资金——银行汇票　　500000

　　贷：库存现金　　500000

对于银行按规定收取的手续费和邮电费，汇款单位应根据银行出具的收费收据，用现金支付的编制现金付款凭证，从其账户中扣收的编制银行存款付款凭证。其会计分录为：

借：财务费用

　　贷：库存现金 / 银行存款

第七节　商业汇票结算业务的管理

按照承兑人的不同，商业汇票可以分为商业承兑汇票和银行承兑汇票两种。

商业汇票

商业承兑汇票是指由银行以外的企事业单位承兑的汇票。商业承兑汇票适用于在银行开立账户的法人之间根据购销合同进行的商品交易，在同城和异地都可使用

银行承兑汇票是指由银行承兑的汇票。银行承兑汇票适用于国有企业、股份制企业、集体所有制工业企业和“三资”企业之间根据购销合同进行的商品交易。其他法人和个人之间不能使用银行承兑汇票

一、商业承兑汇票的结算

商业承兑汇票的结算

商业承兑汇票的特点：无金额起点的限制，付款人是承兑人，出票人可以是收款人也可以是付款人，可以贴现，也可以背书转让

商业承兑汇票的承兑：商业承兑汇票按照购销双方的约定签发。由收款人签发的商业承兑汇票，需交付款人承兑；由付款人签发的商业承兑汇票，应经过本人承兑。承兑时，付款人须在商业承兑汇票下面签署“承兑”字样，并盖上预留银行的印章，再将商业承兑汇票交付收款人。办理商业承兑汇票收款时，都需填制委托收款凭证，并在“委托收款货物名称栏”内填写“商业承兑汇票”及汇票号码，将汇票同托收凭证一同送交开户银行。商业承兑汇票的承兑期限由交易双方决定，最长不超过六个月。如属分期付款，则应一次签发数个不同期限的汇票，也可按供货进度分次签发汇票

商业承兑汇票的结算程序：见商业承兑汇票的结算程序图

商业承兑汇票到期无款支付的处理：商业承兑汇票到期，付款人账户存款不够支付票款时，若属于异地办理委托收款的，由付款人开户银行在委托收款凭证备注栏内写明付款人“无款支付”字样，按照委托收款无款支付的手续处理，并将委托收款凭证与商业承兑汇票退回收款人开户银行；若属于同城用进账单划款的，则比照空头支票退票处理。同时，银行需按照商业承兑汇票的票面金额处以5%但不低于1000元的罚款，同时处以2%的赔偿金给收款人。

审查商业承兑汇票应注意的问题：见下图具体解释

同城或异地的收款人或背书人承兑日期的区别：商业承兑汇票的收款人或被背书人，对于同城的付款人承兑的汇票，应在汇票到期日将汇票交银行办理收款；在异地的付款人承兑的汇票，应在汇票到期日次日起10日内，将汇票送交开户银行办理收款，超过期限的，银行不予受理

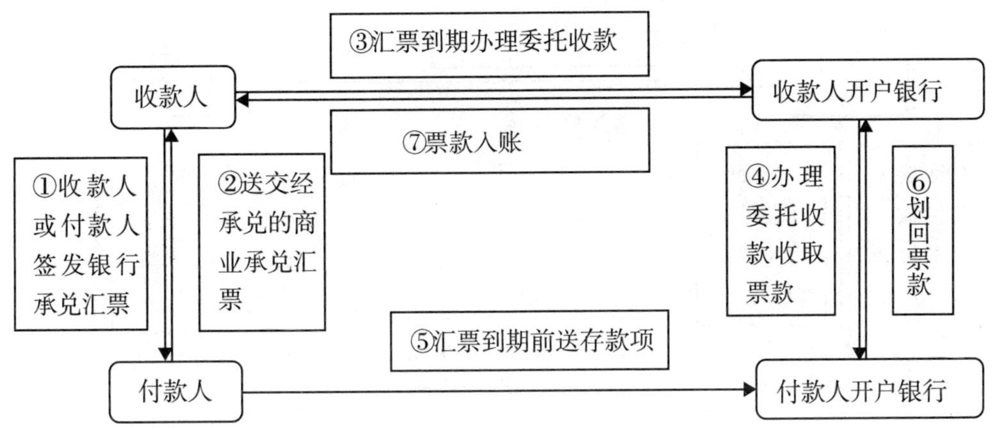

商业承兑汇票的结算程序图

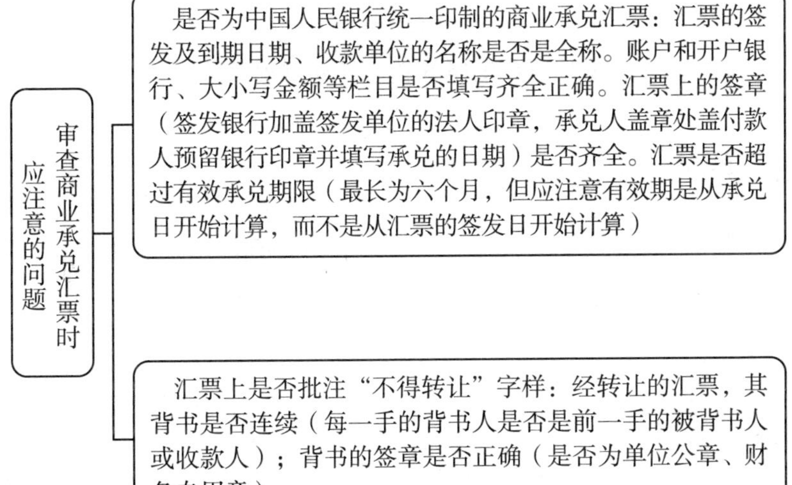

二、银行承兑汇票结算

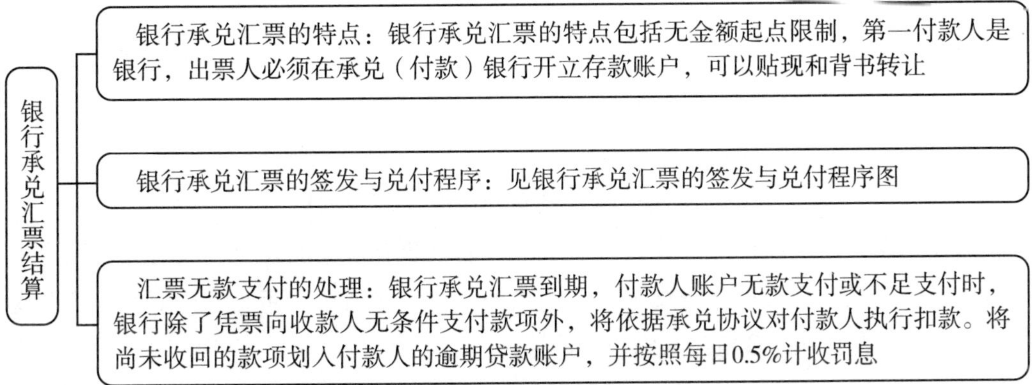

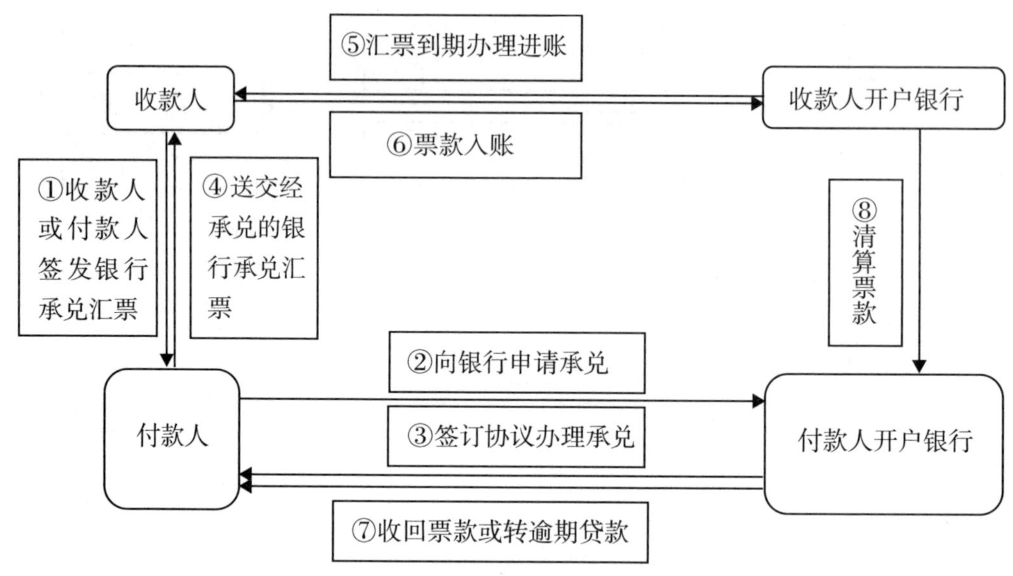

银行承兑汇票的签发与兑付程序图

三、商业汇票的贴现

商业汇票的收款人或被背书人需要资金时，可持到期的承兑汇票填写贴现凭证，向其开户行申请贴现。

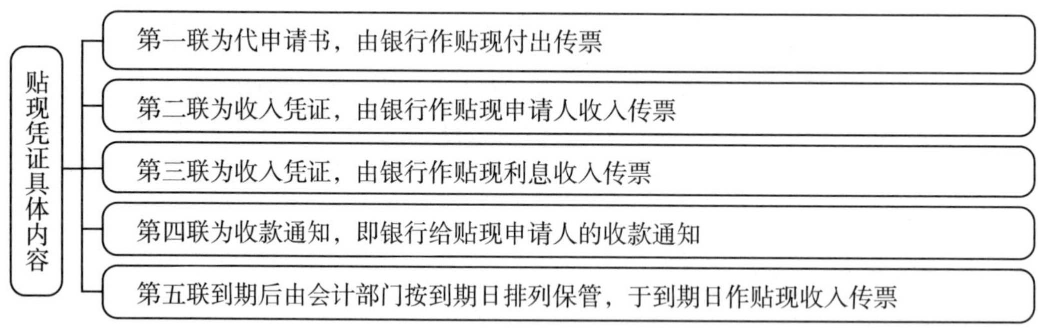

贴现的期限一律从其贴现日起到汇票到期日止。实付贴现金额按照票面金额扣除贴现日至汇票到期前一日的利息计算。贴现利率按相关规定执行，一般按现有同档次信用贷款利率上浮 3% 执行。贴现利息与实付贴现金额的计算公式如下：

$$贴现利息 = 票面到期值 \times 贴现天数 \times 贴现率$$

$$实付贴现金额 = 票面到期值 - 贴现利息$$

贴现到期，贴现银行向承兑人收取票款。如果商业承兑汇票承兑人的银行账户不足以支付时，其开户银行除按规定收取罚款外，还应立刻将该商业承兑汇票退给贴现银行，由贴现银行从贴现申请人账户内收取。

四、商业汇票结算的特点

商业汇票结算的特点

- 与银行汇票等结算方式相比，商业汇票的适用范围相对狭窄，各企事业单位之间只有根据购销合同进行合法的商品交易时，方可签发商业汇票。除商品交易之外，其他方面的结算，如劳务报酬、债务清偿、资金借贷等，不得采用商业汇票结算方
- 与银行汇票等结算方式相比，商业汇票的使用对象相对较少。商业汇票的使用对象是在银行开立账户的法人
- 使用商业汇票的收款人、付款人和背书人、被背书人等必须同时具备两个条件：第一，在银行开立账户；第二，具有法人资格。个体经济户、农村承包户、个人、法人的附属单位等不具备法人资格的单位或个人，以及虽具备法人资格但没有在银行开立账户的单位，均不能使用商业汇票
- 商业汇票可由付款人签发，也可由收款人签发，但均必须经过承兑。只有经过承兑的商业汇票才具备法律效力，承兑人负有到期无条件付款的责任
- 商业汇票到期，承兑人无款支付，或由于其他合法原因，债务人无法获得付款时，可按汇票背书转让的顺序，向前手行使追索权，依法追索票面金额；该汇票上的所有关系人均应负连带责任
- 商业汇票的承兑期限由交易双方商定，通常为3～6个月。属于分期付款的，应一次性签发若干张不同期限的商业汇票
- 未到期的商业汇票可以到银行办理贴现，从而使结算与银行资金融通相结合，有利于企业及时补充流动资金，保证生产经营的正常进行
- 商业汇票在同城、异地都可以使用，而且没有结算起点的限制
- 商业汇票一律记名并允许背书转让。商业汇票到期后，一律经由银行办理转账结算，银行不支付现金。商业汇票的提示付款期限为自汇票到期日起10日内

五、商业承兑汇票的账务处理

商业承兑汇票的账务处理分为两种情况：购货方的账务处理和销货方的账务处理。

（1）购货方的账务处理如表 6–8 所示

表 6–8　购货方的账务处理

具体账务	借	贷
购货单位将承兑后的汇票寄交销货单位以后	材料采购	应付票据
购货单位于到期日支付票款，收到开户银行的付款通知	应付票据	银行存款
购货单位于到期日无力支付票款	应付票据	应付账款——×× 单位

（2）销货方的账务处理如表 6-9 所示

表 6-9　销货方的账务处理

具体账务	借	贷
销货单位收到付款人承兑的汇票，发运商品后	应收票据	主营业务收入
汇票到期日，销货单位收到银行转来的委托收款凭证的收账通知	银行存款	应收票据
销货单位如果因采购材料将商业承兑汇票背书转让给其他单位	材料采购	应收票据
购货方无力支付到期的商业承兑汇票，销货单位收到银行退回的商业承兑汇票	应收账款	应收票据

六、银行承兑汇票的账务处理

银行承兑汇票的账务处理分为两种情况：购货方的账务处理和销货方的账务处理。

（1）购货方的账务处理如表 6-10 所示

表 6-10　购货方的账务处理

具体账务	借	贷
企业向银行申请承兑，按规定向银行缴纳承兑手续费	财务费用	银行存款
企业购买材料物资等，将银行承兑汇票及解讫通知交给收款人	材料采购	应付票据
收到银行支付到期票款的付款通知	应付票据	银行存款

（2）销货方的账务处理如表 6-11 所示

表 6-11　销货方的账务处理

具体账务	借	贷
销货单位收到购货单位寄交的银行承兑汇票，办理了商品发运手续	应收票据	主营业务收入
汇票到期日，销货单位填写进账单，连同汇票一并交送开户银行办理收款，根据银行退回的进账单回单进行账务处理	银行存款	应收票据
销货单位将银行承兑汇票背书转让给其他单位	材料采购	应收票据

第八节　汇兑结算业务的管理

汇兑是汇款单位委托银行将款项汇往异地收款单位的一种结算方式，适用于异地单位、个体经济户及个人各种款项的结算。按照划转款项的方法和传递方式的不同，汇兑可以分为信汇和电汇两种，由汇款人自行选择。

汇兑

信汇：信汇是由汇款人向银行提出申请，同时交存一定金额及手续费，汇出行将信汇委托书以邮寄方式寄给汇入行，授权汇入行向收款人解付一定金额的一种汇兑结算方式

电汇：电汇是由汇款人将一定款项交存汇款银行，汇款银行通过电报或电传将款项划给目的地的分行或代理行（汇入行），指示汇入行向收款人支付一定金额的一种汇款方式

在上述两种汇兑结算方式中，信汇费用较低，但速度也较慢；电汇具有速度快的优点，但汇款人需负担较高的电报电传费用，通常只在紧急情况下或者金额较大时使用。此外，为了确保电报的真实性，汇出行应在电报上加注双方约定的密码；而信汇则不必加密码，签字即可。

一、汇兑结算的特点

汇兑结算的特点

- 普通汇款一般24小时到账：加急汇款的汇划速度快，自客户提交电汇凭证起2小时内到达收款人账户
- 收款人既可以是在汇入行开立账户的单位，也可以是“留行待取”的个人
- 汇款人对银行已经汇出的款项，可以申请退回
- 对在汇入银行开立存款账户的收款人，由汇款人与收款人自行联系退汇
- 对未在汇入银行开立存款账户的收款人，由汇出银行通知汇入银行，经核实汇款确未支付，并将款项收回后，可办理退汇
- 个人汇款解讫后，可通过开立的“应解汇款及临时存款”账户，办理转账支付和以原收款人为收款人的转汇业务

二、签发汇兑凭证应记载的事项

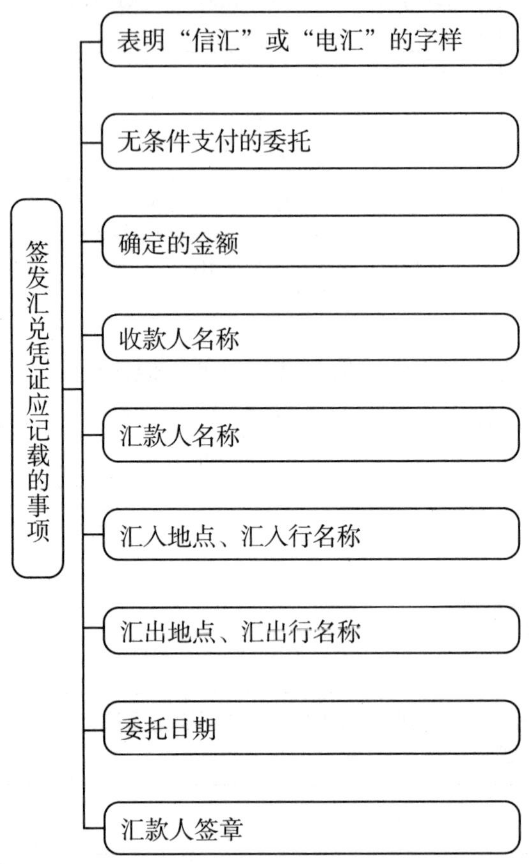

三、收款人支取款项

开立存款账户的收款人

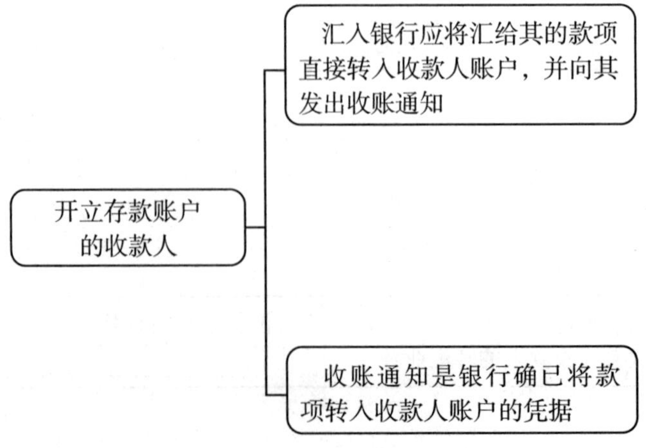

未在银行开立存款账户的收款人

- 收款人凭信汇、电汇的取款通知或“留行待取”向汇入银行支取款项时，必须交验本人的身份证件，在信汇、电汇凭证上写明证件名称、号码及发证机关，并在“收款人签盖章”处签章；信汇凭签章支取的，收款人的签章必须和预留的信汇凭证上的签章相符
- 经银行审查无误后，以收款人的姓名开立应解汇款及临时存款账户，该账户只付不收，付完清户，不计利息
- 支取现金的，信汇、电汇凭证上必须有按照规定填明的“现金”字样，方可办理。未填明“现金”字样需要支取现金的，由汇入银行按照国家现金管理规定审查支付
- 收款人需要委托他人向汇入银行支取款项的，应在取款通知上签章，填写本人身份证件名称、号码、发证机关和“代理”字样以及代理人姓名
- 代理人代理取款时，也应在取款通知上签章，写明其身份证件名称、号码及发证机关，并同时交验代理人和被代理人的身份证件
- 转账支付的，应由原收款人向银行填制支款凭证，并由本人交验其身份证件办理支付款项。该账户的款项仅可转入单位或个体工商户的存款账户，严禁转入储蓄和信用卡账户
- 转汇的，应由原收款人向银行填制信汇、电汇凭证，并由本人交验其身份证件。转汇的收款人必须是原收款人
- 原汇入银行必须在信汇、电汇凭证上加盖转汇戳记

四、撤销汇款、退汇和转汇

撤销汇款、退汇和转汇

撤销汇款：汇款人对汇出银行尚未汇出的款项可以申请撤销。申请撤销时，应出具正式函件或本人身份证件及原信汇、电汇回单。汇出银行查明确未汇出款项的，收回原信汇、电汇回单，方可办理撤销

退汇

（1）汇款人对汇出银行已经汇出的款项可以申请退汇。对于在汇入银行开立存款账户的收款人，由汇款人和收款人自行联系退汇；对于未在汇入银行开立存款账户的收款人，汇款人需出具正式函件或本人身份证件以及原信汇、电汇回单，由汇出银行通知汇入银行，经由汇入银行核实汇款确未支付并将款项汇回汇出银行后，才能办理退汇

（2）转汇银行不能受理汇款人或汇出银行对汇款的撤销或退汇

（3）汇入银行对于收款人拒绝接受的汇款，需办理退汇。对于向收款人发出取款通知，经过两个月不能交付的汇款，汇入银行应主动办理退汇

转汇：汇款人由于汇入地没有所需商品等原因需要转汇时，可以携带取款通知和相关证件，请求汇入银行重新办理信汇、电汇手续，将款项汇往其他地方。根据规定，转汇的收款人和汇款用途必须是原汇款的收款人及汇款用途。汇入银行办理转汇手续，在汇款凭证上加盖“转汇”戳记。第三联信汇凭证“备注”栏内写明“不得转汇”的，汇入银行不予办理转汇

五、汇兑结算方式下的汇款办理

1. 填写内容

汇款人委托银行办理汇兑，需向汇出银行填写信汇、电汇凭证，详细填明汇入地点、汇入银行名称、收款人名称、汇款金额、汇款用途（军工产品可以免填）等各项内容，并在信汇、电汇凭证第二联上加盖预留银行印鉴。

填写内容注意事项

汇款单位需要派人至汇入银行领取汇款时，除在“收款人”栏写明取款人的姓名外，还要在“账号或住址”栏内注明“留行待取”字样。留行待取的汇款，需要指定具体收款人领取汇款的，应写明收款人的单位名称

个体经济户及个人需要在汇入银行支取现金的，应在信汇、电汇凭证上的“汇款金额”大写栏内先填写“现金”字样，然后紧靠其后填写汇款金额大写

汇款人确定不得转汇的，应在“备注”栏内注明

汇款需要收款单位凭印鉴支取的，应在信汇凭证第四联上加盖收款单位预留银行印鉴

2．凭证联次

（1）采用信汇的，汇款单位的出纳人员应填制一式四联的“信汇凭证”

信汇凭证
- 第一联（回单）是汇出行受理信汇凭证后给汇款人的回单，如表6–12所示
- 第二联（支款凭证）是汇款人委托开户银行办理信汇时转账付款的支付凭证
- 第三联（收款凭证）是汇入行将款项记入收款人账户后的收款凭证
- 第四联（收账通知或取款收据）是在直接记入收款人账户后通知收款人的收款通知，或不直接记入收款人账户时收款人凭此领取款项的取款收据

表 6–12　信汇凭证回单

工商银行信汇凭证（回单）

年　月　日　　　　　　第　号

汇款人	全称				持票人	全称			
	账号					账号			
	汇出地点	省 市县	汇出行名称			汇入地点	省 市县	汇入行名称	
金额	人民币（大写）							千 百 十 万 千 百 十 元 角 分	
汇款用途：					汇出行盖章 年　月　日				
单位主管	会计	复核	记账						

（2）电汇凭证一式三联

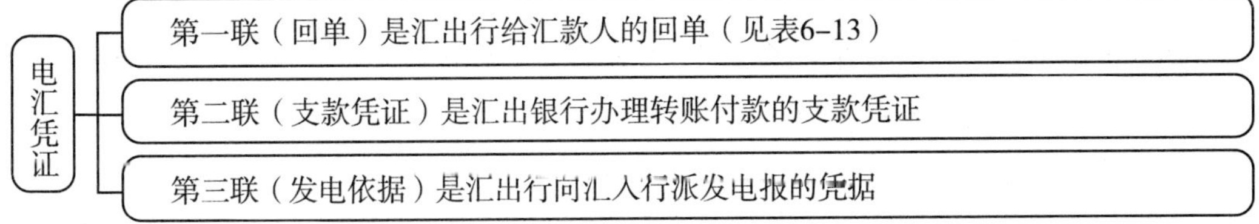

3．凭证审查

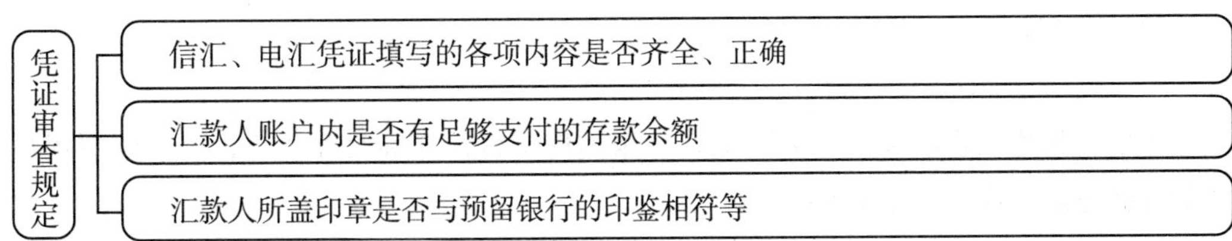

经审查无误后，方可办理汇款手续，在第一联回单上加盖“转讫”章退给汇款单

位，并按照规定收取手续费；若不符合条件，汇出银行不予办理汇出手续，作退票处理。汇款单位依据银行退回的信汇、电汇凭证第一联，根据不同情况编制记账凭证。

表 6-13　电汇凭证回单

中国工商银行电汇凭证（回单）

□普通　□加急　　　　　　　　委托日期　　年　　月　　日

<table>
<tr><td rowspan="3">汇款人</td><td>全称</td><td></td><td rowspan="3">收款人</td><td colspan="6">全称</td><td colspan="5"></td></tr>
<tr><td>账号</td><td></td><td colspan="6">账号</td><td colspan="5"></td></tr>
<tr><td>汇出地点</td><td></td><td colspan="6">汇入地点</td><td colspan="5"></td></tr>
<tr><td colspan="2">汇出行名称</td><td></td><td colspan="7">汇入行名称</td><td colspan="5"></td></tr>
<tr><td rowspan="2">金额</td><td rowspan="2">人民币大写</td><td colspan="2" rowspan="2"></td><td>亿</td><td>千</td><td>百</td><td>十</td><td>万</td><td>千</td><td>百</td><td>十</td><td>元</td><td>角</td><td>分</td></tr>
<tr><td></td><td></td><td></td><td></td><td></td><td></td><td></td><td></td><td></td><td></td><td></td></tr>
<tr><td colspan="3" rowspan="2">汇出行签章</td><td>支付密码</td><td colspan="11"></td></tr>
<tr><td colspan="12">附加信用及用途

复述:　　　　　　　　记账:</td></tr>
</table>

4．账务处理

如果汇款单位用汇款清理旧账，则应编制银行存款付款凭证，其会计分录为：

借：应付账款——××单位

　　贷：银行存款

如果汇款单位是为购买对方单位的产品而预付货款，则应编制银行存款付款凭证，其会计分录为：

借：预付账款

　　贷：银行存款

如果汇款单位将款项汇往采购地，在采购地银行开立临时存款户，则应编制银行存款付款凭证，其会计分录为：

借：其他货币资金——外埠存款

　　贷：银行存款

【例 6–4】某公司为到 A 市采购用品，委托银行以电汇方式向该城市某银行汇款 100000 元，设立临时采购专户。银行按规定收取手续费 40 元，从账户中扣收。财务部门根据银行盖章退回的汇款凭证第一联编制银行存款付款凭证，其会计分录为：

借：其他货币资金——外埠存款　　100000

　　贷：银行存款　　100000

同时，按照银行收取的手续费，作银行存款付款凭证，其会计分录为：

借：财务费用　　40

　　贷：银行存款　　40

六、领取汇款

1. 单据处理

按照规定，汇入银行对开立账户的收款单位的款项需直接转入收款单位的账户。

单据处理

- 采用信汇方式的，收款单位开户银行（即汇入银行）需在信汇凭证第四联上加盖“转讫”章后交给收款单位，表示汇款已经由开户银行代为进账
- 采用电汇方式的，收款单位开户银行需根据汇出行发来的电报编制三联联行电报划收款补充报单，在第三联上加盖“转讫”章作收账通知交给收款单位，表明银行已代为进账
- 收款单位根据银行转来的信汇凭证第四联（信汇）或联行电报划收款补充报单（电汇）编制银行存款收款凭证，借记“银行存款”账户，贷记有关账户（依据汇款的性质而定）

2. 账务处理

若对方汇款是用来偿付旧账，则收款单位收款凭证的会计分录为：

借：银行存款

　　贷：应收账款

若属于对方单位为购买本单位产品而预付的货款，则收款凭证的会计分录为：

借：银行存款

　　贷：预收账款

待实际发货时，再根据相关原始凭证编制转账凭证，其会计分录为：

借：预收货款

　　贷：主营业务收入

若款到即发货，也可直接编制收款凭证，其会计分录为：

借：银行存款

贷：主营业务收入

3．汇款支取

汇款支取

- 需要在汇入银行支取现金：需要在汇入银行支取现金的，必须在信汇（或电汇）凭证上的“汇款金额”栏内写明“现金”字样，可以由收款人填制一联支款单连同信汇凭证第四联及有关身份证件到汇入银行取款。汇入银行审核有关证件以后，一次性办理现金支付手续。对于未在汇款凭证上写明“现金”字样，而需要在汇入银行支取现金的单位，由汇入银行按照国家现金管理的规定支付
- 留行待取：对于留行待取的汇款，收款人需携带身份证件或汇入地有关单位能够证实收款人身份的证明去汇入银行办理取款。汇入银行向收款人问明情况，与信汇、电汇凭证进行核对，同时将证件名称、号码、发证单位名称等批注在信汇、电汇凭证空白处，并由收款人在“收款人盖章”处签名或盖章，再办理付款手续。若是凭印鉴支取的，收款人所盖印章必须同预留印鉴相同
- 收款人需要在汇入地分次支取汇款：收款人需要在汇入地分次支取汇款的，可由收款人在汇入银行开设临时存款账户，将汇款暂时存入该账户，分次支取。临时存款账户只取不存，付完清户，不计利息

第九节　委托收款结算业务的管理

委托收款结算是收款人向银行提供收款依据，委托银行向付款人收取款项的一种结算方式，是银行支付结算的重要手段之一。委托收款方便收款人主动收款，在同城或异地都可使用，既适用于单位和个体经济户各种款项的结算，也适用于水电、电话等劳务款项的结算，因为其灵活、简便而被企业和个体工商户广泛使用。单位及个人可凭已承兑商业汇票、债券、存单等付款人债务证明办理款项的结算。其结算款项的划回方式分为邮寄与电报两种，由收款人选用，其格式分别见表 6–14、表 6–15：

表 6-14　委托收款凭证（收账通知）

委邮

委 托 收 款 凭证（回　单）　1　委托号码：

委托日期　　年　　月　　日

<table>
<tr><td rowspan="3">付款人</td><td>全称</td><td></td><td rowspan="3">收款人</td><td>全称</td><td colspan="3"></td></tr>
<tr><td>账号或地址</td><td></td><td>账号</td><td colspan="3"></td></tr>
<tr><td>开户银行</td><td></td><td>开户银行</td><td></td><td>行号</td><td></td></tr>
<tr><td>委收金额</td><td colspan="5">（人民币）
（大写）</td><td colspan="2">千 百 十 万 千 百 十 元 角 分</td></tr>
<tr><td>款项内容</td><td></td><td>系托收款凭据名称</td><td colspan="2"></td><td>附寄单证张数</td><td colspan="2"></td></tr>
<tr><td colspan="3">备注：</td><td colspan="2">款项收妥日期
年　月　日</td><td colspan="3">收款人开户银行
盖章　月　日</td></tr>
</table>

此联收款人开户银行给收款人的回单

单位主管：　　会计：　　复核：　　记账：

10×17.5公分（白纸蓝油墨）

表 6-15　委托收款凭证（收账通知）

第　　号

委电

委托收款 凭证（回　单）　1　委托号码：

委托日期　　年　月　日

<table>
<tr><td rowspan="3">付款人</td><td>全称</td><td></td><td rowspan="3">收款人</td><td>全称</td><td colspan="3"></td></tr>
<tr><td>账号或地址</td><td></td><td>账号</td><td colspan="3"></td></tr>
<tr><td>开户银行</td><td></td><td>开户银行</td><td></td><td>行号</td><td></td></tr>
<tr><td>委收金额</td><td colspan="5">人民币
（大写）</td><td colspan="2">千 百 十 万 千 百 十 元 角 分</td></tr>
<tr><td>款项内容</td><td></td><td>委托收款凭据名称</td><td colspan="2"></td><td>附寄单证张数</td><td colspan="2"></td></tr>
<tr><td colspan="3">备注：
电划</td><td colspan="2">款项收妥日期
年　月　日</td><td colspan="3">收款人开户银行盖章
月　日</td></tr>
</table>

此联收款人开户行给收款人的回单

单位主管：　　会计：　　复核：　　记账：

10×17.5公分（白纸蓝油墨）

一、委托收款的适用范围

凡是在银行及其他金融机构开立账户的单位和个体经济户的商品交易、劳务款项以及其他应收款项的结算均可以使用委托收款结算方式。城镇公用企事业单位向用户收取水费、电费、电话费、邮费、煤气费等，也均可采用委托收款结算方式。

二、委托收款的特点

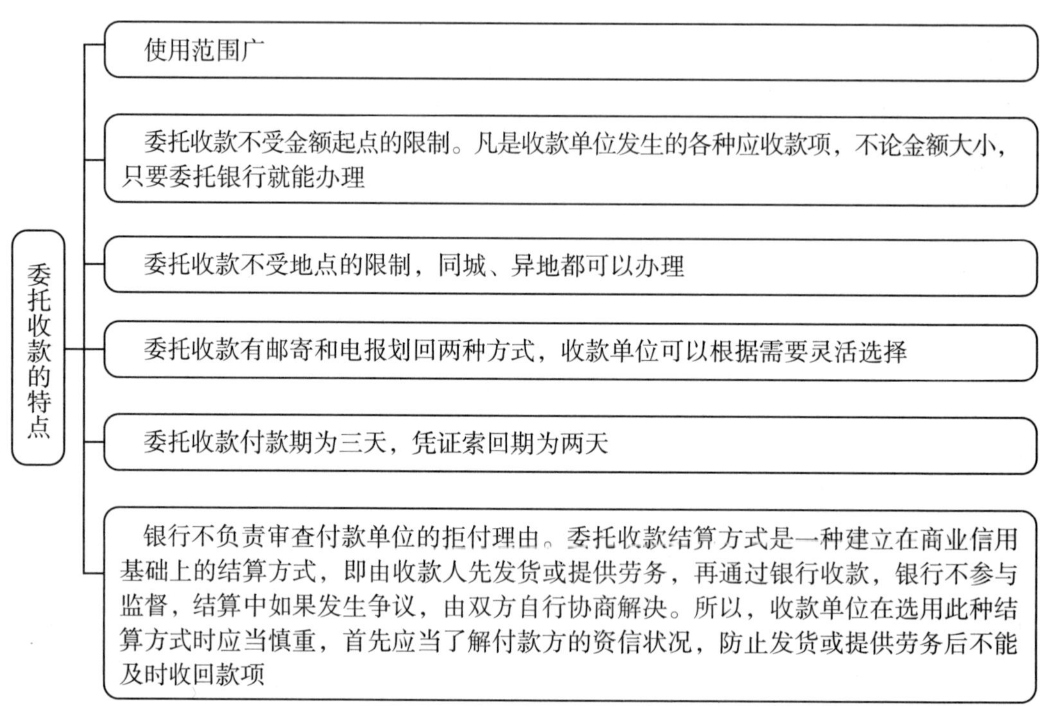

三、委托收款应记载的事项

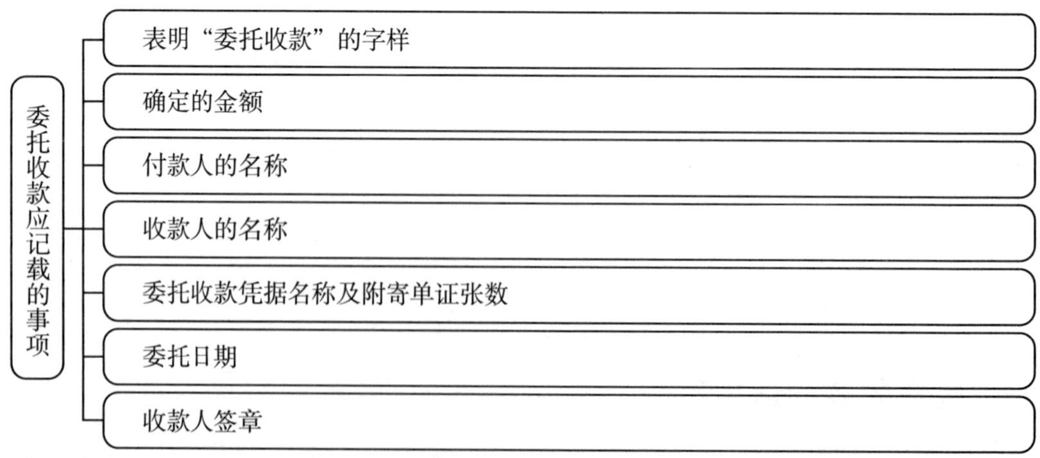

委托收款人将银行以外的单位作为付款人的，委托收款凭证上应记载付款人银行名称。

四、委托收款的付款期限

委托收款的付款期是三天，从付款人开户银行发出付款通知的次日算起（付款期内如遇节假日顺延），付款人在付款期内没有向银行提出异议，银行视作同意付款，并在付款期满的次日（如遇节假日顺延）上午银行开始营业时，将款项主动划拨收款人。如在付款期满前，付款人通知银行提前付款，应立刻办理划款。

五、委托收款的程序

1. 两方交易的直接结算程序

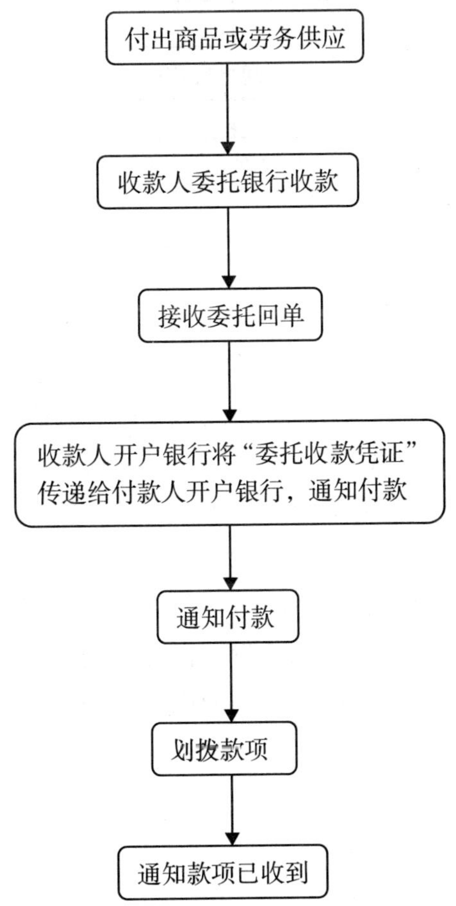

2. 三方交易

所谓三方交易，是指批发单位、销货单位、购货单位都不在一地，批发单位委托销货单位直接向购货单位发运商品，而货款则由批发单位分别与购销双方进行结算。

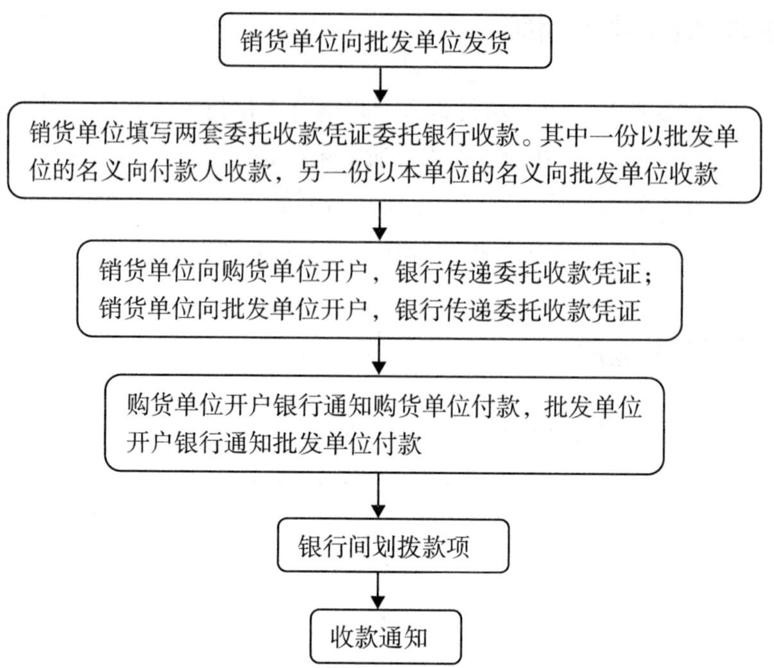

六、代办发货

代办发货是指销货单位与代办发货单位不在一地，销货单位与代办发货单位订立代办发货委托收款合同，由销货单位委托代办发货单位向购货单位发货，并由代办发货单位代销货单位办理委托收款手续，向购货单位收款。

代办发货单位依据销货单位的通知，向购货单位发货后，以销货单位的名义填制委托收款凭证，同时在凭证上加盖代办发货单位的印章，交于代办发货单位开户银行向购货单位收取款项，将货款划回销货单位开户银行，转进销货单位银行存款账户。在这种做法下，代办发货单位仅办理代办发货和代办委托收款手续，不发生结算关系，购货单位如果发生拒付或无款支付等，均由销货单位和购货单位按照上述有关规定办理。

七、代理收款

代理收货委托收款是指购货单位与代理收货单位不在一地，由销货单位直接向代理收货单位发货后，委托银行向购货单位收取货款的做法。购货单位预先将代理收货单位通知销货单位，由销货单位向代理收货单位发货，并填制委托收款凭证，同时在委托收款凭证上加注“代理收货收款”字样，送交开户银行向购货单位收取货款。代理收货单位仅办理代理收货，不发生结算关系，购货单位如果发生拒付，由购货单位和销货单位按照上述有关规定办理。

八、同城特约委托收款

在同城范围内，收款人收取公用事业费或根据国务院的规定收取相关款项时，可以使用同城特约委托收款。

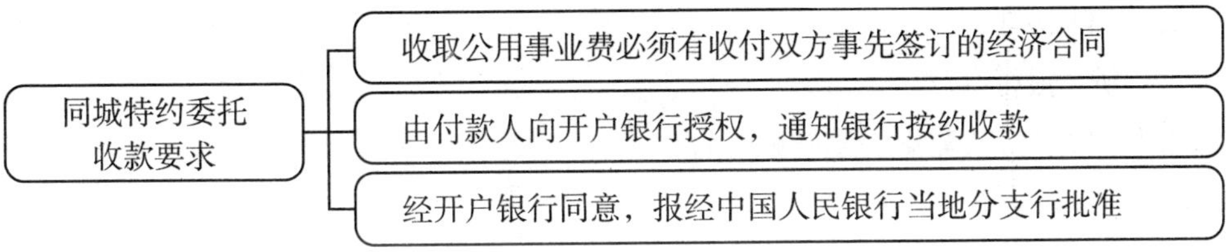

同城特约委托收款要求
- 收取公用事业费必须有收付双方事先签订的经济合同
- 由付款人向开户银行授权，通知银行按约收款
- 经开户银行同意，报经中国人民银行当地分支行批准

九、委托收款结算方式下无款支付

委托收款结算方式下无款支付的处理
- 付款人在付款期满日营业终了前，无足够资金支付全部款项时：银行应在次日上午开始营业时，通知付款人将相关单证（单证已作账务处理的，付款人可以填制“应付款项证明单”）在两天内退回开户银行。银行将相关结算凭证连同单证或应付款项证明单退回收款人开户银行，由其交予收款人
- 付款单位在付款期满日营业终了之前，其银行账户内存款不足以支付款项或无款支付时：银行在次日上午开始营业时填制一式四联的无款支付通知书。付款单位必须在银行发出通知的次日起两日内（到期日如果遇节假日顺延，邮寄的加邮程）将委托收款凭证第五联和所附的有关单证全部退回开户银行。若付款单位已将有关单证作账务处理或部分付款的，应填制“应付款项证明单”送到开户银行。“应付款项证明单”一式两联，第一联由收款单位作为应收款项的凭据；第二联由付款单位留存作为应付款项的凭据

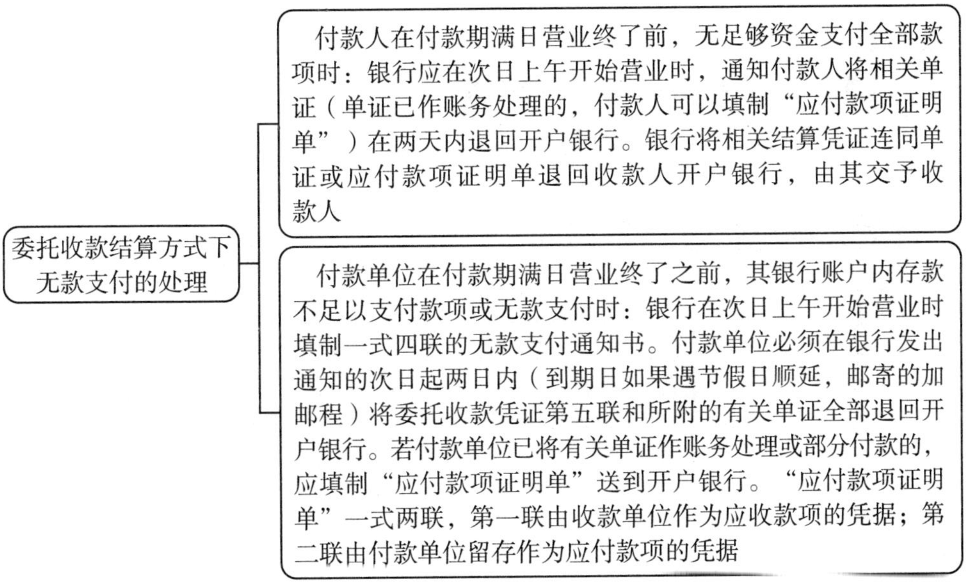

付款单位出纳人员应认真、逐项填制收款人名称、付款人名称、单证名称、单证编号、单证日期、单证内容等项目内容，并且在“单证未退回原因”栏内注明单证未退回的具体原因，例如单证已作账务处理、已经部分付款等。同时，在“我单位应付款项”栏内写明应付给收款单位的款项金额大写，如果确实无款支付，则应付金额等于委托收款金额；如果已部分付款，则应付金额等于委托收款金额减去已付款项金额之差额，并且在付款人盖章处加盖本单位公章。银行审查无误后，将委托收款凭证连同相关单证或“应付款项证明单”退回收款单位开户银行，由其转交给收款单位。

若所购货物已经收到但无款支付，则付款单位财务部门应编制有关转账凭证，其会计分录为：

借：材料采购

贷：应付账款——××公司

若付款单位银行账户内存款不足、但已支付部分款项，则付款单位财务部门应根据已付款金额编制银行存款凭证，其会计分录为：

借：材料采购

贷：银行存款

同时，按未付款金额编制转账凭证

借：材料采购

贷：应付账款——××公司

【例 6-5】某公司采用委托收款方式向 A 公司购买商品，款项 90400 元，付款期满，B 公司账户内无款支付，而所购商品已经收到，则 B 公司财务部门应编制转账凭证，其会计分录为：

借：材料采购	80000
应交税费——应交增值税（进项税额）	10400
贷：应付账款——A 公司	90400

十、付款人拒绝付款或不退回单证

付款人拒绝付款或不退回单证的处理

- 付款人拒绝付款：付款人审查相关债务证明后，对收款人委托收取的款项要拒绝付款的，可以拒绝办理付款。付款人对收款委托人委托收取的款项需要全部办理委托付款的，应在付款期内注明“委托收款结算全部拒绝付款理由书”，同时加盖银行预留签章，连同相关单证交开户银行，银行不负责审查拒付理由，将拒付款理由书和相关凭证及单证寄给收款人开户银行转交收款人。需要部分拒绝付款的，应在付款期内出具“委托收款结算部分拒绝付款理由书”，并且加盖银行预留印鉴，送交开户银行，由银行办理部分划款，并将部分拒绝付款理由书寄到收款人开户银行转交给收款人
- 付款人不退回单证：付款人逾期不退回单证的，开户银行需按照委托收款的金额自发出通知的第三天起，每天处以0.5%但不低于50元的罚金，并暂停付款人委托银行向外办理结算业务，直至退回单证

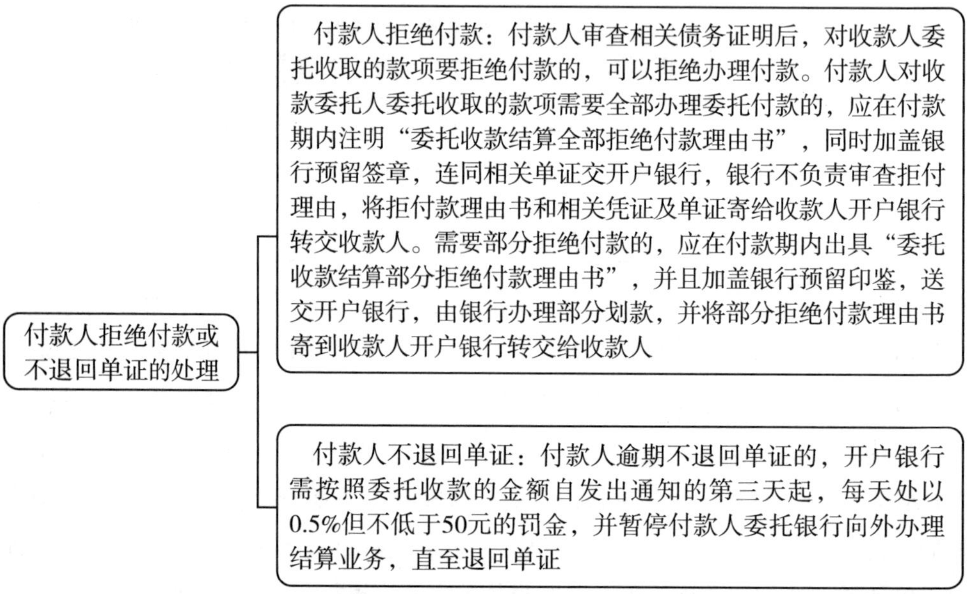

第十节　托收承付结算业务的管理

一、托收承付的内容

（1）托收指销货单位（即收款单位）委托其开户银行收取款项的行为

托收

办理托收时，必须具有符合《合同法》规定的经济合同，并在合同上注明使用托收承付的结算方式和遵守“发货结算”的原则

“发货结算”是指收款方按照合同发货并取得货物发运证明后，方可向开户银行办理托收手续

托收金额的起点为10000元。款项划转方式有邮划和电划两种，电划比邮划速度快，托收方可以根据缓急程度选择

（2）承付指购货单位（即付款单位）在承付期限内向银行承认付款的行为。承付方式有验单承付和验货承付两种

承付

验单承付是指付款方接到其开户银行转来的承付通知和相关凭证，并与合同核对相符后，就必须承认付款的结算方式。验单承付的承付期是3天，从付款人开户银行发出承付通知的次日算起，如果遇节假日顺延

验货承付是指付款单位除了验单外，还要等商品全部运达并验收入库后才承付货款的结算方式。验货承付的承付期为10天，从承运单位发出提货通知的次日算起，如遇节假日顺延

注：付款方如果在验单或验货时发现货物的品种、规格、数量、质量、价格等与合同规定不符，可以在承付期内提出全部或部分拒付的意见。拒付款项需填写“拒绝承付理由书”交给其开户银行审查，并办理拒付手续。应注意的是，拒付货款的商品是对方所有，应妥善为其保管。付款人在承付期内没有向开户银行提出异议的，银行作默认承付处理，在承付期满的次日上午将款项主动从付款方账户划转至收款方账户。

付款方在承付期满后，若其银行账户内没有足够的资金承付货款，其不足部分作延期付款处理。延期付款部分应按一定比例支付给收款方赔偿金。等到付款方账户内有款支付时，由付款方开户银行将欠款及赔偿金一同划转给收款人。

托收承付结算方式的结算程序和账务处理方法，与委托收款结算方式基本相同。

二、签发托收承付凭证必须记载的事项

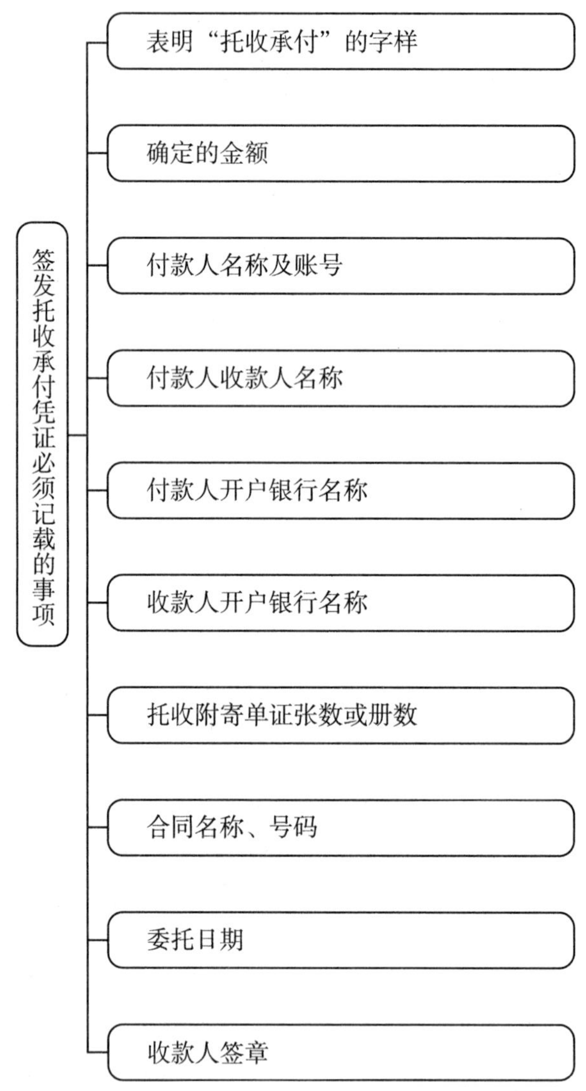

三、托收承付结算的分类

托收承付结算是指根据购销合同由收款人发货后，委托银行向异地购货单位收取货款，购货单位根据合同核对单证或验货后，向银行承认付款的一种结算方式。异地托收承付结算款项的划回方法分为邮寄和电报两种，由收款人选用。邮寄和电报两种结算凭证均为一式五联，其格式分别如表 6–16、表 6–17 所示。

表 6-16　邮寄托收承付凭证

托收承付凭证（回　单）　1　托收号码：

邮　　委托日期　　年　月　日

<table>
<tr><td rowspan="3">付款人</td><td>全称</td><td colspan="3"></td><td rowspan="3">收款人</td><td>全称</td><td colspan="3"></td></tr>
<tr><td>账号或地址</td><td colspan="3"></td><td>账号</td><td colspan="3"></td></tr>
<tr><td>开户银行</td><td colspan="3"></td><td>开户银行</td><td></td><td>行号</td><td></td></tr>
<tr><td>托收金额</td><td colspan="7">人民币（大写）</td><td colspan="2">千 百 十 万 千 百 十 元 角 分</td></tr>
<tr><td colspan="2">附件</td><td colspan="4">商品发运情况</td><td colspan="4">合同名称号码</td></tr>
<tr><td colspan="2">附寄单证张数或册数</td><td colspan="4"></td><td colspan="4"></td></tr>
<tr><td colspan="3">备注：</td><td colspan="3">款项收妥日期
年　月　日</td><td colspan="4">收款人开户银行盖章　月　日</td></tr>
</table>

此联是收款人开户银行给收款人的回单

单位主管：　　会计：　　复核：　　记账：

10×17.5公分（白纸量油墨）

表 6-17　电报托收承付凭证

第　　号

电　　托收承付凭证（回　单）　1

委托日期　　年　月　日　　委托号码：

<table>
<tr><td rowspan="3">付款人</td><td>全称</td><td colspan="3"></td><td rowspan="3">收款人</td><td>全称</td><td colspan="3"></td></tr>
<tr><td>账号或地址</td><td colspan="3"></td><td>账号</td><td colspan="3"></td></tr>
<tr><td>开户银行</td><td colspan="3"></td><td>开户银行</td><td></td><td>行号</td><td></td></tr>
<tr><td>托收金额</td><td colspan="7">人民币（大写）</td><td colspan="2">千 百 十 万 千 百 十 元 角 分</td></tr>
<tr><td colspan="2">附件</td><td colspan="4">商品发运情况</td><td colspan="4">合同名称号码</td></tr>
<tr><td colspan="2">附寄单证张数或册数</td><td colspan="4"></td><td colspan="4"></td></tr>
<tr><td colspan="4">备注：
电划</td><td colspan="3">款项收妥日期
年　月　日</td><td colspan="3">收款人开户银行盖章
月　日</td></tr>
</table>

此联收款人开户行给收款人的回单

单位主管：　　会计：　　复核：　　记账：

10×17.5公分（白纸蓝油墨）

托收承付凭证具体内容

- 第一联为回单，是收款人开户行给收款人的回单
- 第二联为委托凭证，是收款人委托开户行办理托收款项后的收款凭证
- 第三联为支票凭证，是付款人向开户行支付货款的付款凭证
- 第四联为收款通知，是收款人开户行在款项收妥后给收款人的收款通知
- 第五联为承付（支款）通知，是付款人开户行通知付款人按期承付货款的承付（支款）通知

四、托收承付结算的特点、适用范围及其适用条件

结算起点:《支付结算办法》规定，托收承付结算每笔的金额起点为 10000 元；新华书店系统每笔金额起点为 1000 元。

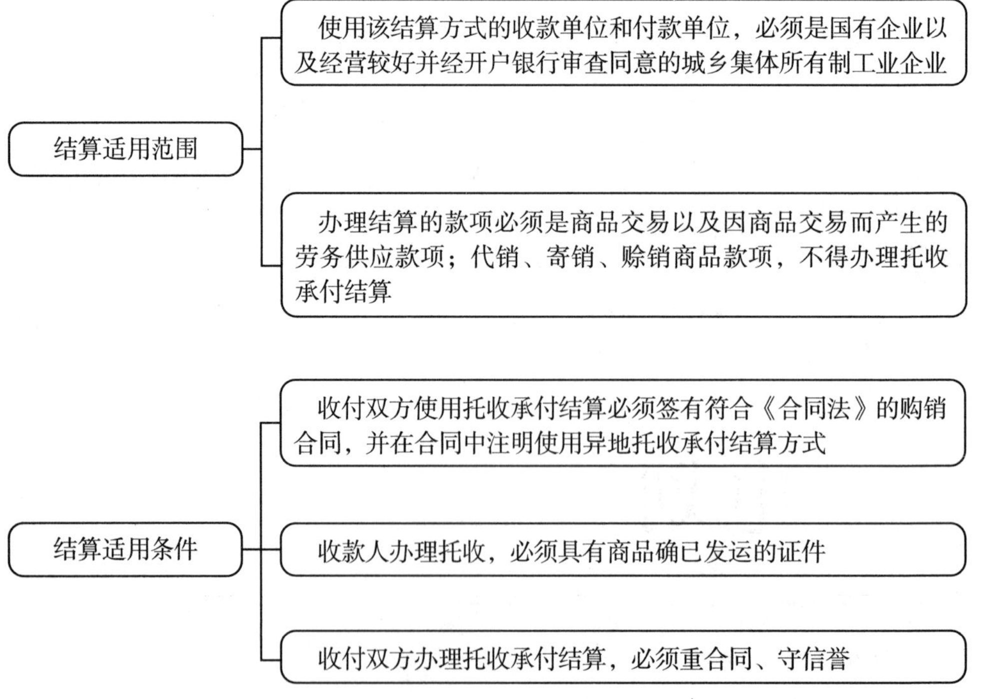

注：根据《支付结算办法》的规定，若收款人对同一付款人发货托收累计三次收不回货款的，收款人开户银行应暂停收款人向付款人办理托收；付款人累计三次提出无理拒付的，付款人开户银行应暂停其对外办理托收。

五、异地托收承付结算应具备的条件

（1）异地托收承付结算应具备以下条件

异地托收承付结算应具备的条件

- 结算的款项必须是商品交易或是因商品交易而产生的劳务供应的款项；代销、寄销、赊销商品的款项，不得办理托收承付结算
- 收付双方使用托收承付结算必须签有符合《合同法》的购销合同，并在合同上注明使用异地托收承付结算方式
- 收付双方办理托收承付结算时，必须重合同、守信用
- 收款人办理托收，必须有商品确已发运的证件（包括铁路、航运、公路等运输部门签发的运单、运单副本和邮局包裹回执等）

（2）对于下列情况，如果没有发运证件，可凭有关证件办理托收手续

凭有关证件办理托收手续

- 内贸、外贸部门系统内的商品调拨，自备运输工具发送或自提的易燃、易爆、剧毒、腐蚀性的商品，以及电、石油、天然气等必须采用专用工具或线路、管道运输的商品，可凭付款单位确已收到商品的证明（粮食部门可凭提货单和发货明细表）办理
- 铁道部门的材料厂向铁道系统供应专用器材，可凭其签发的注明车辆号码和发运日期的证明办理
- 军队使用军列整车装运物资，可凭证明车辆号码及发运日期的单据办理；军用仓库对军内发货，可凭总后勤部签发的提货单副本办理；各大军区、省军区也可比照办理
- 收款单位承造或大修理船舶、锅炉或大型机器等生产周期长、有合同证明按工程进度分次结算的，可凭工程进度完工证明书办理
- 付款单位购进的商品，在收款单位所在地转厂加工、配套的，可凭付款单位和承担加工、配套单位的书面证明办理
- 合同注明商品由收款单位暂时代为保管的，可凭寄存证及付款单位委托保管商品的证明办理
- 使用铁路集装箱或零担凑整车发运商品的，由于铁路只签发一张运单，可凭持有发运证件单位出具的证明办理
- 外贸部门进口商品，可凭国外发来的账单、进口公司开出的结算账单办理

办理托收承付应遵循的规则

- 异地托收承付结算只能在异地使用，不能在同城使用
- 大中型国有企业和商业一级、二级批发企业办理异地托收承付，如果需要补充在途占用的结算资金，可以向银行申请结算货款
- 付款单位开户银行对不足支付的托收款项可作逾期付款处理，但对于拖欠单位，应按每日0.05‰计算逾期付款赔偿金

六、异地托收承付的结算程序

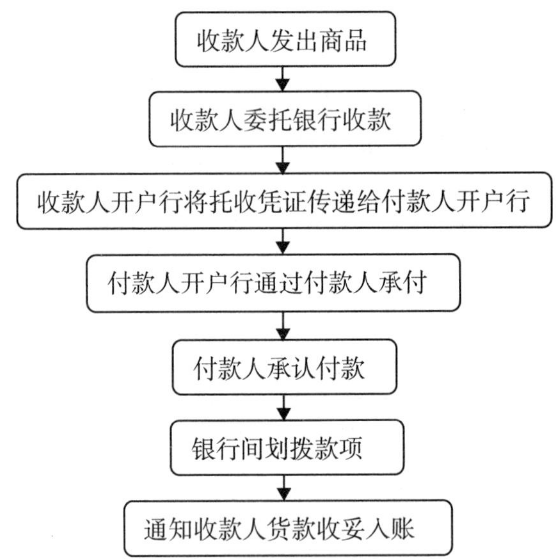

七、托收承付的账务管理

托收承付结算方式适用于签订有合同的商品交易及劳务供应的款项结算。采用这种结算方式，能够促使销货单位按照合同规定发货，购货单位按照合同规定付款，从而维护购销双方的正当权益。托收承付的账务处理如表 6–18 所示。

表 6–18　托收承付的账务管理

情况分类	账务管理	会计分录
收款单位托收货款	收款单位收到银行盖章退回的托收承付结算凭证第一联后，要根据托收承付结算凭证第一联和有关单证编制转账凭证	借：应收账款——× × 公司 贷：主营业务收入 应交税费——应交增值税（销项税额）
	对于收款单位在发运货物时代付款单位垫付的运杂费，应在垫付后凭运杂费单据复印件编制银行存款或现金付款凭证。运杂费单据原件随托收承付结算凭证寄付款单位	借：应收账款——× × 公司 贷：银行存款 / 库存现金

续表

情况分类	账务管理	会计分录
付款单位承付货款后	付款单位承付托收款后，应当根据托收承付结算凭证第五联及有关交易单证编制银行存款付款凭证	借：在途物资 / 材料采购等 应交税费——应交增值税（进项税额） 贷：银行存款
逾期付款	银行扣付赔偿金时，应填制特种转账凭证，其中一联特种转账借方凭证加盖业务用公章后送付款单位，付款单位据此编制银行存款付款凭证	借：营业外支出 贷：银行存款
	对于银行单独扣划逾期付款赔偿金的手续费，由付款单位开户银行向付款单位收取。付款单位据此填制银行存款或现金付款凭证	借：财务费用 贷：银行存款 / 库存现金
	收款单位收到银行盖章后转来的特种转账贷方凭证后，按照付款单位转来的滞纳金额编制银行存款收款凭证	借：银行存款 贷：营业外收入
部分付款和无款支付	付款单位在承付期满日银行营业终了时，如其银行账户内无足够资金托收款项，只能部分支付时，由银行填制特种转账凭证，将一联特种转账借方凭证加盖业务公章后交给付款单位作支款通知，同时通知收款单位开户银行由其通知收款单位。付款单位收到银行转来的特种转账凭证，按照部分支付款项编制银行存款凭证	借：在途物资等 贷：银行存款 同时按照未付金额编制转账凭证 借：在途物资等 贷：应付账款——××公司
	收款单位收到开户银行盖章后转来的作为收款通知的特种转账贷方凭证，按部分划回款项金额编制银行存款收款凭证	借：银行存款 贷：应收账款——××公司
	付款期满，付款单位银行账户无款支付时，由银行填制“到期未收通知书”一式三联，加盖业务公章后寄收款单位开户银行，由其通知收款单位。付款单位则根据承付通知和有关凭证编制转账凭证	借：在途物资等 贷：应付账款——××公司
拒付	付款单位收到银行盖章退回的“拒绝承付理由书”（格式见表6-19）后，如果全部拒付，由于没有引起其资金增减变动，所以无须进行会计处理；如果付款单位实行部分拒付，应根据银行盖章退回的“拒绝承付理由书”，按照部分承付金额编制银行存款付款凭证	借：在途物资等 贷：银行存款
	对于收款单位来说，如果经过协商由付款方退回所购货物的，财务部门应编制转账凭证，冲销退回货物已入账的销售收入	借：主营业务收入 贷：应收账款——××公司
	同时，对于已退回货物发运时和退回时所承担的运杂费等，也应作相应的账务处理	借：销售费用 贷：应收账款（发货时代垫） 银行存款（退货时应付）

表 6-19　拒绝承付理由书

托收承付拒付理由书（回单或付款通知）

拒付日期　　年　月　日　　原托收号码：

<table>
<tr><td rowspan="3">付款人</td><td>全称</td><td colspan="3"></td><td rowspan="3">收款人</td><td>全称</td><td colspan="3"></td></tr>
<tr><td>账号</td><td colspan="3"></td><td>账号</td><td colspan="3"></td></tr>
<tr><td>开户银行</td><td></td><td>行号</td><td></td><td>开户银行</td><td></td><td>行号</td><td></td></tr>
<tr><td>托收金额</td><td></td><td>拒付金额</td><td></td><td>部分付款金额</td><td></td><td colspan="4">千 百 十 万 千 百 十 元 角 分</td></tr>
<tr><td>附寄单证</td><td>张</td><td colspan="2">付款部分额（大写）</td><td colspan="6"></td></tr>
<tr><td colspan="4">拒付理由：
付款人盖章</td><td colspan="6"></td></tr>
</table>

第十一节　信用卡结算业务的管理

一、信用卡的概念和种类

信用卡的概念和种类

- 信用卡的概念：信用卡是银行、金融机构向信誉良好的单位、个人提供的，能在指定的银行提取现金，或在指定的商店、饭店、宾馆等购物和享受服务时进行记账结算的一种信用凭证
- 信用卡的种类：信用卡按使用对象可分为单位卡和个人卡，按信誉等级可分为金卡和普通卡
- 信用卡的意义：使用信用卡，有利于减少现金的使用，节约流通费用，扩大银行转账结算范围，增加银行信贷资金来源，同时，也方便购物消费，有利于维护支付人的资金安全，而且还可以简化收款手续，节约社会劳动

信用卡的基本形式和标准

- 信用卡的基本形式：是一张附有证明的卡片，通常用特殊塑料制成
- 信用卡的标准为：卡片长85.72mm，宽53.975mm，厚0.762mm（国内标准与国际标准一致），上面印有发行银行的名称、有效期、号码、持卡人姓名等内容

二、信用卡结算的程序

信用卡结算时，大致可分为三个阶段：特约单位提供商品或服务的商业信用，向持卡人的发卡行收回货款或费用，发卡行或代办行向持卡人办理结算。

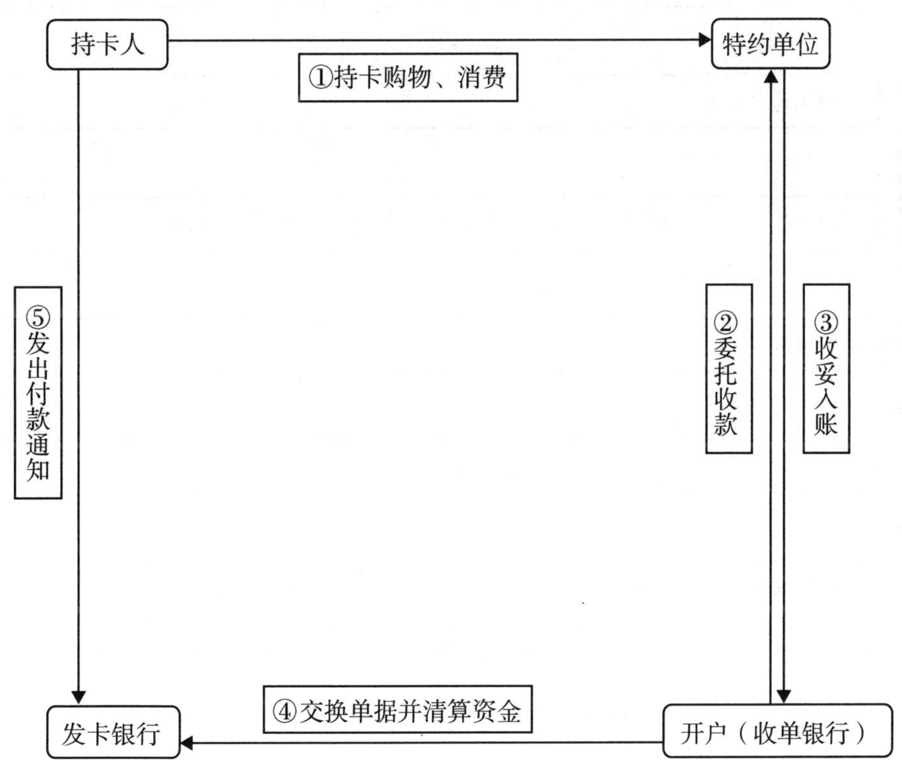

第十二节　信用证结算业务的管理

一、信用证的概念和种类

1. 信用证的概念

信用证是指开证银行应申请人的要求并按其指示向第三方开立的载有一定金额的，在一定的期限内凭符合规定的单据付款的书面保证文件。信用证是国际贸易中最主要、最常用的支付方式。

信用证内容

- 对信用证本身的说明。如种类、性质、有效期等
- 对货物的要求。根据合同进行描述
- 对运输的要求
- 对单据的要求，即货物单据、运输单据、保险单据及其他有关单证
- 特殊要求
- 开证行对受益人及汇票持有人保证付款的责任文句
- 国外来证大多数均加注：“除另有规定外，本证根据国际商会《跟单信用证统一惯例》即国际商会600号出版物（《ucp600》）办理。”
- 银行间电汇索偿条款

2．信用证的特点

信用证的特点

- 信用证是一项自足文件。信用证不依附于买卖合同，银行在审单时强调的是信用证与基础贸易相分离的书面形式上的认证
- 信用证是纯单据业务。信用证是凭单付款，不以货物为准。只要单据相符，开证行就应无条件付款
- 开证银行负首要付款责任。信用证是一种银行信用，它是银行的一种担保文件，开证银行对支付有首要付款的责任

3. 信用证的种类

信用证的种类

- 跟单信用证和光票信用证：跟单信用证是凭跟单汇票或只凭单据付款的信用证。这里的单据指代表货物所有权的单据（如海运提单等），或证明货物已经交运的单据（如铁路运单、航空运单、邮包收据）。光票信用证属于不随附货运单据的光票付款的信用证。银行凭光票信用证付款，也可要求受益人附交一些非货运单据，例如发票、垫款清单等。在国际贸易的货款结算中，绝大部分使用跟单信用证
- 可撤销信用证和不可撤销信用证：可撤销信用证是指开证行不必征得受益人或有关当事人同意有权随时撤销的信用证，应在信用证上注明“可撤销”字样。不可撤销信用证是指信用证一经开出，在有效期内，未经受益人及有关当事人的同意，开证行不能片面修改和撤销，只要受益人提供的单据符合信用证规定，开证行必须履行付款义务
- 保兑信用证和不保兑信用证：保兑信用证是指开证行开出的信用证，由另一银行保证对符合信用证条款规定的单据履行付款义务。对信用证加以保兑的银行，称为保兑行。不保兑信用证是指开证行开出的信用证没有经另一家银行保兑，仅由开证行对付款进行保证的信用证
- 可转让信用证和不可转让信用证：可转让信用证指信用证的受益人（第一受益人）可以要求付款行、承兑行或议付行，将信用证全部或部分转让给另一个或数个受益人（第二受益人）使用。不可转让信用证指受益人不能将信用证的权利转让给他人的信用证

二、信用证结算的程序

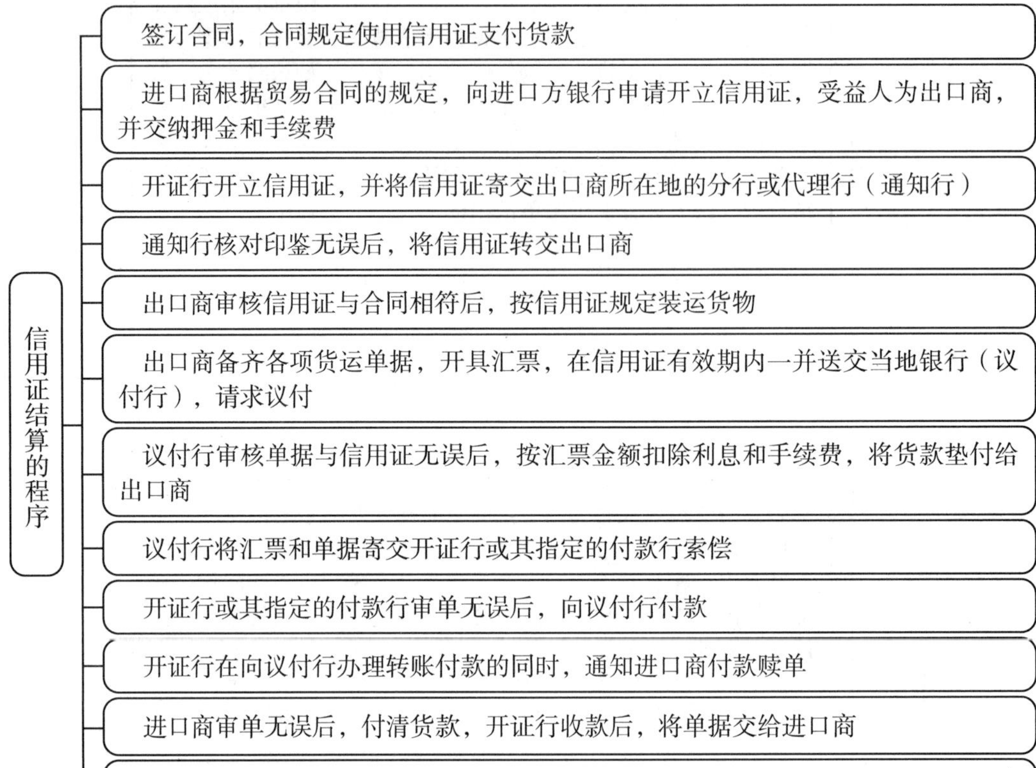

信用证结算方式的业务流程如下所示。

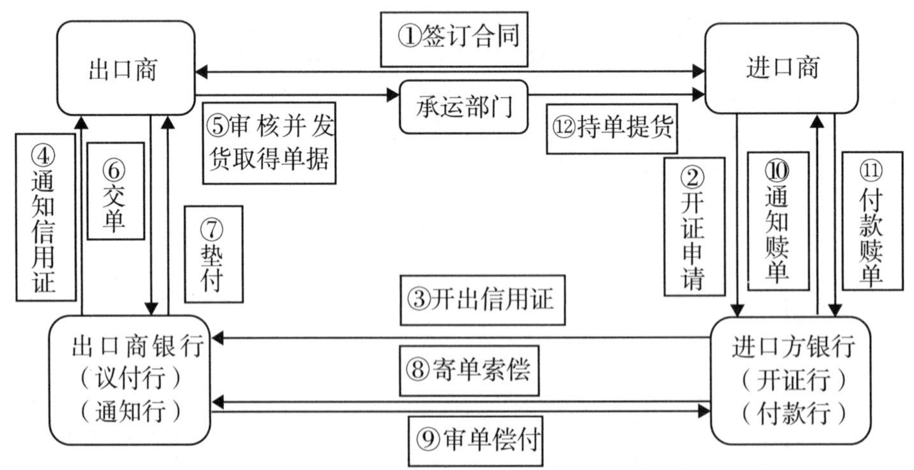

第七章　出纳对其他业务的管理

本章导读

出纳除了前面讲到的业务以外，还有许多不太起眼却至关重要的业务需要处理，具体包括出纳票据的管理，与出纳有关的印章的管理，外汇结算业务的管理，工商业务的管理，税务业务的管理，出纳工作的交接等。

第一节　出纳票据的管理

一、支票的管理

1. 支票的购买

企业开立基本存款账户后便可以在开户银行购买现金支票和转账支票。出纳员去购买支票时，需要带上以下资料。

购买支票需携带的资料

- 在银行预留的印鉴（法人章和财务章）
- 在银行填一份支票申购单，通常情况到开户行对公窗口说购买支票，银行会递给凭证购买单（不同的银行可能给的单子名称略微有差别，有的银行会在企业开户的时候将这类单据直接寄送给单位），出纳员需要将其填制完整，并加盖预留印鉴
- 购买支票专用证。购买支票专用证是在首次购买支票时由银行交给办理支票人员的凭据。开户单位申请办理"专用证"时，需填写"购买空白重要凭证登记簿"（在空白重要凭证登记簿上写明领用日期、存款人名称、支票号码以备核查），且应加盖单位公章及预留开户行印鉴。开户单位将填写无主的"登记簿"、持证人身份证和一寸免冠照片1张送开户行办理领证手续
- 通常一本支票为30元。工本费5元、手续费为15元。不过每个银行都不同。一般购买支票时所产生的工本费及手续费由银行从公司账户里扣除
- 身份证

2. 支票的使用申请

支票的使用必须填制"支票领用单"（见表 7–1），由经办人、部门经理、财务经理、总经理（计外部分）签字后才能由出纳开出。

表 7-1　支票领用单

申请人		部门	
用途	备用金		
支票金额			
支票种类		使用日期	
支票领用用途：			
审批栏			
申请人（出纳）签字	财务主管审核	总经理审批	
确认栏			
会计签字	出纳签收	支票号码	

3．空白支票的保管

空白支票的保管

- 贯彻票、印分管原则，即空白支票和印章应分别指定专人负责保管，不得由同一人负责保管
- 单位撤销、合并、结清账户时，需将剩余的空白支票，填列一式两联清单，全部交回银行注销。清单一联由银行盖章后退交收款人，另一联作为清户传票附件
- 对事先无法确定采购物资的单价、金额的，经单位领导批准，可将填明收款人名称及签发日期的支票交采购人员，明确用途与款项限额，使用支票人员回单位后必须及时向财务部门结算
- 设置“空白支票签发登记簿”，经单位领导批准，出纳员签发空白支票后，应在“空白支票签发登记簿”（见表7-2）加以登记

表 7-2　空白支票签发登记簿

领用日期	支票号码	领用人员	用途	收款单位	限额	批准人	销号日期	备注

4．收款支票、转让支票、报废支票的管理

出纳员不应只重视空白支票的管理，也需重视对从外单位收受的支票的管理和保管，宜建立支票收款登记簿、支票转让登记簿、支票作废登记簿等，如表 7–3 ~ 表 7–5 所示。

表 7–3　支票收款登记簿

序号	支票号	出票银行	出票人	面值	支付经济业务

表 7–4　支票转让登记簿

序号	支票号	出票银行	出票日期	出票人或背书人及日期	被背书人及日期	面值

表 7–5　支票作废登记簿

序号	支票号	出票日期	作废原因	面值

二、发票的管理

1．发票的领购及使用流程

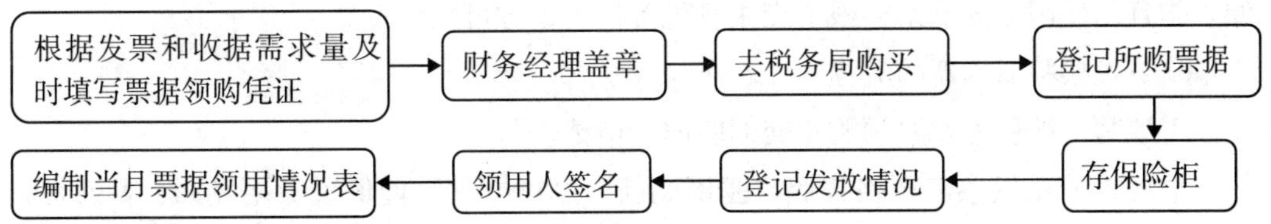

2．新办企业发票的申领

领取税务登记证件后，企业就可以向主管税务机关申请领购发票。

发票管理部门会依据纳税人的经营范围、经营规模，审核确认纳税人使用发票的种类，同时填写“纳税人使用发票种类认定表”，经过纳税人签字认可后，由发票管理部门留存，并核发发票领购簿（卡），同时将纳税人领购发票的有关信息录入计算机。

发票的发售数量根据纳税人的经营规模、开票频率和纳税人申报的诚实程度综合确定；根据有关规定：主管地税机关在新办纳税人初次领购发票时，通常采取就低原则，定额专用发票可按一个月用量发售，其他发票通常先发售一本或者一卷。税收管理员在新办纳税人初次领购发票后 3 日内对纳税人的生产经营场所进行现场查验和复核，同时填写“发票核准种类、数量复核认定表”。当再次领购发票时，纳税人应执“发票核准种类、数量复核认定表”向发票发售窗口申请领购发票。

（1）初次领购普通发票

纳税人初次领购发票时，需到办税服务厅办理购票手续，按照要求提供下列资料、证件。

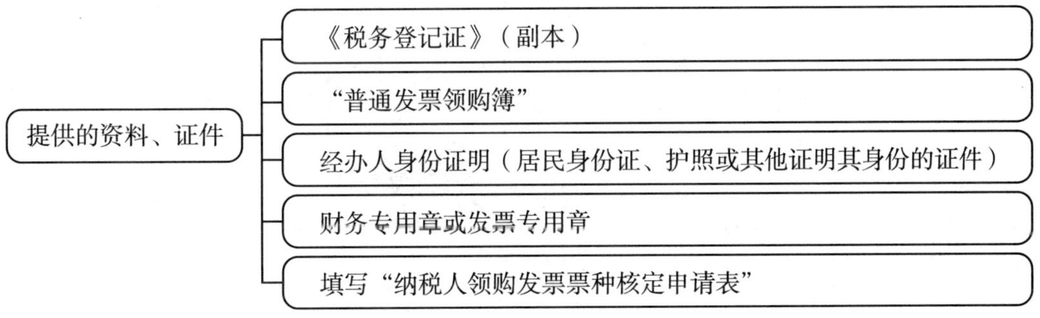

（2）初次申请领购专用发票

增值税一般纳税人初次申请领购专用发票时，应提供以下证件、资料。

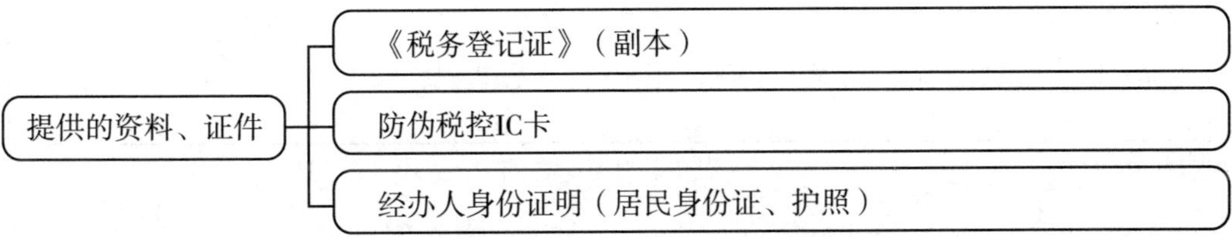

3. 发票的验旧购新要求

验旧购新是指用票人必须在交验原领购且已使用过的发票存根，经主管税务机关审核无误后，才能领购新发票。此外，交旧购新是指用票人在购买发票时，应将手中原领购且已使用完的发票存根上交主管税务机关，方可领购发票。

（1）发票验旧购新的流程

①填写“纳税人发票领购（交旧验旧）申请表”。

纳税人使用发票需严格按照“验旧购新”制度办理。增值税专用发票、普通发票使用完后，按照要求如实填写“纳税人发票领购（交旧验旧）申请表”（见表 7–6）到“发票验旧”窗口验旧购新。

表 7–6　纳税人发票领购（交旧验旧）申请表

纳税人识别号：

纳税人名称：某某公司　　　　申请日期：2019年3月20日

发票领购申请					
发票种类	发票代码	本数	份数	单价	金额
增值税专用发票中文四联电脑版			10份		

发票交旧验旧申请								
开票时间	发票种类	发票代码	本数	份数	起始号码	终止号码	开票金额	税款
3月	增值税专用发票中文四联电脑版	43001140		9份	00616351	00616359	743 589.71	11 798.29
合计								

其中：发票作废情况		
时间	份数	作废发票号码
月		无
月		
月		
月		
月		

定额补税申请					
	月定税额	发票填开金额	应补税销售收入金额	应补税额	税款所属期
月至　月					

申请：以上填报数据真实、准确！　否则，愿承担一切法律责任。

申请人：

购票员：　　　　　　　　时间：　年　月　日

②提交资料。

纳税人再次领购发票前，需将前次领购的发票进行验旧，应携带以下资料。

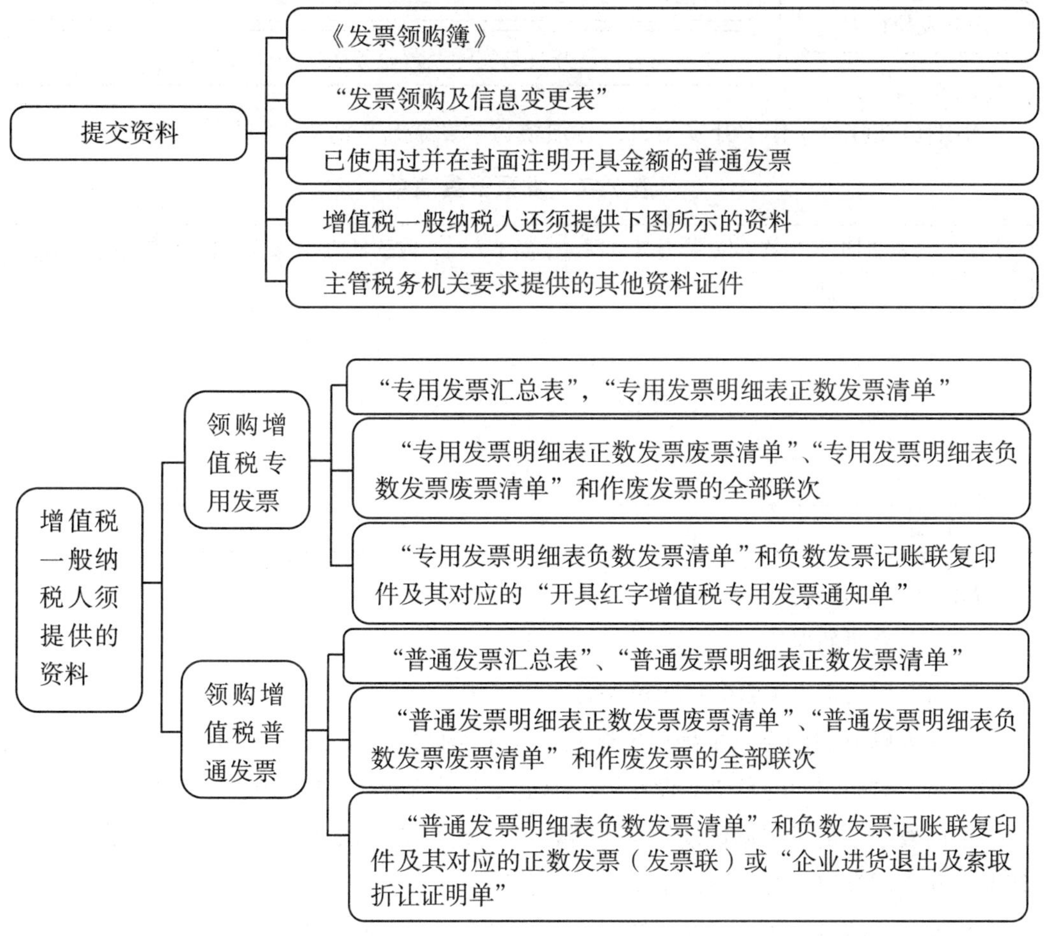

③税务部门审核。

验旧岗税务人员审核：发票使用情况和印信加盖是否规范，开票金额和纳税申报金额是否相符，开具验旧清单。

④购买新发票。

购票企业需要交纳少量的工本费，并在发票领购簿上打印相关信息。

（2）网上发票验旧

目前，很多地方的发票可以在网上先验旧，然后持规定的资料、证件去税务大厅购买新发票。因此，出纳员应掌握网上发票验旧的操作方法。具体操作方法可到所在地区的国税局网站、地税局网站下载相应的培训课件学习。

（3）发票的开具管理

开具发票应当按照规定的时限、顺序、栏目，全部联次一次性如实开具，同时加盖发票专用章。开具发票时禁止有下列虚开发票行为。

虚开发票行为
- 为他人、为自己开具与实际经营业务情况不符的发票
- 让他人为自己开具与实际经营业务情况不符的发票

出纳员在收款工作中开发票时，必须填写“发票开具清单”（见表 7–7）。

表 7–7 发票开具清单

号码	开具日期	付款单位	开具金额	经手人	收款日期	废票 / 退票 / 错票	备注

（4）发票的保管

①空白发票的保管。

空白发票通常由主管会计人员保管。

纳税人购领回的空白发票以下个月或一个季度的用量较好，需用时，向税务机关验旧领新。对购领回的发票要设专柜，指定专人进行管理，以保证发票的安全。

空白发票不能带出单位使用，不得转借、赠送或买卖；作废的发票应加盖“作废”印鉴，并连同存根一同保管，不得撕毁、丢失。

另外，出纳员对每月的发票领用情况要列表登记，如表 7–8 所示。

表 7–8 当月发票领用情况表

序号	发票号	开票日期	客户单位	开票金额	领票人	领票日期

②发票存根的保管。

已使用过的发票存根，应妥善保管，时间是5年。在保管期间，任何单位及个人都不得私自销毁。还须设专柜，分期、分种类放置，同时向税务机关报送发票存根。

③作废发票的保管。

作废发票多种多样，对不同的作废发票，应当采取不同的管理办法。

作废发票的保管办法

- 开具发票过程中出现的作废发票的管理：对因为开票人员工作失误或其他原因开错的发票，需在发票上加盖“作废”戳记，新开具发票，不能在开错的发票上涂改。开错的“作废”发票必须全部联次妥善保管，粘贴在原发票存根上，禁止私自销毁，以备查核
- 政策调整或变化造成作废发票的管理：税务机关实行发票统一换版或政策变化以后，通常规定一个过渡期，在过渡期内，新旧发票可以同时应用，到期后，旧版发票全部作废，由税务机关组织全面清理和收缴

（5）丢失发票的处理

《中华人民共和国发票管理办法实施细则》中的相关规定：使用发票的单位和个人应当妥善保管发票。发生发票丢失情形时，应当于发现丢失当日书面报告税务机关，并登报声明作废。

丢失发票的情况分为三种：发票未开出就丢失、发票已开出但未认证时丢失、发票已开出且已认证时丢失。

①发票未开出就丢失。

处理办法

- 应于事发当日书面报告国税机关，报告内容包括专用发票份数、字轨号码、盖章与否等情况
- 在相关报纸上刊登“遗失声明”
- 使用防伪税控系统开票的一般纳税人，还应持IC卡到国税机关办理电子发票退回手续

②发票已开出但未认证时丢失。

处理办法

丢失发票联
a. 使用专用发票抵扣联到主管税务机关（正常）认证
b. 将专用发票抵扣联作为记账凭证
c. 并用专用发票抵扣联复印件留存备查

丢失抵扣联
a. 使用专用发票的发票联到主管税务机关（正常）认证
b. 将专用发票的发票联作为记账凭证
c. 并用专用发票的发票联复印件留存备查

丢失发票联和抵扣联
a. 购买方
i. 购买方凭销售方提供的相应专用发票记账联复印件到主管税务机关进行认证
ii. 销售方所在地主管税务机关出具"丢失增值税专用发票已报税证明单"
iii. 认证相符的凭该专用发票记账联复印件和销售方所在地主管税务机关出具的"丢失增值税专用发票已报税证明单"，经过购买方主管税务机关审核同意后，可作为增值税进项税额的抵扣凭证
b. 开票方
i. 提供发票复印件
ii. 开票方税务局开具"丢失增值税专用发票已报税证明单"
iii. 将两者交由收票方主管税务机关审核，同意后，才可作为增值税进项税额的抵扣凭证

（6）发票已开出且已认证时丢失

处理办法

丢失发票联
（1）使用专用发票抵扣联作记账凭证
（2）使用专用发票抵扣联复印件留存备查

丢失抵扣联：使用专用发票的发票联复印件留存备查

丢失发票联和抵扣联
（1）开票方需要复印发票复印件，并由开票方税务局开具"丢失增值税专用发票已报税证明单"
（2）由收票方主管税务机关审核同意后，才可作为增值税进项税额的抵扣凭证

三、有价证券的保管

有价证券是指具有一定票面价格，能够给其持有人定期带来收入的所有权或债权凭证。企业持有的有价证券是企业资产的一个组成部分，具有和现金相同的性质及价值。

1．有价证券的类别

企业拥有的有价证券一般包括国库券、特种国债、国家重点建设债券、地方债券、金融债券、企业债券和股票等。从广义上说，有价证券还包括汇票、支票、提货单等。

2．有价证券的保管要求

企业持有的有价证券必须由出纳员按照和货币资金相同的要求进行管理。

有价证券的保管要求

- 实行账证分管：账证分管就是指由会计部门管账、出纳部门管证，这样可以互相牵制、互相核对
- 按货币资金的管理要求进行管理：企业持有的有价证券（包括记名的与不记名的）必须由出纳员按照和货币资金相同的要求进行管理。有价证券必须由出纳员分类整齐地放置在保险柜内保管，切忌由经办人自行保管。另外，还要随时或定期进行抽查与盘点。出纳员对自己保管的各种有价证券的面额及号码应保守秘密
- 专设出纳账进行详细核算：出纳员对自己负责保管的各种有价证券，应专设出纳账进行详细核算，并由总账会计的总分类账进行控制。出纳部门的有价证券明细账要按照证券种类分设户头，所记金额应与总账会计相同，当账面金额与证券面值不一致时，应在摘要栏内写明证券的批次、面值和张数。必要时，还可以设置辅助登记簿进行补充登记
- 非出纳员使用有价证券：当业务人员提取有价证券时，出纳员应要求其办理类似现金借据的正规手续，以此当做支付凭证。业务办理完毕后，业务人员应交还有价证券，并且由出纳员在借据上加盖注销章后退还出具人
- 核对有关部门公布的中签号码：按中签号码还本付息，或中签号码和证券持有人有其他关联时，业务经办人和出纳保管人应注意随时核对有关部门公布的中签号码
- 建立有价证券购销明细表："有价证券购销明细表"详细标明各种有价证券的购入和到期时间；也可以通过同时按照证券种类和批次设置明细账并在摘要栏注明到期日的办法，来提供有价证券的购销时间

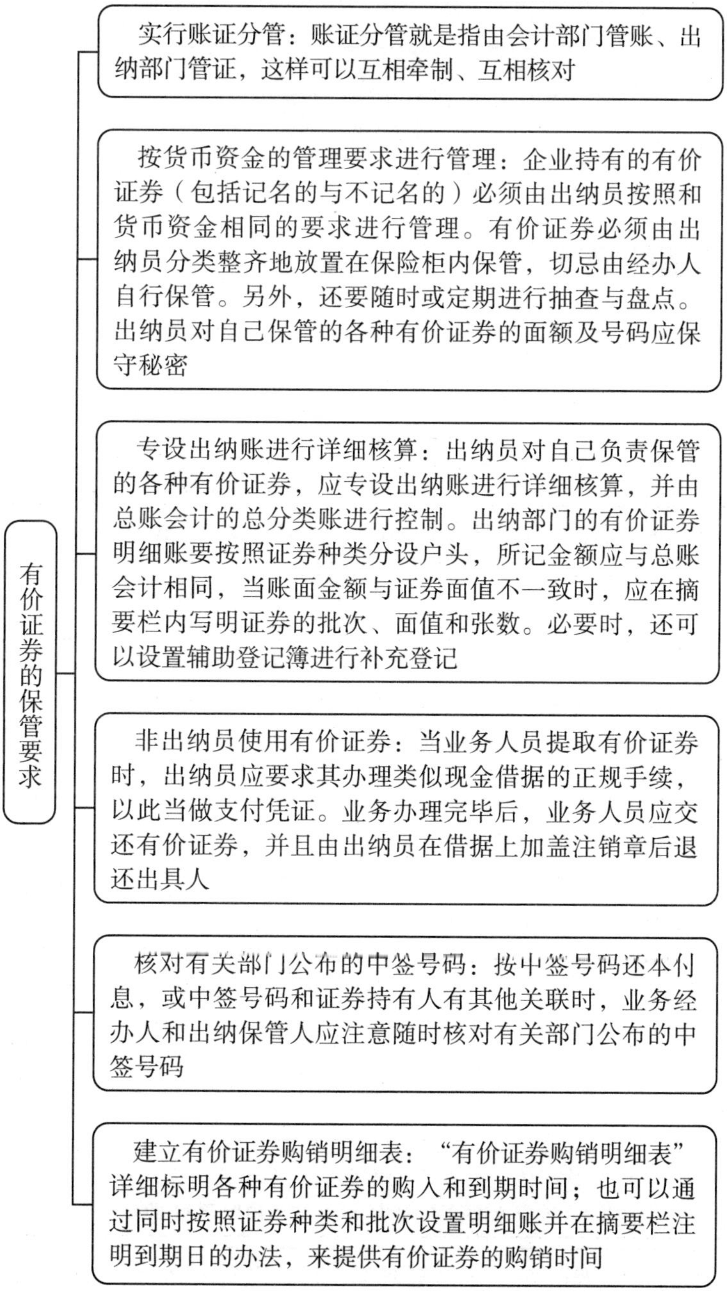

有价证券购销明细表如表 7-9 所示。

表 7-9 有价证券购销明细表

发行年度	期次	面额	张数	号码		合计金额	兑换日期			兑换本息		
				起	止		年	月	日	本金	利息	合计

四、商业汇票的管理

1．应收票据的管理

（1）应收票据管理的基本要求

应收票据管理的基本要求

- 企业应设专人（通常是出纳员）保管应收票据，且保管人员不得经办会计记录
- 对已贴现的票据应在备查簿中登记，以便日后追踪管理
- 对于即将到期的应收票据，应及时向付款人提出付款
- 企业应设置“应收票据备查簿”，出纳员收到应收票据时必须逐笔登记每一张应收票据的种类、号数及出票日期、票面金额、交易合同号和付款人、承兑人、背书人的姓名或单位名称、到期日期和利率、贴现日期、贴现率和贴现净额，以及收款日期和收回金额等资料，应收票据到期结清票款后，应在备查簿内逐一进行注销

（2）收到应收票据后的出纳作业

收到应收票据后的出纳作业

- 出纳员收到的票据应视同现金予以保管，未经授权，任何人员不得接触
- 出纳将收到的票据记入“应收票据登记表”（见表7-10），同时对票据的真实性进行鉴定，发现问题应立即通知经办人员与客户联系处理
- 出纳员收到票据后，无论是否贴现或背书，均需将相关单据交给经办会计制作记账凭证
- 如果是银行承兑汇票，应在收到票据后一个工作日内将汇票送往承兑行进行查询及鉴定，发现有问题应立即通知经办人员与客户联系处理
- 审计室就应收票据实物与应收票据登记表每年进行不少于六次的不定期盘点和检查，并填写“应收票据盘点表”（见表7-11）；若有差异，则需查出原因，以防丢失

表 7-10　应收票据登记表

<table>
<tr><td rowspan="2">收票日期</td><td colspan="5">票据基本情况</td><td rowspan="2">承兑人名称</td><td rowspan="2">背书人名称</td><td rowspan="2">贴现</td><td rowspan="2">承兑</td><td colspan="2">转让</td><td rowspan="2">经办人（签章）</td><td rowspan="2">备注</td></tr>
<tr><td>票据号</td><td>出票人名称</td><td>出票日</td><td>到期日</td><td>票面金额</td><td>日期</td><td>被背书人名称</td></tr>
<tr><td></td><td></td><td></td><td></td><td></td><td></td><td></td><td></td><td></td><td></td><td></td><td></td><td></td><td></td></tr>
<tr><td></td><td></td><td></td><td></td><td></td><td></td><td></td><td></td><td></td><td></td><td></td><td></td><td></td><td></td></tr>
<tr><td></td><td></td><td></td><td></td><td></td><td></td><td></td><td></td><td></td><td></td><td></td><td></td><td></td><td></td></tr>
<tr><td></td><td></td><td></td><td></td><td></td><td></td><td></td><td></td><td></td><td></td><td></td><td></td><td></td><td></td></tr>
<tr><td></td><td></td><td></td><td></td><td></td><td></td><td></td><td></td><td></td><td></td><td></td><td></td><td></td><td></td></tr>
<tr><td></td><td></td><td></td><td></td><td></td><td></td><td></td><td></td><td></td><td></td><td></td><td></td><td></td><td></td></tr>
<tr><td></td><td></td><td></td><td></td><td></td><td></td><td></td><td></td><td></td><td></td><td></td><td></td><td></td><td></td></tr>
</table>

表 7-11　应收票据盘点表

单位名称：

票据盘点情况：

序号	出票日期	票据种类	出票单位	前手单位	到期日	金额	备注

盘点日期：　　　　监盘人：　　　　盘点人：

（3）应收票据兑现的主要作业

应收票据兑现的主要作业
- 应收票据到期后，由出纳员到银行负责兑现
- 应收票据兑现后出纳员将“应收票据登记表”的资料更新，并将相关单据交给经办会计制作记账凭证

（4）应收票据贴现的主要作业

应收票据贴现的主要作业
- 应收票据在未到期之前，公司若因资金需求，可到银行办理申请贴现业务
- 应收票据贴现，由总会计师通知出纳员到银行负责贴现
- 应收票据贴现后出纳员将“应收票据登记表”的数据更新，并且将相关单据交给经办会计制作记账凭证

（5）应收票据背书转让的主要作业

应收票据背书转让的主要作业

- 应收票据在未到期之前，公司若因资金需求，可办理背书转让业务
- 应收票据背书转让，由总会计师通知出纳员办理
- 应收票据背书转让后出纳员将“应收票据登记表”的数据更新，并将有关单据交给经办会计制作记账凭证

2．应付票据的管理

应付票据是指企业根据合同进行延期付款交易而采用商业汇票结算时，签发、承兑的保证货款到期到付的商业汇票。

（1）应付票据的具体管理措施

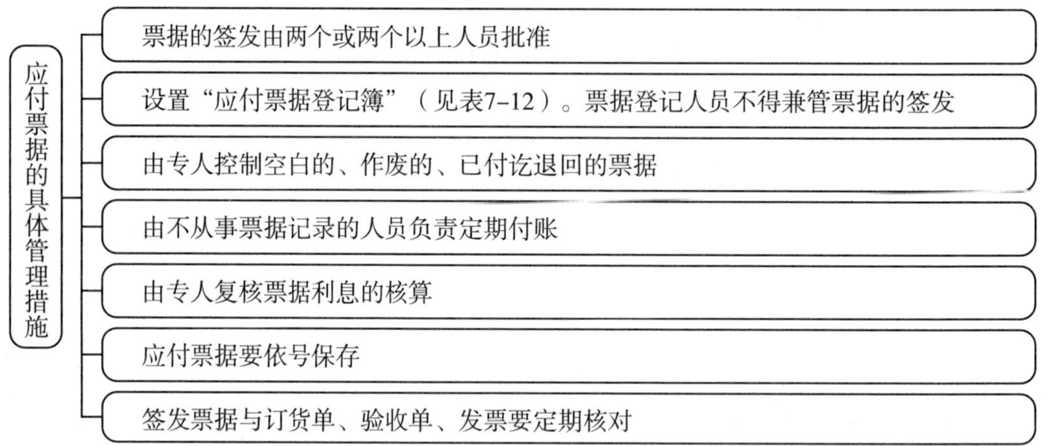

表 7-12　应付票据登记簿

序号	票据种类	出票行	号数	签发日期	到期日	票面金额	合同号	收款单位	付款日期	付款金额	领用人

（2）应付票据开立的主要作业

应付票据开立的主要作业

- 总会计师决定使用商业承兑汇票支付相关款项，并确定金额和期限后，出纳员应根据批示开具相应的商业承兑汇票
- 出纳员将开立的票据记入“应付票据登记簿”，需详细登记每一张应付票据的种类、号数、签发日期、到期日、票面金额、合同交易号、收款人姓名或单位名称，以及付款日期和金额等详细资料
- 申请人领用应付票据时必须签名，并在“应付票据登记簿”上签名检查，且应付票据领用人和付款申请单上的申请人必须为同一人
- 出纳员开立应付票据后，将相关的单据交给经办会计制作记账凭证

（3）应付票据到期的主要作业

应付票据到期的主要作业

- 应付票据到期前，出纳员将应付票据金额划拨至银行账户
- 应付票据到期后，出纳员至银行领取银行开具的付款单据
- 收到银行开具的付款单据后出纳员将“应付票据登记簿”的数据更新，并将相关单据交给经办会计制作记账凭证

第二节　与出纳有关的印章的管理

一、出纳应熟悉的印章

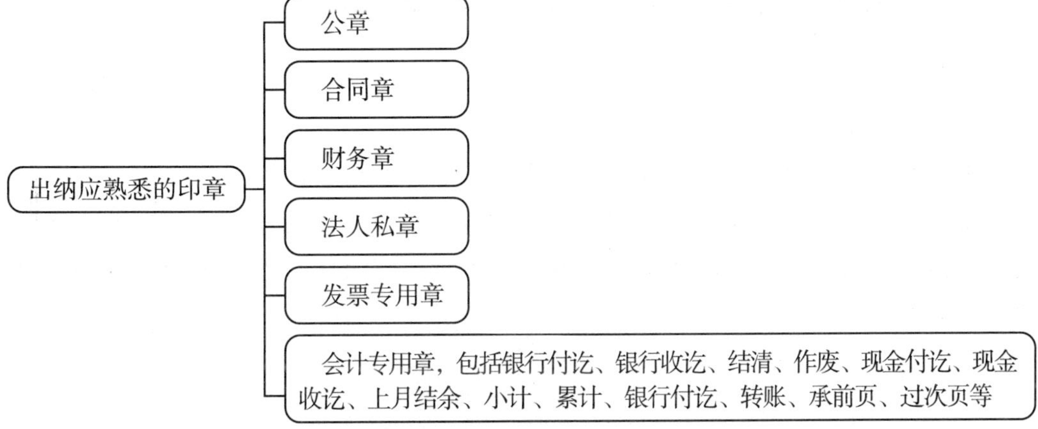

二、印章的管理

出纳员使用的印章必须妥善保管，严格按照规定的用途使用，禁止将印章随意存放或带出工作单位。用来签发支票的各种预留银行印鉴应由主管会计人员或其他指定人员保管，不得由出纳员一人保管。

三、印章的使用

1. 出纳在什么情况下要盖财务章

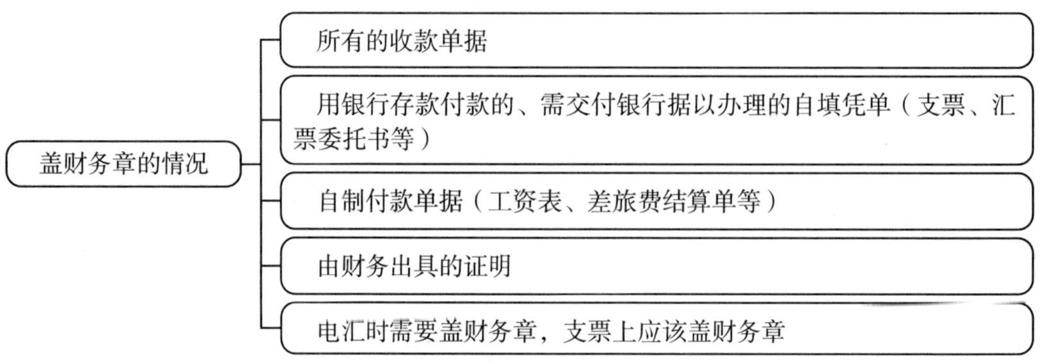

2. 专用发票

在税务局办理了领用发票资格时，税务部门会要求其刻制“发票专用章”，此章仅适用于开具发票，发票章上有纳税识别号，可以查询这张发票是不是该企业开具的。

3. 会计专用章

会计专用章通常用红的印油，只有科目用蓝印泥，例如记账凭证上的科目不用手写就可以盖科目章，还有总账 / 明细账上的科目、日期也可以，一般就是用黑笔写的能用会计章代替手工的都用蓝印泥。

四、印章遗失或需要更换预留银行印鉴的处理

企业若发生印鉴遗失或需要更换预留银行印鉴，出纳人员应向银行办理相关手续。

1. 办理印鉴变更的手续

开户单位应向开户银行提出申请，填写“印鉴变更申请书”（见表 7–13），与证明情况的公函一同交予银行审核，经银行同意后，在银行发给的新印鉴卡的背面加盖原预留银行印鉴，在正面加盖新更换的印鉴，及银行约定新印鉴的启用日期（见表 7–14）。

表 7-13　印鉴变更申请书

<table>
<tr><td>

印鉴变更申请书

××银行××分理处（支行）

您好！由于公司内部调整，先需要变更银行印鉴。签字人申请由×××变更为××××，望银行协助办理。

公司名称：×××
日期：××××年××月××日

</td></tr>
</table>

表 7-14　更换印鉴申请书

<table>
<tr><td>

更换印鉴申请书

我户前在你行开立××账户，现拟更换印鉴。兹将印鉴附盖正页自______年____月____日起启用，请将前送印鉴注销为荷。

公司名称：×××

日期：××××年××月××日

</td></tr>
</table>

若不是本人去的，就加上一句“特派员工×××身份证号为××××××××××××××××××前去办理，望贵行予以协助”之类的话。

2. 办理印鉴变更所需资料

办理印鉴变更所需资料

- 提交单位的营业执照、组织机构代码证、国税税务登记证、地税税务登记证及法人身份证复印件
- 新公章、财务章、法人章及由公安局出具的新刻章证明原件及复印件
- 承接刻章单位的刻章证明原件
- 由法人或者单位负责人直接办理的，还需出示其身份证；授权他人办理的，应出具经法人或者单位负责人签章的授权书、身份证件和经办人本人的身份证件

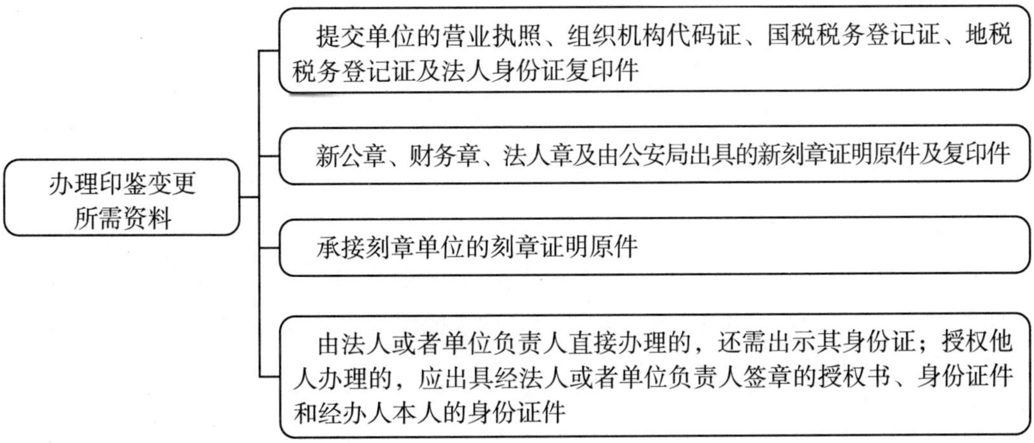

第三节　外汇核算业务的管理

一、国际结算知识

两个不同国家的当事人，无论是个人间的、单位间的、企业间的或政府间的，因为商品买卖、服务供应、资金调拨、国际借贷而需要通过银行办理的两国间外汇收付业务，称为国际结算。

国际贸易的结算方式

- 汇付和托收结算方式：是国际贸易中常用的货款结算方式。在实际业务中，使用频率很高，同时也非常便捷
- 信用证结算方式：银行信用介入国际货物买卖价款结算，不但在一定程度上解决了买卖双方之间互不信任的矛盾，而且还可以使双方在使用信用证结算货款的过程中得到银行资金融通的便利，从而促进了国际贸易的发展
- 银行保证函：又称银行保证书、银行保函或简称保函，它是指银行应委托人的申请向受益人开立的一种书面凭证，保证申请人按规定履行合同，否则由银行负责偿付债款
- 各种结算方式的结合使用：一笔交易的货款结算，可以仅用一种结算方式（通常如此），也可根据需要，比如不同的交易商品，不同的交易对象，不同的交易做法，将两种以上的结算方式结合应用

汇付，又称汇款，是付款人通过银行，使用各种结算工具将货款汇交收款人的一种结算方式。属于商业信用，应用顺汇法。

托收是出口人在货物装运后，开具以进口方为付款人的汇票（随附或不随附货运单据），委托出口地银行通过它在进口地的分行或代理行代进口人收取货款的一种结算方式。属于商业信用，应用的是逆汇法。

二、外汇汇率

1．外汇牌价和外汇汇率之间的区别

外汇牌价和外汇汇率之间的区别

- “汇率”亦称“外汇行市”或“汇价”，是一国货币兑换另一国货币的比率，是以一种货币表示另一种货币的价格。因为世界各国货币的名称不同，币值不一，所以一国货币对其他国家的货币要规定一个兑换率，即汇率
- “外汇牌价”，即外汇指定银行外汇兑换挂牌价，是各银行根据中国人民银行公布的人民币市场中间价以及国际外汇市场行情，制定的各种外币与人民币之间的买卖价格。这种价格在同一天中不变，不同日期则价格可有变化

2．影响汇率的因素

影响汇率的主要因素

- 相对价格水平
- 关税和限额
- 对本国商品相对于外国商品的偏好以及生产率

3．汇率的表示方法

汇率的表示方法

- 直接标价法：以一个单位的外国货币表示若干本国货币的方法。也就是说，将外国货币当作商品，而本国货币作为价值尺度。如1美元等6.40元人民币，对于中国来说就是直接标价法
- 间接标价法：以一定单位的本国货币为标准，来计算应该收取多少单位的外国货币。也就是说，本国货币被当作商品，用外国货币的数额来表示本国货币的价格，充当了价值尺度

这两种标价方法并没有本质差别，只是计算方式不同而已。在国际经济交往中，通常采用直接标价法，我国目前也采用直接标价法。

4．汇率的分类

（1）汇率按牌价的分类

汇率按牌价不同分类

- 买入汇率：买入汇率又称为买入价，是指银行向持汇人（包含企业）买进外汇时所标明的汇率
- 卖出汇率：卖出汇率又称为卖出价，是指银行向购汇人（包含企业）卖出外汇时所标明的汇率
- 中间汇率：中间汇率又称中间价，是买入价与卖出价的平均价格，等于买入价加卖出价之和除以2
- 现钞汇率：现钞汇率又称现钞买卖价，是银行买入或卖出外币现钞时所使用的汇率

（2）汇率按交割期限的分类

- 根据交易交割期限的时间长短分类
  - 即期汇率：在外汇买卖成交后的即期，也就是当天或在两个营业日内进行交割所使用的汇率
  - 远期汇率：一般出现在远期外汇买卖中，事先由买卖双方签订合同，达成协议汇率，约定在未来一定时期进行交割，到了交割日期协议双方使用的协议汇率就是远期汇率

（3）汇率按管制情况不同的分类

- 按照管制情况不同分类
  - 官方汇率：由国家的外汇管理机构制定公布的汇率
  - 市场汇率：在自由外汇市场上买卖外汇的实际汇率，随外汇供求状况的变化而上下波动

（4）汇率按汇兑形式不同的分类

- 汇率按汇兑形式不同的分类
  - 电汇汇率：银行卖出外汇后，以电报为传递工具，通知其国外分行或代理行付款给收款人时所使用的一种汇率
  - 信汇汇率：信汇汇率就是在银行卖出外汇后，用信函方式通知付款地银行转付收款人时所使用的一种汇率
  - 票汇汇率：票汇汇率是指银行在卖出外汇时，开立一张由其国外分支机构或代理行付款的汇票交给汇款人

三、外汇账户管理

1. 经常项目和资本项目的业务范围

经常项目是指国际收支中经常发生的交易项目，经常项目反映本国与外国交往中经常发生的项目，是最具综合性的对外贸易的指数。

- 经常项目包括范围
  - 进出口贸易收支
  - 劳务收支中旅游业务
  - 单方面转移的侨民汇款、无偿援助和捐赠
  - 国际港口通讯业务
  - 国际组织收支
  - 国际运输业务

资本项目
- 长期资本往来：指偿还期超过一年或未确定偿还期的资本往来
- 短期资本往来：指即期付款或偿还期为一年以内的资本往来

资本项目业务范围
- 长期资本往来主要包括：直接投资、证券投资、国际金融组织贷款、外国政府贷款、银行贷款、地方部门借款、延期收付款、加工装配补偿贸易中应付客商作价设备、租赁、对外贷款等。直接投资是指外国和港澳台地区在我国内地以及我国内地在外国、港澳台地区的投资。证券投资是指外国、港澳台地区购买我国内地在境外发行的或在境内发行的以外币计价的股票、债券等有价证券，以及我国内地购买外国、港澳台地区发行的有价证券等
- 短期资本往来是指即期付款或偿还期为一年以内的资本往来，主要包括短期银行借款、地方部门借款、延期收付款等

经常项目账户通常包括三个子项目
- 货物和服务
- 收入或收益
- 经常转移

2. 经常项目账户开立

经常项目外汇账户的开立条件
- 经有权管理部门核准且具有涉外经营权或有经常项目的外汇收入
- 具有捐赠、援助、国际邮政汇兑等特殊来源和指定用途的外汇收入

经常项目外汇账户开立需备材料
- 开立经常项目外汇账户申请书
- 营业执照或社团登记证等有效证明的原件和复印件
- 有权管理部门颁发的涉外业务经营许可证明原件和复印件
- 组织机构代码证的原件和复印件
- 外汇局要求的其他材料

3．使用外汇账户的一般规定

外汇账户使用的规定

- 具有捐赠、援助、国际邮政汇兑等特殊来源和指定用途的外汇收入：开户银行凭“外汇账户使用证”规定的账户收支范围为开户单位办理账户的收付业务
- 按规定使用外汇账户：在实际工作中，应按照“开立外汇账户批准书”及“外汇账户使用证”中关于使用期限、结汇方式等规定使用账户，不能超范围、超期限使用账户。对于净收入需结汇的账户，开户单位应及时办理结汇。因为项目进展问题需延期使用的账户，应提前向外汇局申请，未经批准不得擅自延期
- 每年，必须参加年检：年检时间为每年的1~4月份。账户的具体检查工作由开户单位委托的会计师事务所进行

应避免的账户违规行为

- 未经批准开立外汇账户
- 出租、出借、转让外汇账户
- 擅自改变账户使用范围
- 擅自超出外汇局核定账户最高金额、使用期限使用账户
- 违反其他有关外汇管理规定

在我国，外汇账户在银行开立，但是开立外汇账户的审批机构是国家外汇管理局。因此所有境内机构要开立外汇账户均必须先到国家外汇管理局办理审批手续，凭外汇局核发的“经常项目（或资本项目）外汇账户开立核准件”到银行办理开户。

在外汇局办理审批之前，开户单位需明确两件事情

- 确定开户银行。通常规模大的银行，在国际上的信用等级比较高，在国外的账户行、代理行多，办理结算、担保等业务比较方便，结算速度也快；规模小一些的银行常常费用上比较优惠，取得融资也容易一些，因此需要开户企业详细了解各家银行的情况，加以权衡比较，结合自己的实际情况进行选择
- 明确开立账户种类。我国实行的是经常项目下的外汇可以自由兑换的外汇政策，因此外汇账户要以资金来源的不同进行区分，经常项目下的外汇收入放入结算账户，资本项目下的外汇收入放入资本金账户

四、外汇结算

1．需要细致完成的外汇结算

结汇是指外汇收入所有者将其外汇收入出售给外汇指定银行，外汇指定银行按一

定汇率付给等值的本币的行为。结汇包括强制结汇、意愿结汇和限额结汇等多种形式。

- 不同的结汇形式
  - 强制结汇：指所有外汇收入必须卖给外汇指定银行，不允许保留外汇
  - 意愿结汇：外汇收入可以卖给外汇指定银行，也可以开立外汇账户保留，结汇与否由外汇收入所有者自己决定
  - 限额结汇：外汇收入在国家核定的数额内可不结汇，超过限额的必须卖给外汇指定银行

目前，我国主要实行的是强制结汇制，部分企业经过批准实行限额结汇制，对境内居民个人实行意愿结汇制。

2．必须结算的外汇收入

- 必须结算的外汇收入
  - 出口或先支后收转口货物及其他交易行为收入的外汇。其中用跟单信用证/保函和跟单托收方式结算的贸易出口外汇可以凭有效商业单据结汇，用汇款方式结算的贸易出口外汇持出口收汇核销单结汇
  - 境外贷款项下国际招标中标收入的外汇
  - 海关监管下境内经营免税商品收入的外汇
  - 交通运输（包括各种运输方式）及港口（含空港）、邮电（不包括国际汇兑款）、广告、咨询、展览、寄售、维修等行业及各类代理业务提供商品或者服务收入的外汇
  - 行政、司法机关收入的各项外汇规费、罚没款等
  - 土地使用权、著作权、商标权、专利权、非专利技术、商誉等无形资产转让收入的外汇，但上述无形资产属于个人所有的，可不结汇
  - 境外投资企业汇回的外汇利润、对外经援项下收回的外汇和境外资产的外汇收入
  - 对外索赔收入的外汇、退回的外汇保证金等
  - 出租房地产和其他外汇资产收入的外汇
  - 保险机构受理外汇保险所得外汇收入
  - 取得“经营外汇业务许可证”的金融机构经营外汇业务的净收入
  - 国外捐赠、资助及援助收入的外汇
  - 国家外汇管理局规定的其他应当结汇的外汇
  - 外商投资企业经常项目下外汇收入可在外汇局核定的最高金额以内保留外汇，超出部分应当卖给外汇指定银行，或者通过外汇调剂中心卖出

第四节　工商业务的管理

一、公司注册

1．有限责任公司设立应具备的条件

按照我国《中华人民共和国公司法》（以下简称《公司法》）的规定设立有限责任公司，应当具备下列条件。

有限责任公司设立应具备的条件
- 股东符合法定人数
- 股东出资达到法定资本最低限额
- 股东共同制定公司章程
- 有公司名称，建立符合有限责任公司要求的组织机构
- 有固定的生产经营场所和必要的生产经营条件

2．有限责任公司成立的程序

有限责任公司成立的程序
- 咨询后，领取并填写“名称（变更）预先核准申请书”，同时准备相关材料
- 递交“名称（变更）预先核准申请书”及其相关材料，等待名称核准结果
- 领取“企业名称预先核准通知书”的同时，领取“企业设立登记申请书”等有关表格；经营范围涉及前置许可的，办理相关审批手续；到经工商局确认的入资银行开立入资专户；办理入资手续并且到法定验资机构办理验资手续（以非货币方式出资的，还应办理资产评估手续）
- 递交申请材料，材料齐全、符合法定形式的，等候领取“准予设立登记通知书”，同时准备相关材料
- 领取“准予设立登记通知书”后，按照“准予设立登记通知书”确定的日期到工商局交费并领取营业执照

3．申请设立有限责任公司应提交的资料

申请设立有限责任公司应提交的资料

- 公司法定代表人签署的设立登记申请书
- 公司章程
- 全体股东指定代表或者共同委托代理人的证明
- 股东首次出资是非货币财产的，应当在公司设立登记时提交已办理其财产权转移手续的证明文件
- 依法设立的验资机构出具的验资证明，法律、行政法规另有规定的除外
- 载明公司董事、监事、经理的姓名、住所的文件以及有关委派、选举或者聘用的证明
- 股东的主体资格证明或者自然人身份证明
- 企业名称预先核准通知书
- 公司法定代表人任职文件和身份证明
- 公司住所证明
- 国家工商行政管理总局规定要求提交的其他文件

4．股份有限公司的注册要求

股份有限公司的注册要求

- 最低注册资本500万元，公司全体发起人的首次出资额不能低于注册资本的20%，其余部分由发起人自公司成立之日起两年内缴足，其中，投资公司可以在五年内缴足。在缴足前，不得向他人募集股份
- 股份有限公司是采取募集方式设立的，注册资本为在公司登记机关登记的实收股本总额
- 设立股份有限公司，应当有两人以上为发起人，其中须有过半数的发起人在中国境内有住所
- 国有企业改建为股份有限公司的，应当采取募集设立方式
- 股份有限公司发起人必须按照法律规定认购其应认购的股份，并承担企业筹办事务
- 以募集方式设立股份有限公司，必须经过国务院授权的部门或者省级人民政府批准
- 股份有限公司的注册资本为在企业登记机关登记的实收股本总额
- 股份有限公司注册资本的最低限额为人民币500万元。股份有限公司注册资本最低限额需高于上述所定限额的，由法律、行政法规另行规定

5．申请设立股份有限公司应提交的资料

申请设立股份有限公司应提交的资料

- 公司法定代表人签署的设立登记申请书
- 公司章程
- 董事会指定代表或者共同委托代理人的证明
- 发起人首次出资是非货币财产的，应当在公司设立登记时提交已办理其财产权转移手续的证明文件
- 依法设立的验资机构出具的验资证明
- 载明公司董事、监事、经理姓名、住所的文件以及有关委派、选举或者聘用的证明
- 发起人的主体资格证明或者自然人身份证明
- 企业名称预先核准通知书
- 公司法定代表人任职文件和身份证明
- 公司住所证明
- 国家工商行政管理总局规定要求提交的其他文件
- 以募集方式设立股份有限公司的，还应当提交创立大会的会议记录
- 以募集方式设立股份有限公司公开发行股票的，还应当提交国务院证券监督管理机构的核准文件
- 设立的股份有限公司必须报经批准机关批准的，还应当提交有关批准文件

二、公司的合并、分立、解散清算和破产清算

1．公司合并的程序

公司合并的程序

- 做出合并决定或决议：其中，股份有限公司的合并还必须经国务院授权的部门或者省级人民政府批准
- 签订合并协议：合并协议应当包括下列主要内容：合并各方的名称、住所；合并后存续公司或新设公司的名称、住所；合并各方的资产状况及其处理办法；合并各方的债权债务处理办法（应当由合并存续的公司或者新设的公司承继）
- 编制资产负债表：财务人员按照规定及要求编制资产负债表和财产清单
- 通知债权人：公司应当从做出合并决议之日起10日内通知债权人，并在30日内在报纸上公告。债权人从接到通知书之日起30日内，未接到通知书的自公告之日起45日内，有权要求公司清偿债务或者提供相应的担保。不清偿债务或者不提供相应担保的，公司不能合并
- 办理合并登记手续：公司合并，应当从合并决议或者决定做出之日起90日后，申请登记

2．公司的分立

公司分立是指一个公司通过依法签订分立协议，不经过清算程序，分为两个或两个以上公司的法律行为。

公司的分立

- 派生分立，指公司以其部分资产另设一个或数个新的公司，原公司存续
- 新设分立，指公司全部资产分别划归两个或两个以上的新公司，原公司解散

根据合同法的规定，法人分立后，除债权人和债务人另有约定的之外，由分立的法人对合同的权利和义务享有连带债权，承担连带债务。

3．公司的解散清算

公司的解散是指已成立的公司基于一定的合法事由而使公司消灭的法律行为。

公司解散的原因

公司解散

- 一般解散：一般解散的原因是指只要出现了解散公司的事由，公司即可解散
- 强制解散：强制解散的原因是指由于某种情况的出现，主管机关或人民法院命令公司解散

一般解散的原因

- 公司章程规定的营业期限届满或者公司章程规定的其他解散事由出现
- 股东会（股东大会）决议解散
- 因公司合并或者分立需要解散的

强制解散的原因

- 主管机关决定
- 责令关闭
- 吊销营业执照

公司解散清算的程序

- 成立清算组：解散的公司，应当自解散之日起15日内成立清算组。清算组负责解散公司财产的保管、清理、处理和分配工作
- 清理财产清偿债务：清算组对公司资产、债权、债务进行清理。在清算期间，公司禁止开展新的经营活动。任何人未经清算组批准，不能处分公司财产。清算组在清理公司财产、编制资产负债表及财产清单后，发现公司财产不足清偿债务的，应当立刻向人民法院申请宣告破产。公司经人民法院裁定宣告破产后，清算组需将清算事务移交给人民法院。公司财产可以清偿公司债务的，清算组应先拨付清算费用，然后按照下图顺序清偿
- 分配剩余财产：在支付清算费用及清偿公司债务后，清算组应将剩余的公司财产分配给股东。有限责任公司按照股东的出资比例进行分配；股份有限公司按照股东持有的股份比例进行分配
- 清算终结：公司清算结束后，清算组应当制作清算报告，国有独资公司报国家授权的机构或部门确认；国有独资公司以外的其他有限责任公司，提交股东会确认；股份有限公司提交股东大会确认

清偿顺序

- 职工工资和劳动保险费用
- 所欠税款
- 公司债务

4．公司的破产清算

公司的破产清算

- 企业被人民法院宣告破产：当企业因经营管理不善，导致严重亏损，无力清偿到期债务，经和解整顿仍无法实现和解协议约定的清偿义务，由人民法院裁定后，宣告破产
- 组建清算组：企业破产清算组由人民法院主持成立，成员由法院从破产企业的上级主管部门、政府财政部门、工商、审计、经委、税务、物价、劳动、社保、土地、国资、人事等部门组织，银行可派人参加。其主要职责是清理破产企业的财产，处理破产企业的善后事宜，代表破产企业参加民事诉讼活动
- 接管破产企业：清算组在人民法院宣告企业破产之日起五日内组成，立刻接管破产企业的账册、文书、资料、印章，行使法律赋予的权利
- 处理善后事宜：清算组依法接管破产企业后，对破产企业的财产进行保管、清算、估价、变卖、分配，决定是否履行未履行完毕的合同，交付属于他人的财产，追收破产企业在法院受理破产案件前六个月至宣告破产之日期间内非法处理的财产
- 编制破产财产分配方案：清算组在清理破产企业的财产、处理完善后事宜、验证破产债权后，在确定破产企业的财产的基础上，编制财产分配方案，提交债权人会议讨论，通过后交人民法院裁定
- 清偿债务：清算组编制的破产财产分配方案经人民法院裁定后，清算组根据方案的要求，以现金或者实物偿还破产企业的债务。清偿结果若有剩余财产，在企业所有者之间进行再次分配
- 报告清算工作：清算组在接管破产企业后，应定时或不定时向人民法院报告清算工作的进度，向人民法院负责
- 提请终结破产程序：清算组清偿完破产企业的债务后，等到清算工作结束，应当向人民法院报告，请求终结破产程序、解散清算组
- 追究破产责任：由监察和审计部门负责，查明企业破产的责任，对责任人依责任大小予以行政、刑事处罚
- 办理注销登记：人民法院终结破产程序后，清算组应当在原破产企业登记机关注销其登记，终止其法人地位
- 追回非法处分的财产：自破产程序终结之日起一年内，发现破产企业有故意损害债权人利益的非法处置的财产，由人民法院负责追回，并按照原清算组拟定并经债权人讨论、人民法院裁定的方案进行分配，如有剩余，企业所有人可进行再次分配

三、公司债券的发行

公司债券是指公司依照法定条件和程序发行的，约定在一定期限内还本付息的有价证券。

1. 公司债券的特点

公司债券的特点

- 公司债券是一种有价证券
- 公司债券是由股份有限公司和特定的有限责任公司发行的债券
- 公司债券是一种票式证券，其制作必须遵照《公司法》第167条的规定，记载公司名称、债券票面金额、利率、偿还期限等事项，并由董事长签名、公司盖章
- 公司债券持有人具有广泛性，可以向社会公众公开募集
- 公司债券是公司以借贷方式向公众筹集资金，具有利率固定、风险小、较易于吸引投资者的优点

2. 公司债券的种类

公司债券的种类

- 记名公司债券和无记名公司债券
- 转换公司债券和非转换公司债券
- 担保公司债券和无担保公司债券

3. 公司债券发行条件

公司债券发行条件

- 股份有限公司的净资产额不低于人民币3000万元；有限责任公司的净资产额不低于人民币6000万元
- 累计债券总额不超过公司净资产额的40%。已经发行过公司债券的，如果前一次发行的公司债券尚未募足，或者对已发行的公司债券有违约或延迟支付本息的事实，且仍在继续状态的，即使累计总额不超过公司净资产的40%，也不可再次发行公司债券
- 最近3年平均可分配利润足以支付公司债券一年的利息
- 筹集的资金投向符合国家产业政策，而且各项公司债券筹集的资金，必须用于审批机关批准的用途，不得用于弥补亏损和非生产性支出
- 债券的利率不得超过国务院限定的利率水平
- 国务院规定的其他条件

4. 公司债券的募集方式

公司债券的募集方式可以分为直接发行与间接发行两种。

直接发行是由公司自己向社会公众募集和接受应募。

间接发行（又称承销发行）
- 公司委托他人（一般为证券商）向社会公众募集和接受应募。间接发行分包销与代销两种
- 包销：指将公司债券的发行全部交与证券商承销，承销期结束时，无论公司债券是否发行完毕，证券承销商都应向公司付清全部价款
- 代销：指将公司债券的发行委托给证券商承销，代销人只收取代销手续费，并且对未售出的公司债券不承担责任

5．公告公司债券募集方法

公告公司债券募集方法
- 公司名称
- 债券总额和债券的票面金额
- 债券的利率
- 还本付息的期限和方式
- 债券发行的起止日期
- 公司净资产额
- 已发行的尚未到期的公司债券总额
- 公司债券的承销机构。发行公告上还应载明公司债券的发行价格和发行地点

6．公司债券发行程序

公司债券发行程序
- 做出决议或决定：股份有限公司、有限责任公司发行公司债券，要由董事会制定发行公司债券的方案，提交股东会审议做出决议
- 提出申请：公司应当向国务院证券管理部门提出发行公司债券的申请，提交的文件包括公司登记证明、公司章程、公司债券募集办法、资产评估报告及验资报告
- 经主管部门批准：国务院证券管理部门在审批公司债券的发行时，不能超过国务院确定的公司债券的发行规模。国务院证券管理部门对已经做出发行公司债券的批准，如发现不符合公司法规定的，必须撤销。尚未发行公司债券的，停止发行；已经发行公司债券的，发行的公司应当向认购人退还所缴款项并且加算银行同期存款利息

7．认购公司债券

社会公众认购公司债券的行为称为应募。当认购人缴足价款时，发行人负有在价款收讫时交付公司债券的义务。

应募的方式
- 先填写应募书，而后履行按期缴清价款的义务
- 当场以现金支付购买

8．置备存根簿

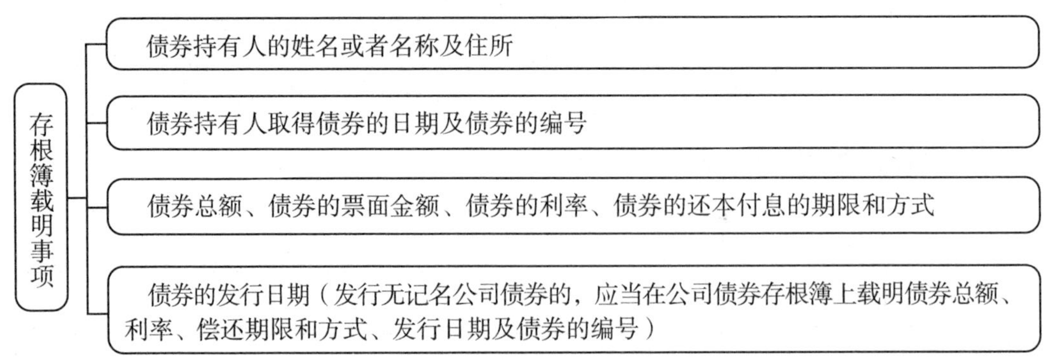

四、年检

企业年度检验是指工商行政管理机关依法按年度对企业进行检查，确认企业具备继续经营资格的法定制度。凡当年 12 月 31 日前取得由工商部门核发的“中华人民共和国企业法人营业执照”、“中华人民共和国营业执照”、“企业法人营业执照”和“营业执照”的有限责任企业、股份有限企业、非企业法人及其他经营企业，都须参加年检。

根据《企业年度检验办法》第五条的规定，年检起止日期是每年的 3 月 1 日至 6 月 30 日。登记主管机关在规定的时间内，对企业上一年度的情况进行检查。

1．企业年检应提交的文件

（1）企业年检应提交的文件

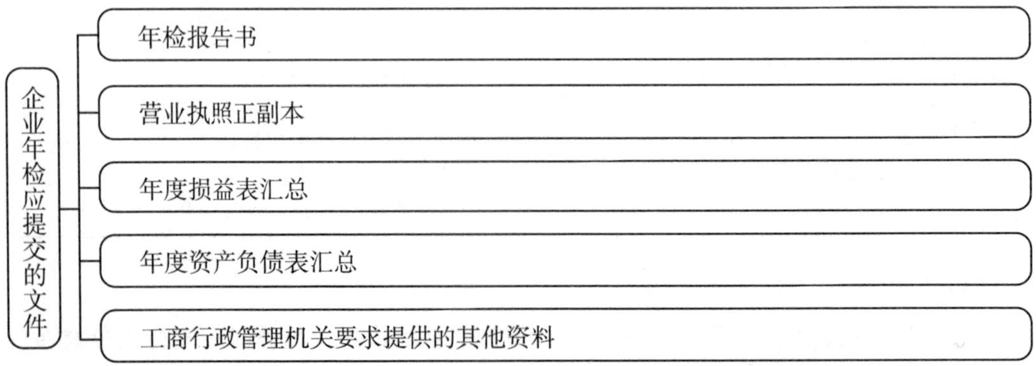

（2）非法人分支机构年检应提交的文件

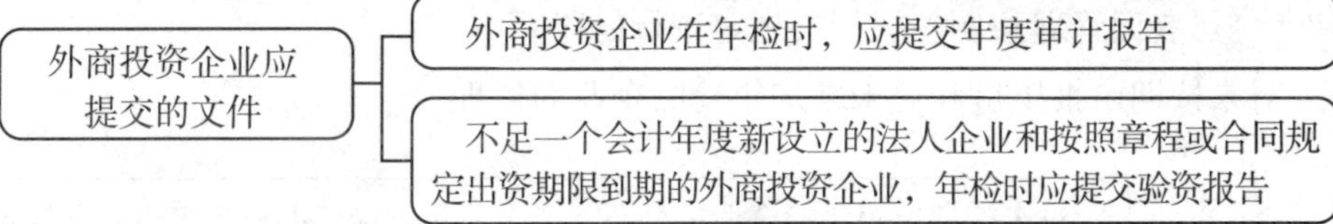

（3）外商投资企业应提交的文件

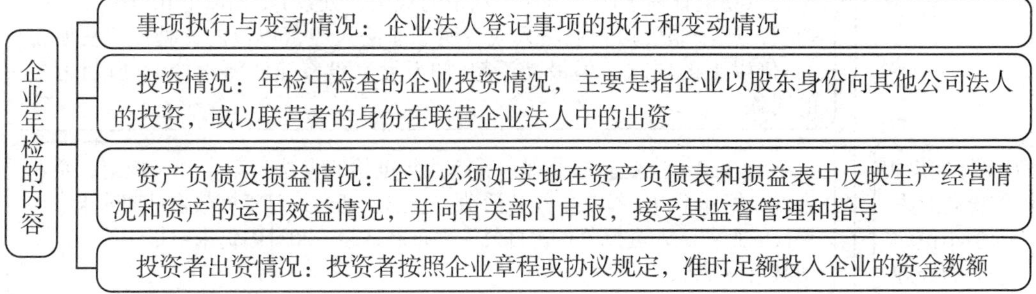

2. 企业年检的内容

3. 企业年检的程序

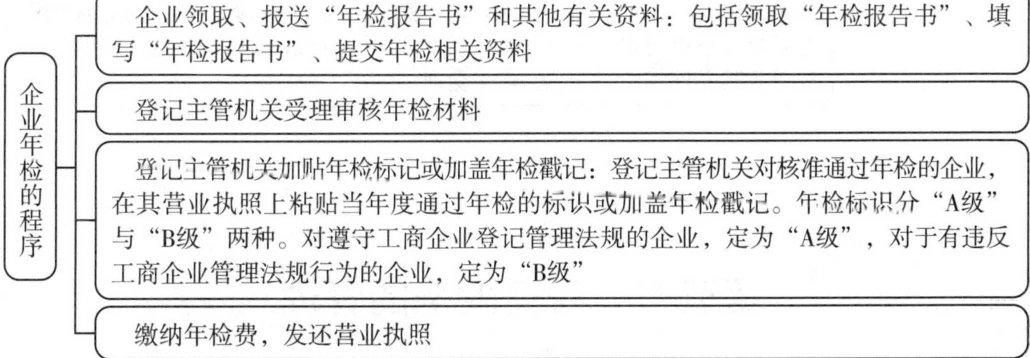

若企业实收资本未达到法律、行政法规规定的最低限额，或者即使达到法律、行政法规规定的最低限额，但和注册资本相差悬殊的企业，不予通过年检。当然，若企业有其他严重的违法、违规行为，也不予通过年检。

4. 不予通过年检的企业及对未通过年检企业的处理

《企业年度检验办法》第十五条规定，登记主管机关对下列情形之一的企业，不予通过年检。

不予通过年检的企业

- 企业实收资本未能达到法律、行政法规规定的最低限额
- 企业实收资本虽然达到法律、行政法规规定的最低限额，但与注册资本相差悬殊的
- 有其他严重违法、违规行为的

登记主管机关对不予通过年检的企业，依照《企业法人登记管理条例》及其实施细则和《公司登记管理条例》的相关规定进行处罚。

5．对未按期申报年检和对未参加年检的企业的处理

对未按期申报年检和对未参加年检的企业的处理

- 对未按期申报年检企业的处罚：《企业年度检验办法》第十八条规定，企业无正当理由在3月15日前没有报送年检材料的，由登记主管机关处以1000元以下的罚款。在年检截止日期前未申报年检，属于公司的，依照《公司登记管理条例》第六十八条的规定，处以1万元以上10万元以下的罚款；属于非公司企业法人或者属于非法人经营单位的，处以违法所得额3倍以下的罚款，但最高不超过3万元，没有违法所得的，处以1万元的罚款
- 对未参加年检企业的处理：《企业年度检验办法》第十九条规定，企业未参加年检不得继续从事经营活动。登记主管机关对年检截止日期前未参加年检的企业法人进行公告。自公告发布之日起，30日内仍未申报年检的，吊销其营业执照
- 未年检企业不得办理变更和注销登记：根据《国家工商局关于年检工作若干问题的意见》（工商字[1995]第258号文件）的规定，企业申请变更或注销登记时，如发现该企业未办理年检手续或年检未通过的，则工商行政管理机关不得受理其变更（包括增设分支机构和对外投资）或注销申请，须等到其办理年检手续后，再予受理

第五节　税务业务的管理

一、开业税务登记

开业税务登记是指税务机关依据税法的规定，对纳税人的基本情况及生产、经营项目进行登记管理的一项法定制度，它是税务机关对纳税人实施税收管理的首要环节。

1．税务登记的对象

税务登记的对象

- 领取法人营业执照或者营业执照（以下统称营业执照），有缴纳增值税、消费税义务的国有企业、集体企业、私营企业、股份制企业、联营企业、外商投资企业、外国企业以及上述企业在外地设立的分支机构和从事生产、经营的场所
- 领取营业执照，有缴纳增值税、消费税义务的个体工商户
- 经过有关机关批准从事生产、经营，有缴纳增值税、消费税义务的机关、团体、部队、学校以及其他事业单位
- 从事生产经营，按照有关规定不需要领取营业执照，有缴纳增值税、消费税义务的纳税人
- 实行承包、承租经营，有缴纳增值税、消费税义务的纳税人
- 有缴纳由国家税务机关负责征收管理的企业所得税、外商投资企业和外国企业所得税义务的纳税人

2．税务登记的时间

税务登记时间

- 从事生产、经营的纳税人应当从领取营业执照之日起30日内，主动依法向国家税务机关申报办理税务登记
- 按照规定不需要领取营业执照的纳税人，应当从有关部门批准之日起30日内，或者自发生纳税义务之日起30日内，主动依法向主管国家税务机关申报办理税务登记

3．税务登记的地点

税务登记地点

- 纳税企业和事业单位向当地主管国家税务机关申报办理税务登记
- 纳税企业和事业单位跨县（市）、区设立的分支机构及从事生产经营的场所，除总机构向当地主管国家税务机关申报办理税务登记以外，分支机构还应当向其所在地主管国家税务机关申报办理税务登记

4．税务登记所需资料

税务登记所需资料

- 营业执照或其他核准执业证件及工商登记表或其他核准执业登记表复印件
- 有关合同、章程、协议书
- 法定代表人和董事会成员名单
- 法定代表人（负责人）或业主居民身份证、护照或者其他证明身份的合法证件

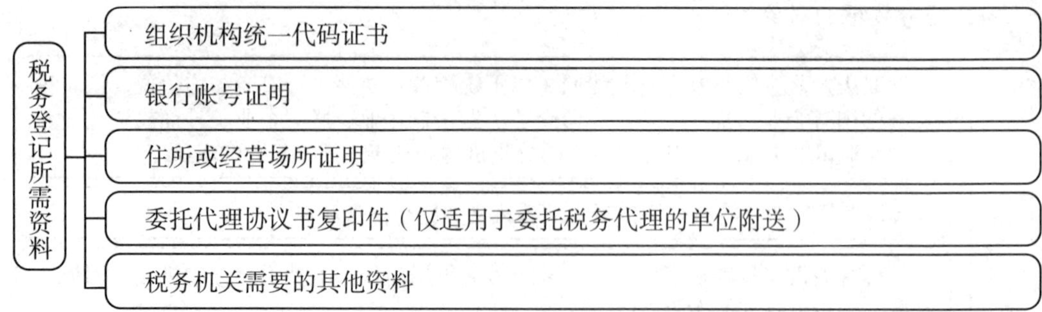

5. 开业税务登记流程

纳税人领取税务登记表（如表 7–15 所示）一式两份，按照规定内容逐一填写，并加盖企业印章，经法定代表人签字或业主签字后，将税务登记表送交主管国家税务机关。

表 7–15　税务登记表

税务登记表（适用于内资企业）

纳税人名称					
法定代表人（负责人）		身份证件名称		证件号码	
注册地址				邮政编码	
生产经营地址				邮政编码	
生产经营范围	主营				
	兼营				
所属主管单位					
发照工商机关	工商机关名称				
	营业执照名称			营业执照字号	
	发照日期	年　月　日		开业日期	年　月　日
	有效期限	年　月　日至　年　月　日			
开户银行名称		银行账号	币种	是否缴税账号	
生产经营期限	年　月　日　年　月　日		从业人数		
经营方式		登记注册类型		行业	
财务负责人		办税人员		联系电话	
办税人员证件名称			办税人员证件号码		
隶属关系			注册资本（币种）		
投资方名称	投资金额	投资币种	与美元汇率比价	所占投资比例	分配比例
会计报表种类					
低值易耗品摊销方法					
折旧方式					

续表

纳税人名称				
所属非独立核算的分支机构	纳税人识别号	纳税人名称	生产经营地址	负责人
E-mail地址				

法定代表人（负责人）签章：　　　　纳税人（签章）

填表日期：年　月　日

二、变更税务登记

1．纳税人变更税务登记的缘由

纳税人改变名称、法定代表人或者业主姓名、经济类型、经济性质、住所或者经营地点（指不涉及改变主管国家税务机关）、生产经营范围、经营方式、开户银行及账号等内容的，纳税人需从工商行政管理机关办理变更登记之日起30日内，持相关证件向原主管国家税务机关提出变更登记书面申请报告。

2．变更税务登记所需资料

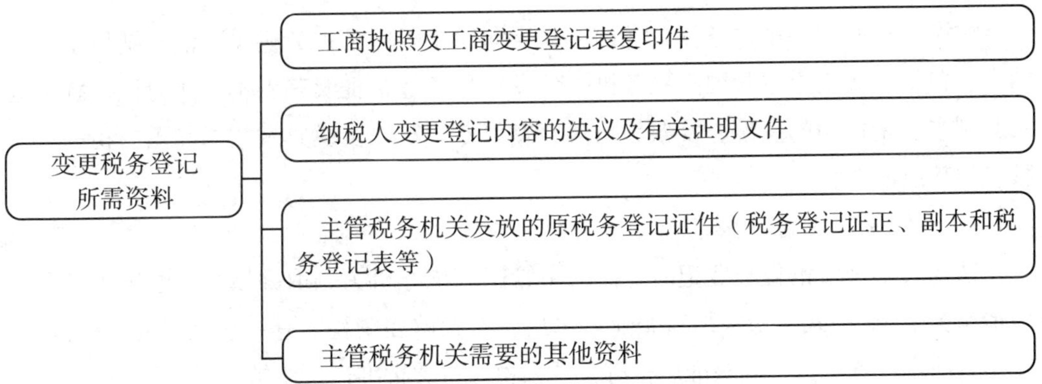

3．变更税务登记流程

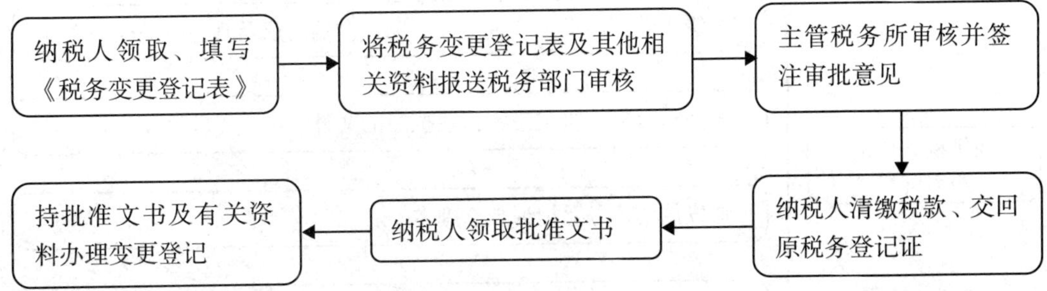

三、注销税务登记

1．注销税务登记的对象和时间

注销税务登记的对象和时间

- 纳税人发生破产、解散、撤销以及其他依法需终止履行纳税义务的，应当在向工商行政管理机关办理注销登记前，持相关证件向原主管国家税务机关提出注销税务登记书面申请报告
- 纳税人因为变动经营地点、住所而涉及改变主管国家税务机关的，应当在向工商行政机关申报办理变更或者注销工商登记之前，或者在经营地点、住所变动之前申报办理注销税务登记，而且纳税人应当自在迁达地工商行政管理机关办理工商登记之日起15日内或者在迁达地成为纳税人之日起15日内重新办理税务登记。其程序和手续依照开业登记办理
- 纳税人被工商行政管理机关吊销营业执照的，需从营业执照被吊销之日起15日内，向原主管国家税务机关提出注销税务登记书面申请报告

2．注销税务登记的要求

纳税人在办理注销税务登记之前，应当向原主管国家税务机关缴清应纳税款、滞纳金、罚款，缴销原主管国家税务机关核发的税务登记证及其副本、注册税务登记证及其副本、未使用的发票、发票领购簿、发票专用章以及税收缴款书和国家税务机关核发的其他证件。

3．注销税务登记的手续

纳税人办理注销税务登记时，需向主管国家税务机关领取并填写《注销税务登记申请审批表》，一式三份，加盖企业印章后，在领取注销税务登记表之日起 10 日内送交主管国家税务机关，经核准后报有关国家税务机关批准进行注销。

4．注销税务登记所需资料

注销税务登记所需资料

- 上级主管部门批文或董事会、职代会的决议及其他有关证明文件
- 工商行政管理机关吊销营业执照的文件
- 原发放的税务登记证正、副本
- 税务登记机关需要的其他有关资料

四、税务登记证管理规定

税务登记证管理规定

- 纳税人领取的税务登记证件不得转借、涂改、损毁、买卖或者伪造
- 纳税人应当将税务登记证件正本在其生产、经营场所或者办公场所公开悬挂，接受税务机关检查
- 纳税人在办理申请减税、免税、退税，领购发票，办理外出经营活动税收管理证明，在银行或是其他金融机构开立基本存款账户或者其他存款账户和申请办理一般纳税人认定手续时必须持税务登记证件
- 纳税人税务登记证件要妥善保管，如果遗失，应写在登报声明作废的同时，立即书面报告主管国家税务机关，经过国家税务机关审查处理后，可申请补发新证，并且按规定缴付工本管理费
- 税务登记证件的验证、补发。为了确保税务登记证的合法使用，税务机关对税务登记证实行定期验证及换证制度。验证时间通常一年一次，税务机关验证后须在税务登记证（副本）和税务登记表中注明验证时间，加盖验讫印章

五、纳税申报

纳税申报是指纳税人、扣缴义务人为了履行纳税义务，就纳税事项向税务机关书面申报的一种法定手续。

1. 纳税申报类型

纳税申报类型

- 正常申报：是指纳税人在税法规定的申报期内办理各税的纳税申报
- 非正常申报：是指通过欠税补缴、延迟申报、检查补税、评估补税、行政处罚和自查补税等形式办理的纳税申报

2. 纳税申报期限

（1）各税种的申报期限

各税种的申报期限

- 缴纳企业所得税的纳税人应当在月份或者季度终了后15日内，向其所在地主管国家税务机关办理预缴所得税申报；内资企业在年度终了后45日内、外商投资企业和外国企业在年度终了后4个月内向其所在地主管国家税务机关办理所得税申报
- 缴纳增值税、消费税的纳税人，以1个月为一期纳税的，于期满后10日内申报，以1天、3天、5天、10天、15天为一期纳税的，自期满之日起五日内预缴税款，于次月1日起10日内申报并结算上月应纳税款
- 税法未明确规定纳税申报期限的，按主管国家税务机关根据具体情况确定的期限申报。其他税种，税法已明确规定纳税申报期限的，按税法规定的期限申报

（2）申报期限的顺延　纳税人办理纳税申报的期限最后一日，如遇公休、节假日的，可以顺延

（3）延期办理纳税申报

延期办理纳税申报

- 纳税人、扣缴义务人、代征人依照规定的期限办理纳税申报或者报送代扣代缴、代收代缴税款报告表、委托代征税款报告表的确有困难，需要延期的，应当在规定的申报期限内向主管国家税务机关提出书面延期申请，经过主管国家税务机关核准，在核准的期限内办理
- 纳税人、扣缴义务人、代征人因为不可抗力情形，无法按期办理纳税申报或者报送代扣代缴、代收代缴税款或委托代征税款报告的，可以延期办理。但是，必须在不可抗力情形消除以后立即向主管国家税务机关报告

3. 纳税申报方式

纳税申报方式

- 数据电文申报是指税务机关确定的电话语音、电子数据交换和网络传输等电子方式。纳税人采取电子方式办理纳税申报的，应当按照税务机关规定的期限及要求保存相关资料，并定期书面报送主管税务机关
- 邮寄申报。纳税人到主管国家税务机关办理纳税申报有困难的，经过主管国家税务机关批准，也可以采取邮寄申报，以邮出地的邮戳日期作为实际申报日期
- 上门申报。纳税人、扣缴义务人、代征人需在纳税申报期限内到主管国家税务机关办理纳税申报、代扣代缴、代收代缴税款或委托代征税款报告

4. 个人纳税申报流程

各项所得的年所得计算方法

- 工资、薪金所得，按照当月工资总额扣除五险一金后的所得额计算
- 对企事业单位的承包经营、承租经营所得，依据每一纳税年度的收入总额计算，即按照承包经营、承租经营者实际获得的经营利润，加上从承包、承租的企事业单位中获得的工资、薪金性质的所得计算
- 劳务报酬所得、稿酬所得、特许权使用费所得，依据未减除费用（每次800元或者每次收入的20%）的收入额计算

5. 纳税申报表

纳税申报表

- 纳税人办理纳税申报时，需如实填写纳税申报表，并依据不同的情况相应报送财务会计报表及其说明材料；与纳税相关的合同、协议书及凭证；税控装置的电子报税资料；外出经营活动税收管理证明及异地完税凭证；境内或者境外公证机构出具的相关证明文件；税务机关规定应当报送的其他有关证件、资料等
- 扣缴义务人办理代扣代缴、代收代缴税款报告时，需如实填写代扣代缴、代收代缴税款报告表，并报送代扣代缴、代收代缴税款的合法凭证以及税务机关规定的其他相关证件、资料

第六节 出纳工作的交接

一、交接情形

出纳工作交接情况

- 出纳人员辞职或离开原单位
- 企业内部工作变动不再担任出纳职务
- 出纳岗位轮岗调换到会计岗位
- 出纳岗位内部增加工作人员进行重新分工
- 因病假、事假或临时调用，不能继续从事出纳工作
- 因特殊情况如停职审查等按规定不宜继续从事出纳工作
- 企业因为其他情况按规定应办理出纳交接工作的，如企业解散、破产、兼并、合并、分立等情况发生时，出纳人员应向接收单位或清算组移交

二、交接内容

财产物资
- 现金（现钞、外币、金银珠宝、其他贵重物品）
- 有价证券（国库券、债券、股票、商业汇票、股权证书等）
- 支票（空白支票、作废支票及支票使用登记簿）
- 发票（空白发票、已用和作废发票存根联等联次、发票使用登记簿）
- 收款收据（空白收据、已用或作废发票存根联及其他联次、收据使用登记簿）
- 财务印鉴，包括财务专用章或发票专用章，银行预留印鉴，以及“现金收讫”“现金付讫”“银行收讫”“银行寸讫”等业务印鉴
- 会计凭证，包括原始凭证和记账凭证
- 会计账簿，包括现金日记账和银行存款日记账
- 银行预留印鉴卡片及银行对账单
- 相关银行密码或其他预留密码
- 应由出纳员保管的重要证件、合同、协议等资料
- 其他会计文件
- 有关会计用具

电算化资料
- 会计软件及启动盘（如用友、金蝶财务软件）
- 与会计软件有关的密码或口令
- 存储会计数据资料的介质（磁带、磁盘、光盘、微缩胶片等）
- 有关电算化的其他资料、实物等

业务介绍
- 原出纳员工作职责和工作范围的介绍
- 每期固定办理的业务介绍，如按期交纳电费、水费、电话费的时间等
- 复杂业务的具体说明，如交纳电话费的号码、台数等，银行账户的开户地址、联系人等
- 历史遗留问题的说明
- 其他需要说明的业务事项

三、交接过程

出纳交接一般按以下步骤进行。

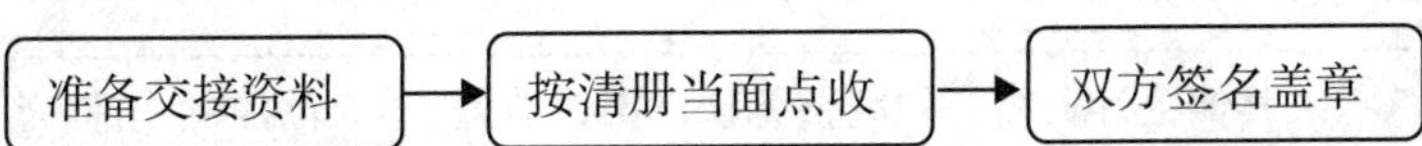

1. 交接准备

交接准备

- 将出纳账登记完毕，并在最后一笔余额后加盖名章
- 出纳账与现金、银行存款总账核对相符，现金账面余额和实际库存现金核对一致，银行存款账面余额和银行对账单核对无误
- 在出纳账启用表上填写移交日期，并加盖名章
- 整理应移交的各种资料，对未了事项要写出书面说明
- 编制“移交清册”（见表7–16），填明移交的账簿、凭证、现金、有价证券、支票簿、文件资料、印鉴和其他物品的具体名称和数量

表 7–16　移交清册

序号	移交物品 / 资料	具体名称	数量
1	账簿		
2	凭证		
3	现金		
4	有价证券		
5	支票簿		
6	文件资料		
……			

2. 交接阶段

交接阶段

- 现金、有价证券要根据出纳账及备查账簿余额进行点收。接交人发现不一致时，移交人应负责查清
- 出纳账及其他会计资料必须完整无缺，不得遗漏。如有短缺，由移交人查明原因，在移交清册中写明，由移交人负责
- 接交人应核对出纳账与总账、出纳账与库存现金和银行对账单的余额是否相符，如果有不符，应由移交人查明原因，在移交清册中写明，并负责处理
- 接交人按移交清册点收公章（主要包括财务专用章、支票专用章和领导人名章）和其他实物
- 接交人办理接收后，应在出纳账启用表上填写接收时间，并签名盖章

3. 交接结束

交接完毕后，交接双方及监交人，要在移交清册上签名或盖章。移交清册必须具备：单位名称、交接日期、交接双方和监交人的职务及姓名，以及移交清册页数、份数及其他需要说明的问题和意见。移交清册通常一式三份，交双方各执一份，存档一份。

四、出纳移交文书

1. 库存现金移交表

根据现金库存实用数，按币种（人民币与各种外币）、币别分别填入该表内，如表 7–17 所示。

表 7–17　库存现金移交表

币种:　　　　　　移交日期:　　　　　　单位:　　元　　第　页

序号	币种	数量	移交金额	接受金额	备注
1	100 元				
2	50 元				
3	20 元				
4	10 元				
5	5 元				
6	2 元				
7	1 元				
8	5 角				
9	1 角				

单位负责人:　　　　　　移交人:　　　　　　监交人:　　　　接管人:

2．银行存款移交表

在移交时应根据账面数、实有数、币种、期限、开户银行等分别填写，如表 7–18 所示。

表 7–18　银行存款移交表

移交日期:　　　　　　　　　　　　单位:　元　　　　　　　　　　　　第　页

开户银行	币种	期限	账面数	实有数	备注
附: a. 银行存款余额调节表。b. 银行预留卡片一张。					

单位负责人:　　　　　移交人:　　　　　监交人:　　　　　接客人:

3．有价证券、贵重物品移交表

在移交时应根据清理核对后的有价证券、贵重物品按品种、价值等分别登记，如表 7–19 所示。

表 7–19　有价证券、贵重物品移交表

移交日期:　　　　　　　　　　　　单位:　元　　　　　　　　　　　　第　页

名称	购入日期	单位	数量	金额	备注
×× 债券					
×× 票据					
×× 股票					
×× 贵重物品					

单位负责人:　　　　　移交人:　　　　　监交人:　　　　　接客人:

4．办公物品移交表

办公物品是指会计用品、公用会计工具等，如表 7–20 所示。

表 7–20　办公物品移交表

移交日期:　　　　　　　　　　　　　　　　　　　　　　　　第　页

名称	编号	型号	购入日期	单位	数量	备注
保险柜						
文件柜						
电脑						
财务印章						
……						

单位负责人:　　　　　移交人:　　　　　监交人:　　　　　接客人:

5．核算资料移交表

出纳工作中的核算资料包括出纳账簿、收据、借据、银行结算凭证、票据领用使用登记簿等，如表 7-21 所示。

表 7-21 核算资料移交表

移交日期： 单位：元 第 页

名称	年度	数量	起止号码	备注
现金日记账				
银行存款日记账				
收据领用登记簿				
支票领用登记簿				
……				

单位负责人： 移交人： 监交人： 接管人：

参考文献

[1] 出纳训练营．手把手教你做优秀出纳：从入门到精通（第 3 版）[M]．北京：机械工业出版社，2018.

[2] 刘璐．新手学出纳从入门到精通（真账实操版）[M]．北京：化学工业出版社，2020.

[3] 中华会计网校．零基础学出纳 [M]．北京：中国商业出版社，2020.

[4] 张博彬．一看就懂的出纳全图解 [M]．北京：北京理工大学出版社，2020.

[5] 路玉麟，郑利霞，钟英．会计 出纳 做账 纳税岗位实战宝典（第 2 版）[M]．北京：清华大学出版社，2020.

[6] 贺志强．出纳岗位实战全书 [M]．北京：中国纺织出版社，2020.

[7] 胡娟华．从零开始学出纳 [M]．北京：立信会计出版社，2020.

[8] 李华．出纳实务（第四版）[M]．北京：高等教育出版社，2020.

[9] 许建德．会计训练营 新手学出纳 [M]．北京：中国纺织出版社，2020.

[10] 杨凤．零基础学出纳业务 [M]．北京：中国铁道出版社，2020.

[11] 李岩．零基础学出纳 图解版 [M]．北京：清华大学出版社，2020.

[12] 王俊清．出纳真账实操全流程从入门道精通 [M]．北京：中国铁道出版社，2020.